Singulière noblesse
L'héritage nobiliaire dans la
France contemporaine

"SINGULIERE NOBLESSE.
L'HERITAGE NOBILIAIRE DANS LA FRANCE CONTEMPORAINE"
by Éric Mension-Rigaud
© Librairie Artheme Fayard, 2015
CURRENT TRANSLATION RIGHTS ARRANGED THROUGH DIVAS INTERNATIONAL,
PARIS 巴黎迪法国际版权代理

贵 族

历史与传承

［法］埃里克·芒雄－里高 著　彭禄娴 译

生活·讀書·新知 三联书店

Simplified Chinese Copyright © 2018 by SDX Joint Publishing Company.
All Rights Reserved.
本作品简体中文版权由生活·读书·新知三联书店所有。
未经许可,不得翻印。

图书在版编目(CIP)数据

贵族:历史与传承/(法)埃里克·芒雄-里高著;彭禄娴译. —北京:
生活·读书·新知三联书店,2018.1 (2021.4重印)
(新知文库)
ISBN 978-7-108-06030-3

Ⅰ.①贵⋯ Ⅱ.①埃⋯ ②彭⋯ Ⅲ.①贵族-研究-法国
Ⅳ.① D756.59

中国版本图书馆 CIP 数据核字(2017)第 189893 号

特邀编辑	赵庆丰
责任编辑	王 竞
装帧设计	陆智昌 薛 宇
责任印制	卢 岳
出版发行	生活·讀書·新知 三联书店
	(北京市东城区美术馆东街22号 100010)
网 址	www.sdxjpc.com
图 字	01-2020-6532
经 销	新华书店
制 作	北京金舵手世纪图文设计有限公司
印 刷	北京市松源印刷有限公司
版 次	2018年1月北京第1版
	2021年4月北京第4次印刷
开 本	635毫米×965毫米 1/16 印张20
字 数	249千字 图14幅
印 数	16,001-19,000册
定 价	39.00元

(印装查询:01064002715;邮购查询:01084010542)

新知文库

出版说明

在今天三联书店的前身——生活书店、读书出版社和新知书店的出版史上，介绍新知识和新观念的图书曾占有很大比重。熟悉三联的读者也都会记得，20世纪80年代后期，我们曾以"新知文库"的名义，出版过一批译介西方现代人文社会科学知识的图书。今年是生活·读书·新知三联书店恢复独立建制20周年，我们再次推出"新知文库"，正是为了接续这一传统。

近半个世纪以来，无论在自然科学方面，还是在人文社会科学方面，知识都在以前所未有的速度更新。涉及自然环境、社会文化等领域的新发现、新探索和新成果层出不穷，并以同样前所未有的深度和广度影响人类的社会和生活。了解这种知识成果的内容，思考其与我们生活的关系，固然是明了社会变迁趋势的必需，但更为重要的，乃是通过知识演进的背景和过程，领悟和体会隐藏其中的理性精神和科学规律。

"新知文库"拟选编一些介绍人文社会科学和自然科学新知识及其如何被发现和传播的图书，陆续出版。希望读者能在愉悦的阅读中获取新知，开阔视野，启迪思维，激发好奇心和想象力。

生活·讀書·新知 三联书店
2006年3月

目 录

Contents

1　中文版序言
5　序　言

第一部分　一个充满回忆的世界

3　　第一章　门第至上
41　　第二章　记忆之匣
81　　第三章　传承的危机
105　　第四章　传承的挑战

第二部分　权力的诱惑

131　　第五章　忠于职守的阶层
159　　第六章　从身份的丧失到投身于金融活动
187　　第七章　当下的贵族法则

第三部分　品位的仲裁人

215　第八章　品位的原则
227　第九章　贵族：礼仪的守护者？
249　第十章　文化品位是否仍然有意义？

265　结语　地位的失落？

283　参考文献

中文版序言

"与众不同的贵族",其不同寻常之处在于,尽管它的合法性从属于某一已消失的政体,然而这一社会群体凭借着自身的准则和习俗,依然延续了下来。1789 年,伴随着旧制度的倒塌,"贵族"这一群体失去了享有不平等的特权,1848 年爆发的二月革命则剥夺了它的一切法律地位。如今,从数量上而言,法国的贵族很小众,仅 3000 多个家族,约 10 万人,相当于法国 6000 万人口的 0.2%。

不过,对于寻常人家而言,他们一如既往地保持着一种幻象,并激起人们本能的迷恋。相对于人生的短暂,贵族代之以家族的源远流长。坚固的城堡便是这一永恒的象征之一。在法国,城堡的身影无处不在,它们有的散落在乡间,有的点缀在山头;名目之繁多,让外来之人惊叹不已。无论是中世纪粗砺的古堡,还是 18 世纪活泼而又雅致的古典府邸，它们都是一些美丽的瑰宝，是昔日的豪门大户希望给子孙后代留下某种既盛大又长久的奢华布景的明证。如果贵族的后人依然生活在城堡里，城堡便更能显示出某种强有力的传承精神。城堡传递出的是某种坚不可摧的形象，与此同时它们又能使贵族的生活艺术流传下去。那是一种醉心于优美和高雅的艺术。

最初的时候，贵族指的是一批"杰出人物"，也就是说一个卓越的群体。辉煌的过往，赋予他们一种超越时空的道德光环。这一道德模型在骑士制度下得到加强，因为贵族阶层继承了骑士的价值体系：比如关于荣誉、尊严和等级的观念，对于强韧的体魄和坚忍的意志的热爱，沉着冷静和为他人效劳的本能，对崇高精神的渴望。在贵族的教育中，一出生就享有优越的社会地位和声名的人，必须通过自己的表现来证明自身的受之无愧，而这一教育又离不开建功立业和追求卓越的理念。

不过，在封建社会中以军事和宗教惯例铸造而成的这些准则，在现今以经济和金融为主导的世俗化、国际化的社会里，是否仍然有意义？

对于贵族而言，要忠于他的姓氏所体现的内涵，就离不开某种生活准则。这种准则要求他们必须正直、信守承诺、英勇果敢，努力维护有助于延续家族历史的物质标志，譬如祖屋、物件和文献。对于传统的理解领会并对社会变革做出调整，家族的永续长存总是有赖于这一双重的努力。

法国贵族不仅活跃在诸如军队和农业这样他们拥有悠久历史的行业里，他们也在适应全球化发展的同时，早就转向了一些创新的前沿领域。他们证明了自己既懂得行动，又懂得自我调整：其中的佼佼者进入著名学府，加入优才计划，并活跃在各个权威领域里。最后，如果说法国贵族还是一个由互相认识的个人所组成的"小圈子"，这是因为共同的行为规范依然存在，排在首位的便是礼节。19世纪，在举止的优美和高雅上，他们是公认的领衔人物。也正是在这一点上，他们取得了对于大革命的平等宣言的巨大胜利。

如今，并非所有法国拥有古老姓氏的人士都是骑士；我们在其他社会领域里也能见到骑士。然而，如果贵族依然能引起关注，那是因为直到现在，他们当中的众多代表人物不仅能够继续开拓进取，同时还维护着他们的基本理念：把一份以家族观念和宗教信仰为核心的遗产传承下去的坚强意志，以及用行动来保持上层社会地位的顽强决心。

希望广大中国读者能从这部关于当代法国贵族的著作中，看到一段残存历史的粲然一笑，虽然明媚动人，却也转瞬即逝。

埃里克·芒雄－里高

2017年6月

序 言

Introduction

　　他领导的公司是法国历史最悠久的商号之一。他拥有一座从11世纪就归在他的家族名下的城堡。他毕业于一所名校,后来成为一位非常成功的金融家。他穿着朴素,也很低调,当我问他,在日常生活中是否有过被人认为是一名贵族的经历时,他以一件趣事作答:"我还在一家英国银行工作时,有一天,我穿的衬衣有点旧了,经理当着大家的面对我说,'你肯定是一名十足的贵族,才会穿这件衬衫'……"在我们后来的交谈中,当提及他认识的一位白手起家的生意人,如今事业有成,拥有了一切——一大批艺术藏品、一艘游艇、一栋位于蓝色海岸的豪宅——他明确地说道:"他总希望我们能成为朋友,我和我夫人去过他家,他对我们说'下次和你们的孩子再来吧'。我夫人则对我说'决不'。对于他而言，在潜意识里一切永远都和金钱挂钩，因为金钱是度量值。我们去参加了他女儿的婚礼，场面壮观、奢华。我们宛如到了另一个星球，如同小孩一般，我们把一切都看了个遍，直到早晨四点……"这样的一番话表明：在对生活和消费方式的认识上，公平原则的胜利和民主的标准化远远没有消除那些识别代码，它们不仅可以让人分辨出某一独特、封闭的社会群体，还标示出那些被排斥在外的人。1981年，美国历史学家阿诺·迈尔（Arno Mayer）发表了《旧制度的延续：1848年至第一次世界大战时期的欧洲》（*La persistqnce de l'Ancien Régime: l'Europe de 1848 à la Grande Guerre*）。在这本书里，他通过对延缓旧秩序衰落力量的研究，考察了19世纪公平原则在欧洲社会中的真实发展。三十多年前，这本书的思路十分新颖。当时，众多的论著对一个崭新的社会的到来尤为关注，都在强调断裂，却有忽略延续性的作用之弊病。相反，在对贵族阶层的延续性进行了分析之后，阿诺·迈尔指出，法国的世族贵胄尽管已经不能继续维持他们在政治上的权力，但是为了弥补其在经济上的相对弱势，紧紧抓住了他们在社交生活和文化上的优势。"他们比欧洲其他国家的贵族更要标榜他们的生活艺术和他们的骄傲"[①]，通过挖掘自身的相对优势，法国的贵族群体把法国大革命前就已构成他们海外形象的品质，提升为身份归属的特性。

后来，其他历史学家步阿诺·迈尔的后尘，重新评估古老的精英阶层在法国后革命社会中的重要性。1988年，出版人兼小说家克里斯蒂昂·德·巴尔蒂亚（Christian de Bartillat），《1789年至今法国贵族的一段历史》（*une Histoire de la noblesse française de 1789 à nois*

---

① [美] 阿诺·迈尔：《旧制度的延续：1848年至第一次世界大战时期的欧洲》，巴黎：弗拉马里翁出版（Flammarion），[1981] 2010年，第108页。

jours）的作者，仍然可以合理地声称："他所从属的群体，即在我们的历史中还是发挥过重大作用的贵族阶层，从未成为历史研究的对象"①；然而，农民、工人阶级、资产阶级、教士阶层都有它们的历史学家。1993年，我把我的论文②向三家大出版社投稿，其中的两家即刻同意出版。过后，我才收到第三家出版社主编的否定答复。他不仅下结论说我的论题缺乏趣味，而且面对世族贵胄延续其文化身份的能力，还以一段困惑的结束语表明他的愤愤不平："这一群体是怎么能以如此的韧性，如此的力量重新焕发出新生的？它又是如何在一定程度上避免了同化作用？"③如今，知识界对老式社会精英的排斥已经过去了。苏联倒台后随之而来的对意识形态的大量反思，以及在那些去苏维埃化的国家里——以俄罗斯为首——古老的贵族精英的回归，让欧洲的贵族以一种崭新的透明度出现在社会生活及媒体报道中。至于专门研究欧洲贵族，尤其是研究法国贵族的科研著作，譬如辞典、有关贵族权力的论著和学术研究等，则不断增加。④贵族的时代离我们越远，就越能得到更多的研究，法国贵族得益于此，故得到了更好的认识。

---

① 《费加罗夫人报》（*Madame Figaro*），1988年10月27日。
② 1994年以《贵族和大资产阶级：教育、传统、价值》（*Aristocrates et Grands Bourgeois. Éducation, traditions, valeurs*）的书名在法国普隆出版社（Les éditions Plon）出版，后来在佩林出版社（Perrin）多次再版。
③ ××出版社主编O. B. 先生于1993年3月23日写给作者的信。
④ 详见帕特里克·克拉特·德·德洛芒坦（Patrick Clark de Dromantin）在《20世纪法国贵族身份的延续》（*Persistance de l'identité nobiliaire dans la France du XXI siècle*）中的详细说明，2011年《法国贵族互助协会简报》（*Bulletin de l'Association d'entraide de la noblesse française*），第284期，第19—39页；同见罗兰·布尔坎（Laurent Bourquin）的《现代法国的贵族》[*La Noblesse dans la France Moderne (XVI-XVIII)*]，巴黎：贝林出版社（Belin），2002年，第5—6页；以及艾丽丝·布拉瓦尔（Alice Bravard）的《1900—1939年巴黎的上层社会：贵族模式的延续》（*Le Grand Monde parisien. 1900-1939. La persistance du modèle aristocratique*），雷恩：雷恩大学出版社（PUR：Presses Universitaires de Rennes），2013年，第15—19页。

根据阿诺·迈尔的观点，19世纪法国的贵族群体，尽管比欧洲其他国家的还要摇摇欲坠，但从社会或文化角度而言，它也许已经收复了其在政治和经济上的失地，因而重新赢得了它的社会地位。此外，通过倚赖它的身份价值和独特的习俗，这一群体也可能成功地延续了它的社会优势。事实是，随着第一次世界大战的爆发，法国的三个王朝和两个帝国都被带入了坟墓，法国的贵族群体也终于抑制住了它的没落。贵族们当时依然拥有大量的财富，因为他们懂得缩减，或者消除革命的负面影响。整个19世纪期间，他们通过降低负债、多元化投资和增加收入来源，重建了他们的财富，并施之于某种"资产"的管理。在政治舞台上，至少在地方性的政治舞台上，他们的身影依然十分活跃，他们还积极参与那些引起社会变革的论争。他们的田产、他们的私人府邸、他们的城堡、他们收藏的艺术珍品、他们的姓氏的光环、他们的联姻、他们的生活格调和他们优雅的声名，所有这些都一如既往地使他们位于社会结构的顶端。美好年代①的巴黎沉浸在富足之风里，在这股风的吹动下，他们在巴黎的世俗生活中不仅扮演着最显赫的角色，还高高在上地推行他们的规则。在所有那些憧憬社会地位、渴望跻身"上层社会"的人士的眼中，他们感受到了对于他们的品行规范的认可，而这也证明了他们的权威。

一个世纪以后，法国的贵族又有什么变化呢？在一个趋于整齐划一的社会里，以及一个日益民主化的环境下，新发展减损了第二等级②后裔们的光芒。即使他们在财富上的暴跌是相对而言的，他们也

---

① 美好年代（La Belle Époque）：欧洲历史上的一段时期，从19世纪末至第一次世界大战爆发。在这个阶段，欧洲社会相对稳定，科技、文化、艺术、社会生活欣欣向荣。——译注
② 法国大革命前的等级制度中，教士属于第一等级，贵族为第二等级，与这两个不纳税和享有特权的等级相对立的其他人则构成第三等级，包括农民、手工业者、小商贩、城市平民和资产阶级等。——译注

已经不能倚赖往日的年金继续过日子了。他们进入职场，显示出创造力和才干，保证了他们一直享有受人羡慕的社会地位。不过，当道德风尚、文化或社会关系中传统的等级和价值体系瓦解时，尤其是随着共和国、教会、军队、学校这四大国家机构的权威的跌落，他们所组成的团体受到了最强烈的冲击。从20世纪60年代中期开始的"第二次法国大革命"①，在入侵日常生活的同时，也渗透到各种社会体系里，速度之快，社会学家们可能都找不到参照对象。在怀疑论的破坏下，一切权威的传统机构，也就是那些传统部门，都落败了：人们上教堂的次数迅速减少，家庭解体，学校本身也分崩离析……在20世纪的最后几十年间，高等教育大众化，并以很快的速度持续深化，这本应消除古老的精英阶层在知识和文化上惯于宣称的特权。然而事实是，它并没有减少社会复制品的密度。法国仍然是学业前途与社会出身衔接度最高的国家之一。国际上的调研和比较反复强调并警示，公平的学习机会在我们的国家是多么不真实。我们的学校在意识形态破坏和总是出产更多差生的情况下，更加剧了不平等的现象。在那些盛行层层筛选的著名学府里，鲜有出身寒门的学生，而那些寻求卓越和独树一帜的贵族或大资本家的姓氏却比比皆是。

如今，法国贵族对独树一帜和卓越品质的诉求是否仍有意义？这一诉求似乎和当下的主流文化背道而驰，因为它以承袭的原则为基础，致力于习俗的传承从而延续某种特权的传说，然而主流文化颂扬的是社会的公正和平等的梦想，并对一切精英主义穷追猛打，到了令人担忧的"偏向同化，平等变质"的地步。② 然而，一个无可争议的

---

① 亨利·曼德拉（Henri Mendras）：《第二次法国大革命》（*La Seconde Révolution franaçaise: 1964-1985*），巴黎：伽利玛出版社（Gallimard），[1988] 1994 年。
② 多米尼克·施纳佩尔（Dominique Schnapper）：《法律的民主精神》（*L'Esprit démocratique des lois*），巴黎：伽利玛出版社，2014 年，第 143 页。

事实是：从《民法》的角度而言，已经消亡的贵族阶级不仅继续维持着一种幻象，也继续诱发某种迷恋情结，尽管这一群体固有的人数很少。1789年，它只占法国人口的0.5%（大约25000个家族，即2600万居民中的12万人）①，这使得从比例上来说法国成为欧洲贵族人数最少的国家之一。现在，贵族群体在法国人口中的比例为0.2%（家族的数量才3000出头，相当于6000万居民中的10万人）。②这一微弱的比例并不妨碍它成为备受浮夸虚妄的大众所猜忌的社会群体，尽管法国大革命已经过去两个多世纪了。如果某个贵族的经济地位保持稳定，他就会受到忌恨，冠冕堂皇的理由是他体现了出身的高傲和遗产财富的权势：人们要么谴责他高高在上、一本正经或刻板，要么对其言行举止的不拘一格吹胡子瞪眼。如果他由于经济条件每况愈下，以身无分文的领主形象示人——电视节目总是不遗余力地歪曲他的这一形象，把他描述成保守、固执、局限于陈腐的价值观念的天主教徒——那么他也会成为人们猎奇心的对象，不过这一次的原因是他成了令人哀惋的遗老遗少。

　　法国贵族这种恒久的吸引力源于它的特殊性：它从属于一个如

---

① 由于不存在贵族总谱（法国从来没有建立过这样的一份资料），所以很难精准地确定君主制度末期的贵族人数。历史学家们估算的人数在8万至36万之间，即在人口总数的0.3%与1.2%之间变动〔阿尔莱特·乔安娜（Arlette Jouanna）在她的文章《贵族和高尚情操》（"Noblesse, noblesses"）中对这一问题进行了很好的概括，详见居伊·肖希南－诺加雷（Guy Chaussinand-Nogaret）主编的《旧制度大辞典》（*Dictionnaire de l'Ancien Régime*），巴黎：法国大学出版社（PUF），1996年，第887—893页〕。我这里采纳的是居伊·肖希南－诺加雷所支持的数字，因为他的分析非常有说服力〔详见他的著作《18世纪的贵族》（*La Noblesse au XVIIIème siècle*），巴黎：联合出版社（Complexe），2000年，第39—64页〕。
② 雷吉斯·瓦莱特（Régis Valette）：《11世纪法国贵族人名录以及路易十六时代和19世纪外省贵族人名录》（*Catalogue de la noblesse française au XXIème et catalogue provincial sous Louis XVI et au XIXème siècle*），巴黎：罗伯特·拉丰出版社（R. Laffont），2007年，第18—19页。

今唯有通过出生才能跨进的封闭阶层；众所周知，共和国并不赐封爵位。世族贵胄是历史的产物。它体现了历史的延续性，一股依然强大的符号资本就根植于其中。此外，它还吁求往昔的道德模式：从一开始，它就培养了一批位于社会顶端的"一流人物"，因为它是一个集合最优秀的人物的阶层。在旧秩序之下，这种道德模式为贵族世代沿袭的法律特权提供了依据。"是贵族就得有贵族样"，这句谚语使人想到他们的姓氏中甚至隐含着卓越的理念在内。德国历史学家卡尔·斐迪南·沃纳（Karl Ferdinand Werner）曾经强调这一传统理念在我们的政治文化中的地位。至于自由的观念，这不仅是由当时那些真正自由的人士开创的，也是为了他们而提出来的。他们还通过立法主张和创立群体连带责任以捍卫自由。与此同时，他们也把诸如荣誉、尊严、等级之类的观念承袭了下来，因为如同对于古罗马贵族一般，这些观念对于中世纪，以及当今的贵族来说是最根本的。除了重视最初的威望及英雄主义之外，贵族阶层也强调稳定和延续的功用，而他们对于世袭传承的关注则有助于此。他们世代相传的城堡修缮得越来越华美，就是传承精神的耀眼写照。这些庞大、壮丽的遗产，不仅增强了法国文化的光辉，也使得法国成为世人首选的旅游胜地。

总之，形象丰满、传说纷繁和富于画面感的社会群体莫过于贵族阶层。这一成果源于他们出色的能力，他们懂得展示自我、表现自我、延续祖先的功绩。他们的祖先以其在民族历史上的影响谱写了家族的史诗。肖像画这一艺术类型，始创于14世纪，成长于整个近代，在19世纪蓬勃发展。在它的辅助下，贵族群体留下了他们独特的体态特征，一如他们与众不同的社会地位。在法国，有一些肖像画藏品保存了下来，虽然数量上比英国的要少得多，但是它们依然见证了维系了多个世纪的家族谱系，譬如在蒙蒂尼－加恩隆城堡（Montigny-Gannelon）、曼特农城堡（Maintenon）、卢瓦河畔的圣欧班城堡（Saint-

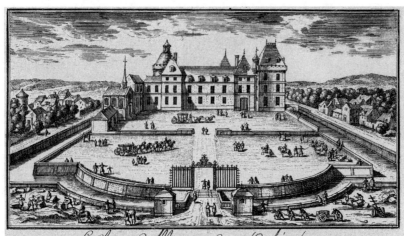

Le Chateau de Maintenon du costé de l'entrée.

Le Chateau de Maintenon du costé du Jardin.

曼特农城堡得名于著名的曼特农夫人,她从一位囚犯的女儿,最终成为路易十四的皇后,她的故事堪称一段不折不扣的童话

Aubin-sur-Loire）分别展出的蒙特默伦西家族（Les Montmorency）、诺阿耶家族（Les Noailles）、圣莫利家族（les Saint-Mauris）的肖像画作品，或者是如今已托付给巴耶纳（Bayonne）市政府的格拉蒙家族（les Gramont）的藏品。同样，名门贵族对于文学的世袭爱好，也撑起了他们的集体形象，因为这一兴趣不仅有助于维持记忆，也有助于凝聚身份，并形成社会学意义上的差异。正如哲学家泰纳（Taine）解释的一样："古典文学从整体上说是上层社会的文学，它既诞生于上层社会，又为了上层社会而产生。"事实上，不仅贵族阶层涌现了众多的作家，贵族沙龙在人文艺术的演进史上也发挥了十分重要的作用。此外，许多作品的创作灵感就来自于贵族，而大革命的隔断也不能结束他们和文学之间"长久而密切的联系"。[①] 所以，蒙托耶公爵（duc de Montausier）查理·德－圣莫尔（Charles de Sainte-Maure），当今的于泽公爵（duc d'Uzès）的祖先，成了《愤世嫉俗》（*Misanthrope*）中的阿尔切斯特（Alceste）的原型；红衣主教罗昂公爵（cardinal-duc Rohan）弗朗索瓦－路易（François-Louis），成了《红与黑》（*Le Rouge et le Noir*）里的主人公于连·索莱尔（Julien Sorel）遇见的主教，《悲惨世界》（*les Misérables*）中比克斯修道院里的主教的原型；德·卡斯特里公爵夫人（la duchesse de Castries）则成了《朗热公爵夫人》（*la Duchesse de Langeais*）里的女主人公的原型……马赛尔·普鲁斯特（Marcel Proust）的小说，则是献给贵族群体的丰碑，因为那是一个揭示了对贵族的迷恋和嘲讽的文学巅峰。对于大众和媒体而言，世家贵胄一直都是猎奇、怀旧和嫉恨的对象，而这正说明了他们抵御住了历史的沧桑，一如他们抵御住了意识形态方

---

① 莫娜·奥祖夫（Mona Ozouf）：《一种文学形式的故事：小说的告白》（*Récits d'une partie littéraire. Les aveux du roman*），巴黎：法亚尔出版社（Fayard），2006年，第359页。

面的诋毁。那些各式各样的描绘，无论是美化了贵族们的理想、操守或行为准则，还是通过充满控诉的言论进行丑化，只不过有助于为他们树立形象，并让集体的想象力维持在某种炙热的状态之中。事实是，形象不仅通过传播、也通过接收而存在：如果说贵族们忘记了他们是卓尔不凡的，那么老百姓会以社会决定论方面的直觉，敏锐地感知到他们的与众不同。

当前，第二等级的后裔在文化上依然整齐划一，我对确保这种文化一致性的价值体系进行了一系列的研究，该论著便是其中的一部。在这本书里，我不仅进行了社会学、人类学层面的思考，还兼用了史学研究的方法。我坚信社会身份是可以从存在、表达、感知、信仰、传承等种种方式中识别出来的，而对这些方式的解读则意味着长期的观察。实际上，唯有观察，才能捕捉到言行举止的特性，也才能在传统习俗、心理和价值规范等方面，找到把个人纳入某一社会群体的集体理性之中的蛛丝马迹。总之，这部专著是25年的接触、对话、私下交谈的成果。① 它不仅分析了贵族群体为维护其特定的身份而做出的努力，包括他们与其他社会精英之间的竞争；也力图评估他们的标志性遗产，也就是构成"等级文化"②的思维模式、教育准则和爱好，在当代法国文化中的余晖。

---

① 本书正文中的楷体段落都是我和贵族人士访谈的片段。在这些片段末尾，我通常都会注明访谈者的性别和出生年份。但是当引用的只是某一用语或简短的句子的时候，我会略去这样的标注，因为这样的用语或句子不仅反复出现在众多的表述中，并且体现的是社会群体的价值观、习俗或语言。

② "等级文化"这一概念是由克劳德－伊莎贝尔·布赫洛（Claude-Isabelle Brelot）在她的作品中确定的，参见《重新创立的贵族：1814年至1870年弗朗什—孔泰地区的贵族》（La Noblesse révintée. Nobles de Franche-Comté de 1814 à 1870），贝桑松（Besançon）：贝桑松大学文学年鉴出版社（Annales littéraires de l'université de Besançon），1992年，第二卷。

第一部分

一个充满回忆的世界

名门贵胄最大的特点在于谙晓他们的历史。长期以来,彰显一系列先人的历史是他们的优势。相反,其他群体则无文献和墓志可言,所以也就没有保存祖宗痕迹的途径,只能活在当下。名门望族,是指整个家族,也就是同一祖先之下的子子孙孙。对于他们而言,血统和门第的观念是至关重要的。法国的贵族世家,有一些可以上溯至没有史料记载的封建时代,即所谓的上古名门望族,这样的家族也因而常常自诩从未拜将封侯;有一些则是通过捐官买爵由有产阶级跨入第二等级的;还有一些的先祖是第一帝国时代行伍出身的将领,由于骁勇善战而受到加爵晋勋。这些世家大族,无论始于何种形式,都把个人纳入宗族里。宗族不仅是由家庭组成,即父母、兄弟姐妹、亲属等,也由列祖列宗的声名组成,因为祖宗们不仅对于在世的后人保有威望，唤起他们对于宗族的使命感，而且还立下了家规。此外，如果一个家族在某个地方长期享有稳定而持久的地位，往往会建立起一种休戚与共的纽带，而这一纽带又使得"世世代代都是吾辈"。贵族群体这种休戚与共的特征，阿历克西·德·托克维尔把它与"民主起源的个人主义"[①]对立起来。世代沿袭的必然性决定了时间的概念从未局限于某一代人，也立下了一种传承的精神和追求卓越的理念。传承精神是贵族价值体系的基础，而卓越的理念则是出于对落败的担忧。

---

① 阿历克西·德·托克维尔：《论美国的民主》，巴黎：弗拉马里翁出版社，1981年，第二卷，第125—126页。

第一章

门第至上

La primauté du lignage

个人和历史之间建设性的联结,以及对于永恒的执着,使得贵族身负双重重任:对于前人的责任和向后人的传承。这两道重任决定了他们的言行举止从社会学的角度而言具有三个方面的特性。

子孙的职责

阿尔弗雷德·德·格拉蒙伯爵(le comte Alfred de Gramont)撰写于"美好年代"的日记[①],记述了一位父亲不屈不挠地努力收集各种信息,经过全面的权衡,为他的女儿选

---

① 《亲王的朋友:阿尔弗雷德·德·格拉蒙1892—1915年未刊行的日记》(*L'ami du prince. Journal inédit d'Alfred de Gramont 1892-1915*),由埃里克·芒雄-里高编著,巴黎:法亚尔出版社,2011年。

择一个合适的配偶。在这本日记里，我们可以看到：他掂量各个家族的名声，估算它们的礼金、收入、家产，打探一切关于家庭的纷争、背叛和离异的传言，着手商谈一桩合算如意、却缺乏爱恋的亲事，在择婿问题上机关算尽，犯下了一个高高在上的评估错误，给他和他的女儿造成了不幸。这位谨慎的父亲很具有代表性，他的盘算说明了贵族阶层对于亲事的重视，因为联姻对于延续血统和维持家产必不可少。长期以来，个人的情感在贵族的婚姻中无足轻重。相反，重要的是家族的姓氏、社会地位和财产。这些客观因素的先后顺序在不同的年代也许会发生变化，但是背后都有一个始终不渝的目标：确保家族一直处于巅峰状态。如此一来，夫妻间的结合被认为是一桩传宗接代的事情，而且联姻应该为家族增光添彩，尤其不能有损门楣。

如今，为了高高在上的家族利益和遗产的归属而展开联姻战略的年代已经成为历史。真挚热烈的情感不仅成为建立婚姻关系的基础，也成为构筑一切家庭形式的合理依据。然而，对于贵族群体，婚姻除了是对一段情感的认可外，仍然被视为某种体系，而这种体系必须把一个男人和一个女人的结合和绵延的后代联系起来。它的作用是构筑一个家族的殿堂，而这个家族的首要任务是确保他们的物质、道德、文化和精神遗产的传承。所以，婚姻应该通过族群的传统价值加以巩固。同时，这些价值作为留给后代的牢固的行为准则，受到大家的共同维护。总之，贵族的婚姻被视为牢不可破的，这一方面既遵守了天主教的教规；另一方面又关照了家族的稳定。白头偕老，并把祖先的遗产传承下去，这种传统的幸福和家庭使命，不仅符合基督教的原则，如今也依然是大多数豪门贵胄的理念，这也说明了百年好合对于他们而言，应该要比其他的社会群体更重要。

过去的两个世纪，法国贵族世家的数量急剧减少。大革命前夕，它们的总数约为2.5万户（雷吉斯·瓦莱特①提出的数目仅仅为1.7万户），而现在只有三千出头，也就是说，尽管19世纪不少家族加爵晋勋，但80%的名门世族都陨落了。一般而言，一个家族存在的时间长度大概为350年，但是我们必须指出，对于贵族阶层，许多家族存在的时间要久远得多。如今，法国仍有315个名门望族源自古老的骑士阶层。他们的血统经过核实，至少可以追溯至公元1400年。不过，人们无须担忧贵族群体濒临消亡。原因是，虽说世家大族的数量随着零子嗣家族的必然陨灭而减少，然而豪门贵胄的人数远远没有降低；相反，他们的总人数一直保持稳定，甚至还在增长，这归功于他们要世代延续下去的强烈意志，以及所采取的相应策略②，也就是说，贵族阶层的出生率比其他社会阶层的还要高。如果说，贵族人数在1978年的时候大约是12万（约占总人口的0.5%③），那么他们现在的人数依然有10万（约占总人口的0.2%）。④ 那些横跨多个世纪并沿袭至今的家族尤其要归功于他们活跃的人口增长。婚姻的使命和希望在于生儿育女，特别是养育许多能确保谱系延续的子嗣，因为法国的贵族头衔传男不传女。此外，对于那些人丁兴旺的家族而言，个别人的忤逆、疏离、荒诞怪异、堕落都不会严重地危及整个家族的未来，此类行为举止在这样的家族里也就更容易得到大家的谅解。

一个家族也许会因为某个败家子而迅速衰败，但如果它人丁兴旺，那么它就有可能延续下去。大家族往往是通过多子多孙

---

① 雷吉斯·瓦莱特，见前引书，第18页。
② 同上书，第18—19页。
③ 居伊·肖希南－诺加雷，见前引书，第48页。
④ 雷吉斯·瓦莱特，见前引书，第18—19页。

而走出困境的：总会有一个出人头地的孩子……（男，1974 年）

如果一个家族的某些成员能确保家族位于社会结构的顶端，那么那些性情荒诞怪异或庸碌无能的子孙辱门败户行为的影响就微乎其微。

拉罗什富科家族（Les la Rochefoucauld）和德·哈考特家族（Les d'Harcourt）人口繁盛。在这两个大家族里，什么样的人都能看得到：既有一无是处的孬种，也有杰出璀璨的人士。（女，1942 年）

若想增加家族复兴的概率，那么最好还是多生几个子嗣。于是，一些贵族家庭，有了四五个女孩之后，依然执着于再生一个男孩。几年以前，一位非常著名的公爵有了一个儿子之后，为了避免其重新建立起来的家产分裂——上一代人把家产都败光了——宣称再也不愿意多生孩子，尽管他的家族只剩下他这一支。于是，在骑师俱乐部[①]，尽是讥笑嘲讽，因为恬言柔舌向来不是该俱乐部的规矩。大家都嘲笑他为了巩固家产而打的小算盘：从沿袭的方面而言，他优先考虑的是短期的利害，更不用说他低估了排斥马尔萨斯人口论的贵族伦理，因为后继无人的威胁始终压得那些单传的家族喘不过气来。众人的揶揄产生了积极的效果：公爵意识到他的错误，改变主意，而且对其家族万幸的是，公爵夫人又生了第二个儿子。骑师俱乐部前任主席的妻子布里萨克公爵夫人（la duchesse de Brissac）写过："不能把生命的延

---

① 骑师俱乐部（Jockey Club）：法国最尊贵、最神秘的俱乐部之一，成立于 1834 年，俱乐部三分之二的会员都是名门贵胄。——译注

续和财富的延续混为一谈。"①同时，作为神学家和五个孩子的母亲，她也许意识到主动限制生育说明了小市民在社会上的不安。"闭合数字"（原文为拉丁语 numerus clauses），也就是说"限制性和选择性的再生产，往往用在某一特殊的产品之上"②，实际上表达了渴望每一代都有提升和担忧倒退，而倒退则一直都被认为是有可能的。相反，由追求永恒的祖先开创的贵族家庭，在延伸下去的使命下，渴望多子多孙，这既是基督教教义所规定的，也是宽裕的物质条件所允许的。

贵族群体对于族谱延续的重视，也说明了他们为什么注重名字的选取。20世纪下半叶，几乎所有法国家庭在取名时都逐渐放弃参照长辈的名字，名字的社会内涵也因而不断增强。③不过，在20世纪初期，法国人依然经常用祖父母或教父、教母的名字来给孩子取名。"二战"刚刚结束的时候，对于某一年龄层次的孩子，20个名字就足以给他们当中的一半人取名了；如今，却需要140来个名字才够用。两个重要因素决定了名字的选取：名字的发音和时尚，特别是影视媒体在其中起推波助澜作用。不过，贵族群体坚持认为名字的选择，首先要有利于孩子将来长大成人后融入一个有宗教信仰的宗族里，而不是跟着潮流走，这也是他们忠于自身文化传统的好例子。所以，一般的惯例是，选择一些有基督教传统的名字，尽管这些名字在家族里早已出现过，并且有可能与时代的发展相脱节。某些名门世家偏好一些让

---

① 雅克琳娜·德·布里萨克（Jacqueline de Brissac）：《七件圣事》（Les Sept Sacrements），巴黎：佩林出版社，1999年，第141页。
② 皮埃尔·布迪厄（Pierre Bourdieu）：《区隔：品位判断的社会批评》（La Distinction, critique sociale du jugement），巴黎：午夜出版社（Minuit），1979年，第389—390页。此外，详见克里斯托弗·夏尔（Christophe Charles）的《1880—1900年的共和国精英》（Les Élites de la république 1880-1900），巴黎：法亚尔出版社，[1987] 2006年，第39页。
③ 见巴普蒂斯特·库尔蒙（Baptiste Coulmont）：《名字的社会学》（Sociilologie des pré noms），巴黎：发现出版社（Découverte），2011年。

人联想起他们的出生之地或者祖先辉煌功名的名字。有时候,这样的名字会反复出现在每一代人的身上,尤其是出现在家里长子的身上,因为这有助于以皇室或王室的模式来凸显血统世系。① 这样一来,作为代代相传的高贵记号,以及作为某个"记忆之所",名字也就获得了族谱印章和社会符号上的最大价值。

追忆祖先

贵族群体对联姻和家族历史的重视,是他们渴望保持家族大厦永远延续下去的第二个强烈的符号。乔治·杜比(Georges Duby)曾经指出,封建制度的产生极大地促进了家族门第观念的发展。② 公元1000年以后,随着封建领主逐渐取得独立性,并把他们的权力以世袭的方式传给后代,他们的后代成了豪门贵胄,即一些拥有声名远扬的祖先,并归属于某一家系或宗族的人士。如此一来,每一个贵族都固有的身份特点产生了:务必避免紧密联系的生命链条中的某一环节断裂。所以,对他们来说,维护家族的历史非常重要。家族历史能促进亲族关系的维持,而这种关系不仅超越了由父母和孩子构成的核心家庭,并能延伸到所有拥有血缘联结的同时代的人的身上。这种对于家族记忆的熟稔构成了贵族的与众不同,因为普通老百姓在谱系上的认知,实际上很少超过几代人,而关于祖父母以前的祖先的认知则往往更加模糊不清。

---

① 关于这一做法的起源,详见菲利普·康塔敏(Philippe Contamine):《法国王室贵族》(*La Noblesse au royaume de France*),巴黎:法国大学出版社(PUF),1997年,第217—222页。我也拟定过一份法国贵族常用的、世代相传的姓名,但并不全面,详见《贵族和大资本家》(*Aristocates et Grands Bourgeois*),巴黎:佩林出版社,2007年,第119—125页。

② 乔治·杜比:《门第》("Le lignage"),详见皮埃尔·诺拉(P. Nora)主编的《记忆的场所》(*Les lieux de mémoire*),第一卷,巴黎:伽利玛出版社,1997年,第604—627页。

法国王室的纹章。鸢尾花的图案象征着法国王室，出现在众多与法国王室有联姻关系之家族的纹章之上。数字"三"指三位一体，代表了当时法兰西王室发誓忠于教会，并且捍卫"真实信仰"

    保存家族历史的家谱是贵族们酷爱的文献。对于那些年代久远的家族，族谱就像一棵枝杈纵横的老橡树，上面常常挂满了注明各种姻亲关系的徽章。无论是出于习俗，还是出于义务，所有的世家大族都留存一部这样的家谱。在封建君主制时期，贵族阶层注重族谱，以证明他们的权力或特权的合法性，尤其是17世纪以后，贵族用族谱来应付国家进行的相关核查工作。从1666年路易十四下令的税收审核"严查假名托姓的伪贵族"，到1732年以后为了表彰贵族功绩而颁发的"皇室勋章"，贵族必须定期向追捕伪贵族的皇家监管部门提供"贵族身份的证据"。大革命以后，贵族阶层对于谱系的热衷并没有因为大革命造成的中断而削减。此后，在没有任何法律的制约下，想要留住一段历史记忆的全新意志激励着法国的世家大族。所以在19世纪，充满了历史的符号和强烈的家族记忆的仿古装饰大量涌现。家族的徽章纹饰随处可见：从护墙板、家具、壁炉挡板、彩绘玻璃窗、画像边框、书籍封面、藏书签、瓷器银具、骑士勋章、家丁制服的纽扣、车马行装等上面，都可以看得见。同样，在"重建历史链接"的想法的推动下，钟鸣鼎食之家也非常重视从革命风暴中幸存下来的族谱文献,无论它们是一直保留在祖宅内,还是已经充公收缴在国库里。19世纪上半叶,一些贵族还写下大量的回忆录,痛苦地讲述剥夺了他们的特权、颠覆了他们的地位的事件。这样的文字见证了他们"怀古追昔"①的愿望。尽管这些贵族作家把叙述的重点放在了他们认为有利于理解他们的言论或者有利于教育与感化之上,他们的叙述里依然充满了对历史学家而言有意义的史实。而且,由于他们追忆了高官显爵或者重大历史事件见证人的个人命运,所以他们又有了另一项职责:在把家族的事迹纳入集体历史中的同时,参与家族历史的构建。②他们不仅增进了对功名显赫的先祖的缅怀,也促进了对典范人物的造册归档。典范人物则激励人们追求荣耀,而这正是贵族教育的原动力。最后,在传统的沙龙话题里,也就是关于先人历史的讲述里,总是穿插着许多伦理学或心理学上的见解、逸闻趣事、感想、风趣的谈吐甚至是粗俗放肆的戏谑嘲弄。这一切能增进不同年龄层次的人之间的默契,同时还促进他们对于正史的深入了解。

19世纪,许多贵族踊跃加入各种推动地方历史和考古研究的学术团体。他们为保护文物古迹而积极活动,外省的文化生活也因而呈现出一副生机勃勃的景象。第一次世界大战之前,法国有上千个这样的学术团体,会员总数约为20万人,其中有业余的,也有职业的,他们不仅学识渊博,并且都经过选拔。对于历史的热爱把他们凝聚在一

---

① 皮埃尔·诺拉:《从巴黎公社到戴高乐时代的国家历史》("Les mémoires d'État de Commune à De Gaulle"),详见上述引用作品皮埃尔·诺拉主编的《记忆的场所》(*Les Lieux de Mé-moire*),第 1383—1427 页。同时详见亨利·罗斯(Henri Rossi):《1789—1848 年女性贵族的回忆录》(*Mé-moires aristocratiques féminins*),巴黎,1998 年。
② 安德烈·比尔吉耶(André Burguière):《族谱》("La Généalogie"),详见皮埃尔·诺拉主编的《记忆的场所》,第三卷,《从文献到纹章》(*De l'archive à l'emblème*),巴黎:伽利玛出版社,1992 年,第 22 页。

起。①贵族人士在这样的学术团体中发挥了突出的作用。这方面的杰出人物有阿尔西斯·德·高蒙（Arcisse de Gaumont），他在诺曼底地区创立了多个学术团体；还有亚历山大·杜梅治（Alexandre du Mège），他在长达30年的时间里主持了法国南部考古协会的工作。与此同时，在美好年代，奥恩省历史和考古协会四分之一以上的会员都是贵族，而波尔多内竞赛协会（la Société d'émulation du Bourdonnais）则大约拥有三分之一的贵族会员。1836年成立的朗布依埃考古协会（la Société archéologique de Rambouillet），由吕内公爵（le duc de Luynes）从1841年至1867年主持工作，而公爵同时又是该协会的赞助人。后来，阿道夫·德·迪翁伯爵（le comte Adolphe de Dion）接任了他的工作。这个协会成立之初，就已经拥有大量的贵族成员：从1876年至1923年，协会每年的通信录中都有10位至15位忠心耿耿的贵族成员，例如会龄长达30年的卡拉芒公爵（le duc de Caraman）。如今，这一社会和家族的研究团体依然继续存在：布里萨克公爵——1950年至1988年任协会主席——的侄子，协会创始人的直系后裔托马斯·德·吕内伯爵（Thomas de Lyunes），自1988年开始接任协会主席一职。他的曾祖母，于泽公爵夫人（la duchesse d'Uzès）是该学术机构接纳的首批女性成员之一，而他的祖母吕内公爵夫人也在20世纪30年代加入这一团体。

---

① 让－皮埃尔·夏林（Jean-Pierre Chaline）：《社交和文化：法国的学术协会》（*Socciabilité et érudition. Les sociétés savantes en France*），巴黎：历史科学研究委员会出版社（éditions du CTHS: comité des travaux historiques et scientifiques），1995年，第121—125页。同时详见卡洛琳·巴赫拉（Carroline Barrera）：《十九世纪（1797—1865）图卢兹的学术协会》[*Les Sociétés savantes deu Toulouse au XIXème siècle (1797-1865)*]，巴黎：历史科学研究委员会出版社，2003年；《阿尔西斯·德·高蒙（1801—1873）：诺曼底学者和法国考古学的奠定者》[*Arcisse de Gaumont (1801-1873), érudit normand et fondateur de l'archéologie française*]，卡昂（Caen）：诺曼底古玩协会出版社（Société des antiquaires de Normandie），2004年；弗朗索瓦丝·贝尔塞（Françoise Bercé）：《阿尔西斯·德·高蒙和学术协会》（*Arcisse de Gaumont et les sociétés savantes*），见皮埃尔·诺拉主编的《记忆的场所》，第二卷，《民族》（*La Nation*），巴黎：伽利玛出版社，1997年，第1545—1973页。

对于某些毕业于国立文献学校（l'École des Chartes）的人而言（相比批判精神过于强烈的高等师范学校，这所学校备受贵族人士的赏识），一些贵族可是非常著名的学者，他们加深了人们对地方古迹、历史和艺术遗产的认识。考古学家夏尔·德·热维尔（Charles de Gerville）考察了高卢罗马人的遗迹，以及拉芒什省（la Manche）的城堡和修道院；谱系学家亨利·佛洛蒂耶·德·拉梅斯里耶尔（Henri Frotier de La Messelière）汇编了一部关于布列塔尼（Bretange）地区的庄园和城堡的著作，同时还重建了1300多个家族的谱系；热衷于文献学的让·阿迪加尔·德·高特里（Jean Adigard des Gautries）致力于诺曼底的地名研究；西部古玩协会（la Société des antiquaires de l'Ouest）的创始人及主席、考古绘图专家阿尔方斯·勒图热·德·隆格马尔（Alphonse Le Touzé de Longuemar）绘制了大量关于勃艮第、普瓦图和阿尔及利亚地区的古迹草图，同时还撰写了许多说明文字。此外，我们还可以列举著名的古币学家亨利·杜法耶·德·拉图尔（Henri du Fayet de La Tour）和居斯塔夫·彭东·达姆古尔（Gustave Ponton d'Amecourt）、研究洛林和德国历史的史学家让·德·庞日伯爵（le Comte Jean de Pange），或者研究宗教建筑的艺术史专家马耶侯爵夫人（la Maquise de Maillé）。侯爵夫人出嫁前的名字是阿莉耶特·德·罗昂－夏博（Aliette de Rohan-Chabot），她和表兄特雷维兹公爵（le duc de Trévise）于1921年共同创立了法国艺术保护协会，该协会旨在为19世纪之前建造的教堂筹集修缮资金。总之，在整个20世纪里，就像他们的先辈一样，名门贵胄一如既往地活跃在学术研究院里。加入法兰西学院的贵族分别有1901年的沃盖侯爵（le Marquis de Vogüé）、1907年的塞居尔侯爵（le marquis de Ségur）、1925年的拉弗尔斯公爵（le duc de la Force）、1936年的雅克·德·拉克雷代尔（Jacques de Lacretelle）、1946年的罗伯特·德·哈考特伯爵（le Comte Robert de Hacourt）、1953年的列维·米尔普瓦公爵（le duc de Lévis

Mirepoix)、1956年的弗拉基米尔·多尔梅松伯爵（le comte Wladimir d'Ormesson）、1973年的让·多尔梅松伯爵（le comte d'Ormesson）、1972年的卡斯特里公爵（le duc de Castries）、1981年的雅克·德·布丰·布塞（le comte Jacques de Bourbon Busset），以及德布罗意家族的三名成员——1934年的德布罗意公爵莫里斯（Maurice duc de Broglie）、1944年的德布罗意公爵路易（Louis duc de Broglie）和2001年的加布里埃尔·德布罗意亲王（le prince Gabriel de Broglie）。同样，除了德布罗意家族的莫里斯和路易之外，法国科学研究院（l'Académie des sciences）还拥有格拉蒙家族的两位成员：奥尔诺·德·格拉蒙公爵（le comte Arnaud de Gramont）和阿尔芒·格拉蒙公爵（Armand, le duc de Gramont）。两人都是物理学家，分别于1913年和1931年当选为科学院的院士。此外，1979年当选为科学院院士的皮埃尔-吉勒·德·热纳（Pierre-Gilles de Gennes）于1991年获得诺贝尔物理学奖。

  当今的贵族忙于工作，没有花在钻研高雅的兴趣爱好之上的时间，所以他们的身影在各学术机构里越来越少见。这些机构本身的学术活动也逐渐减少。不同的是，贵族对于保护家族历史的重视却不断引起其他社会阶层人士的效仿。"人人一部家族史"这一文学形式的推广和大量作品的出现，谱系研究机构的不断增多，为普通家庭提供家族史修复和整理归档服务的商业机构的迅猛发展，都说明了研究家族历史的兴趣变得多么大众化，以至于变成了一项全民娱乐。[1]其中的一个原因是伴随着个人的迁移越来越频繁，人们希望通过了解祖先

---

[1] 这一对于族谱的热情实际上始于20世纪70年代。安德烈·比尔吉耶写道："法国族谱协会联盟（La fédération des sociétés françaises de généalogie）1968年成立之际只拥有300名会员。1978年，这一联盟底下共有50多家协会，会员人数上升到差不多8000名。10年以后，该联盟的会员人数达到两万之多，分布在220个协会里。"安德烈·比尔吉耶：《族谱》，见前引书，第20页。

的历史或者通过搜索家族的渊源来弥补自我的放逐。此外，互联网的建立和地方文档的数字化也强化了这一现象。如今，提供家谱查询的网址意味着实实在在的金融筹码。1997年成立、2009年上市的族谱网站（Ancestry.com），2012年由一个私募财团以16亿美元的价格收购。这一互联网公司在包括法国在内的九个国家运作，数字化了上百亿份的历史文献，并以此向它的用户收取访问费。由于它的付费用户多达两百万户，所以该公司获利颇丰。它声称，随着人们通过互联网接触的史料越来越多，寻根问祖这一现象也会越来越常见。同样是在2012年，为了增强它提供的服务，这个网站兼并了它的竞争对手（Archives.com）。在法国，成立于1996年的家族史网站（Geneanet.org），每个月的访问用户也在一百万左右。迷恋家族史这一现象的另一标志，则是家族心理学研究上的突破。家族心理学努力重建人们的生活、情感、职业轨迹，挖掘"跨代潜意识"，找出家族史上反复发生的事件，阐明困扰家族的问题，从而根除那些缄口不言、压抑的苦楚。至于纹章工艺，它也再次流行起来。成千上万的市镇打造了自己的市徽。而且，越来越多的法国人希望拥有自己家的徽章，因为正如法律所允许的一样，只要不侵占其他家族的徽记，人人都可以佩戴。提供徽章制作的工匠和作坊也不断增多。这同样推动了寻根问祖的热潮，因为纹章制作能促使人们去了解自己的姓氏、姓氏的归属地以及归属地的传统活动等。

  贵族们是否也加入这一寻祖的热潮当中？按理说，他们并不需要这么做。祖先的功名已经赋予他们一笔其他社会群体不具有的历史财富：他们对于家族历史地位的熟稔，以及大量实物的存在，都有助于家族历史的永久存在。不过，如今却有一股不安的情绪，促使世家大族加入维护家族历史的狂热之中。也许父母和祖父母们发现年青一代无法在家族历史的长河中找到自己的位置，而家族的历史以前又是以对前人的讲述或者以逸闻趣事的形式烙在族人的记忆里的。此外，老一辈人也忧心忡忡地看到，年青一代不仅不再熟悉严密的宗族网络，对于同族内通婚所形成的亲密无间的关系网也茫然不知。那种在庞大的谱系网上或在众亲六眷的幽廊曲径中，类似于"赛鹅棋①从一方走向对方的游戏规则"，巴尔扎克和普鲁斯特都以轻松的笔调描述过，如今年青一代对这些规则都淡忘了，而这正是贵族的历史传承衰落的显著表现。这一后果不是由于年青一代的社会地位降低了——有时恰恰相反，他们的经济条件因为优越的职业地位反倒提升了——而是因为如今年轻人的行为十分个性化，也因为他们的生活也越来越国际化，常常在遥远的异乡。许多被孙辈甚至曾孙辈视为"恐龙"的祖父母不无忧虑地自问："他们将来是否还能知道他们是何人的后裔，并知道他们又是谁？"也就是说，他们是否还能清楚地意识到他们在整体中的位置——这一整体是由拥有或来自同一姓氏的人组成的——并且是否还能记得和他们家族特色密不可分的列祖列宗的显赫功勋。老一辈的贵族为了抵御这种被他们视为退化的遗忘，想到了用文字记下世代口口相传的家族故事，以留住他们的历史。实际上，他们是那些世代流传的家族故事的末代保管人，所以他们知道，如果这一口头相授的传统链条随着他们的入土而断裂，那么一些对家族有意义的零星事件，将永远遗失。此外，他们希望通过给后人留下一部文字作品，加强子孙对祖先的情感依恋。从更高的层面而言，他们希望促进文化、精神、宗教等方面遗产的家族传承。他们认为这一切能塑造个性，这不无道理。给家族著书立传这一现象如今取得了一定规模。于是，一些专门从事传记写作的微型企业便向那些历史的传承人

---

① 赛鹅棋（jeu de l'oie）：棋盘分为63格，每9格一鹅图案，以掷两个骰子决定每次前进的步数，中经各种周折，先到达目的地者为胜。——译注

提供服务。这样的企业有一些就是由贵族创立的，例如德尼·德·舍里斯（Denis de Cherisey）创办的 Écristoire①，该企业的网站明确指出他们提供针对私人的服务，个人可以用雇工报酬支票支付，并享受减税优惠。这些小企业常常在《法国贵族协会简报》（*Bulletin de l'Association de la noblesse française*）上做广告，也常常在高级慈善义卖会上设立展台。这说明了贵族群体在它们看来就是一个客户群。

下面的文字是一个有着显赫姓氏的祖母撰写的《回忆录》的开篇。她的孙辈们在地球的另一端出生，并且生活在那里，完全脱离了贵族的生活环境。她的作品是为他们而写的，开篇的文字在显示某种不安的同时，也表明了维护家族史的决心和努力。在那些没有声名显赫的家族人物的家庭里，我们同样可以看到这样的意志：

> 玛内②，是你们的爸爸的妈妈……但是玛内也有爸爸、妈妈，也就是你们的曾祖父母，而他们也有爸爸、妈妈，即你们的曾曾祖父母，以此往上类推，直至蒙昧时代……所有的这些人都有过一段历史，它们也构成了你们的历史，因为没有他们，你们也不会存在。玛内将要讲述的，也正是他们的历史……所有这些人的历史，她将借助于一些照片和文档来追述和呈现。通过某些逸闻趣事，你们将发现：你们的曾祖父母和曾曾祖父母也许富有想象力，有时也许也喜欢开玩笑，我的祖母和我的曾祖母为人慷慨大方；她们爱的人都死得非常惨烈；而我的父亲则也一直没有真正地从××轰炸中恢复过来。

---

① Écristoire：这个企业名称由两个法语单词 écire（书写）和 histoire（历史）缩合而成。——译注
② 这部作品的作者的孙辈们就是这么称呼她的。

贵族：历史与传承

其他人的写作手法则更具有社会学的特征，譬如让－罗南·德·柯行弗雷克（Jean-Ronan de Keranflec'h）撰写的《祖屋》（*Maison de famille*）。250多年前，由于某次联姻，特洛格里丰庄园（Trogriffon）并入了作者家族的产业里。他逐一描述了庄园里的每一间屋子，并由此构成了一部家族史的框架：里面不仅多代同堂，而且还住着十来支房亲，每一支则拥有一侧或一套房子。聚会的沙龙把他们集中在一起；而其他次要的房间、前厅或者阁楼，则汇聚了突显家族根基的信息，其中有地理的、历史的，也有财力方面的信息。作品的第二部分《历史的长廊》，涵盖了主题各异的章节（"军官之屋""流亡者之屋""大议事厅""古玩厅"……），它们都突出表现了某些家族人物的故事。

家族协会

贵族阶层十分重视保持家族的凝聚力，并确保家族成员对建立在基本家庭单位之上的大家族的热情，这可以从不断增加的家族协会上看出来。家族协会的理念是把拥有同一姓氏的人士，或拥有同一祖先的后裔都集中在一起。从比利时借鉴过来的这个概念在20世纪80年代的法国广为流传，如今取得了巨大成就。家族协会身负双重目标：维护建立在亲族关系和共同的行为准则之上的家族精神；鼓励长辈和晚辈间的相互扶持。现在，越来越多的年青一代散居各地，家族协会的建立便是由这一现象引起的焦虑的信号。它们被视为加强亲属关系的举措，如果没有这些协会，大家很可能就互不相识。因此，它们也被视为家族长久稳定的一种保障。有些协会会出版一份简报，而在当今的互联网环境下，简报的传播很容易。这样的一份简报一方面在家族成员间起到纽带的作用；另一方面又不断更新谱系的信息，进而成为一份集体的记忆；因为它是家族成员为了家族而起草的，它既探讨

一个典型的法式贵族家庭聚会

家族的过去，也探讨家族的当下。譬如，热衷于家谱的布瓦里侯爵（Marquis de Boiry）2012年主动给所有同一姓氏的人士和近亲后裔寄去一份家族协会的期刊，鼓励他们热爱家族的历史，并和他们分享他40多年来所从事的族谱研究。同时，家族协会还组织名为"亲友会"的大型聚会，让众多祖孙三代、甚至四代的家庭重新聚首，交流彼此的消息。正如所有的聚会一样，亲友会上既有聚首的欢乐，又有加强家族凝聚力（加强归属于一个拓宽了圈子的情感）的意愿，以及延续家族精神、准则和价值的决心。这样的聚会在追忆共同的祖先和感怀传统的同时，丰富了家族的历史。事实上，亲友会在社会学上有着显著的特征：每个人似乎都是同一个模子塑造出来的，无疑都是一家人，而且措辞都一个样，当然儿孙辈们的语言越来越杂乱。

2008年9月6日，第14代罗昂公爵若瑟兰·德·罗昂－夏博（Josselin de Rohan-Chabot）邀请了360位罗昂或罗昂－夏博在莫尔比昂省（Morbihan）的若瑟兰城堡（château de Josselin）团聚。他们都是戈德诺（Guéthenoc）的波赫子爵（vicomte de Porhoët）的子孙后代，而子爵早在1008年就铺下了家族邸宅的第一块基石。2010年6月26日，居耶尔·德·卡斯泰尔诺（Curières de Castelnau）家族的300名成员，即陪伴法国国王圣路易进行第六次十字军东征的两位十字军战士的所有后裔，在塞纳－马恩省（Seine-et-Marne）的老穆西城堡（château de Moussy-le-Vieux），也就是如今的面部伤员休闲中心（les Gueules Cassées），共聚一堂。这次聚会让该家族来自法国甚至是欧洲各地的年青一代得以相会，彼此认识。2010年10月16日和17日，菲利普·德·哈考特伯爵（le comte Philippe d'Harcourt）为了庆祝雅克·禹侯（Jacques Hurault）购置位于萨尔特（la Sarthe）的维布雷家族领地（la Seigneurie de Vibraye）500周年，为热内·德·维布雷（René de Vibraye）和路易丝·德·布拉卡·多普斯（Louise de Blacas d'Aups）夫妇（他们在19世纪建造了该家族最后一座城堡）的后人提供了一个令人难以忘怀的周末。大约两百位亲人在这一有纪念意义的节庆上聚首。三辆供宾客使用的大巴士方便了众人探访家族的产业维布雷森林。之后，主人就"家族500年来在维布雷大地上的生活"发表了一席讲话，接下来则是在一个富丽堂皇的帐篷下举办的盛大晚宴。第二天，参加了在村里教堂举行的周日弥撒后，众亲友又一起吃了一顿早午茶。2012年9月15日，散布在法国和北美各地的拉福雷斯特·迪沃纳家族（la famille de La Forest Divonne）的成员在其中一位亲友位于索恩－卢瓦尔省（Sâone-et-Loire）的拉尔沃罗城堡（château de l'Arvolot）团聚。众家庭成员首先在图尔尼（Tournus）的圣菲利贝尔修道院（l'abbaye Saint-Philibert）做了一次祷告，感恩团聚的恩泽。随后，丰富多彩的活动让在场的所有亲人深入地认识了家族的缔造者。家族领袖菲利贝尔·德·拉福雷斯特·迪沃纳（Philibert de La Forest Divonne）的演讲，强调"家族曾经是培养国家和教会官员及公仆的土壤"，而且"先后尽心尽职地效忠于萨瓦公国（le duché de Savoie）和法国王室"；"以家族的历史为荣，并认识到自身重任的年青一代"的化装演出，再现了家族历史上的一些显要人物；幻灯片放映会展示了在家族历史上留下深刻印迹的地点和人物。2013年7月14日，在卢瓦尔-谢尔省（Loire-et-Cher）的蒙日龙城堡（Château de Montgiron），阿梅代·德·埃斯比内·圣吕克（Amédée d'Espinay Saint Luc）和亨利艾特·德·卡戈雷（Henriette de Caqueray）的250名后人欢聚一堂。蒙日龙城堡是这对夫妇1836年为了纪念他们1813年举办的婚礼而购置的。从那以后，该处地产一直归在家族名下。夫妻俩一共生了五个孩子。在这次聚会上，来自法国、荷兰、比利时各地的五个宗支的宾客先是一起共进野餐，倾听一位家族代表追忆家族历史上的重要发展阶段，然后又一同做了一次弥撒。在共进野餐的时候，每一个家庭的成员都聚在一起拍照留念，以便每个人都能把每个名字和每张脸对上号。最后，在参观家族城堡的过程中，宾客们看到一份五平方米大的族谱，这份族谱制作于1870年。与此同时，他们受邀订阅一份19世纪的家族文献，而该文献已经数字化，并经过增补修订。

大型的家族聚会如今已成为一种国际现象。俄罗斯的贵族在这方面提供了不少好例子。例如，大文豪托尔斯泰的玄孙，弗拉基米尔·伊里奇·托尔斯泰（Vladimir Ilitch Tolstoï）从2000年起，每两年就主动邀请世界各地的亲友在作家的故居亚斯纳亚·博利尔纳（Iasnaïa Poliana）庄园聚首。2010年8月，总共有150位家人参加了作家逝世一百周年的聚会。

法国贵族协会

法国贵族协会（ANF，L'Association de la noblesse françaie），其

总部设在巴黎八区马德莱娜广场和协和广场之间的圣乔治骑士街（Rue du Chevalier de Saint-Georges）上。它设立于1932年，其存在表明了贵族阶层保存集体记忆的决心。它只接收那些拥有合法的法国贵族血统的人士，即他们的贵族身份必须是由王室册封给先祖的。贵族协会背负双重目标：首要是确保捍卫和坚守贵族群体特有的准则、习俗和传统，这样的坚持必不可少，因为法国的贵族群体已经失去了它先前的法定地位；另外是鼓励互助和博爱的精神，照顾那些经济困难的家族，尤其是帮助上了年纪的人士或资助年轻人的学业。事实上，也有贫寒的贵族，而贵族协会正是通过提供对他们的帮助来促进整个群体的团结一致。协会在外省的委员会则受益于家族间传统的同气连枝而发展迅速，如今已遍布法国各地。

为了防范那些名分不正的不速之客，一个负责贵族爵位和纹章的"审核委员会"，参考研究皇家骑士团的谱系学家的范例，审查每一个入会申请人的资料，并"要求他提供直至他嫡系先祖的所有合法亲子关系证明，以及这位始祖受到官方追认的法定世袭贵族证书"。申请人的国籍可以不是法国的，但他必须来自法国某个贵族世家。如此一来，法国贵族协会在要求每一位申请人找寻封爵文书或爵位确认书的同时，强化了第二等级的子孙后代们在查证方面的思维反应。协会的专业工作闻名遐迩：外省的通信会员不仅对地方的史料了如指掌，也熟知外省的世家大族的谱系特征；巴黎的审核专员则查证每一份材料，他们重视那些公认的、有价值的文献，而不是印制出来的家谱。如此一来，委员会对各种证据的裁定，无论是对贵族身份这一事实的认定，还是根据贵族合法存在时代的立法、惯例或习俗而确定的爵号沿袭谱系，都具有权威性。它的一些裁决甚至成了判例。也就是说，它下达的一切决定对贵族身份都具有判决的效力：某个世家只要一加入贵族协会，就能同时确定它的封号的真实性和它的谱系的合法性。

自从成立以来，法国贵族协会给2326个家族颁发了"适宜加入"（原文为拉丁语 dignus intrare）的证书。如今，它总共有5976名会员。从1967年起，它获得了公益事业的地位。这一认可一方面提高了它的声望，另一方面则提高了它的入会门槛的权威性。作为真正的贵族圣所，法国贵族协会为自己立下的使命是为自身的历史著书立档。各种证明材料，即由申请人搜集到的成千上万的追认书或亲子关系证书，不仅已经微缩拍照存档，而且全都数字化了。这些卷宗，可供入会的贵族世家查阅，也可以在为某个新的家庭成员建立一份所谓的"附属"材料时使用，这个新的家庭成员只要提供一份亲子证书就可以成为会员。所有材料的原件存放在国家档案馆"法国贵族协会"名下的某个特定的文献库中。至于那些不合标准的申请人，他们的材料也会保存起来，收归在90个文档里，但不供公众查阅。那些美其名曰"粉面贵族"的"伪名门"，被真正的名门望族讥讽为"摹刻贵族"或"货铺贵族"，因为他们更喜欢实实在在的、内敛的平民。而最尖锐刻薄的要么把这些伪贵族描绘成"一群有着蒙莫朗西家族①的派头、但举止行为如小店主一般的穷人"（男，1931年），要么强调"一个非常出色的裁缝也不能裁掉一个来路不明的伪贵族衣服上的假褶子"（男，1934年）。这些假贵族的祖先，有的是拥有一处庄园的有钱市民，有的是姓氏法国化了的外国贵族，有的则是一些给自己添换了一个显赫姓氏的浮夸之人。从17世纪直到美好年代的戏剧或小说作品里，充斥着这些力图给自己装点上贵族门面的有钱人，他们或是购买地产和城堡，或是更名改姓、自封一些离奇古怪的爵位。在大革命前的君主制度下，拥有一部贵族谱系可以豁免庶民必须缴纳的税

---

① 蒙莫朗西家族：法国显赫的名门望族，其家族成员在法国宗教战争前后曾担任王室重臣、元帅或海军司令，权倾一时。——译注

费,也可以买卖官爵以获得诸多的荣耀。尽管旧王朝的倒塌使贵族阶层失去了他们享有的特权,1848年的二月革命又剥夺了他们在法律上的一切地位,然而人们一如既往地谋求表示贵族姓氏的前置词。

贵族的优势依旧十分强大的表现是,僭用或者企图窃取贵族爵位的现象仍然很常见,因为随着捐官纳爵的终结,合法晋身为贵族的方式也随之消失。在整个19世纪期间,某些圆滑的谱系学家,也就是俗称的"乌栋贩子",善于把真实可靠的文献和虚构的材料巧妙地糅合在一起,从而替那些憧憬贵族地位的家族弄出些血统优良的祖先。巴尔扎克在他的《人间喜剧》里,就通过许许多多的人物,嘲讽了这种从实际登记的民事身份向觊觎的身份转换的行为。他不仅描述他们为了跻身于权门贵胄而为自己配备一身行头的计谋,也刻画了他们为模仿后者的形象、举止以及观念而做出的种种努力。因此,在《欧也妮·葛朗台》里,着迷于贵族身份又野心勃勃的夏尔·葛朗台,在迎娶奥勃里翁侯爵的女儿之际,发现自己"突然间就已在时人都渴望置身于其中的圣日耳曼区安营扎寨了,而且当他在这个地方露面时他已成了奥勃里翁伯爵,就如德勒(Dreux)某一天变成了布雷泽(Brézé)一般"①。贵族姓氏所拥有的持久魅力表现在,最高行政法院每年都会收到众多的要求添加贵族姓氏或纯粹的姓氏更改申请。这也就是为什么法国贵族协会每一期的简报都有一处名为《姓氏的守护》("Défense du nom")的专栏。该专栏列出所有的改姓申请,也列出批准通过的申请。如果出现和协会成员姓氏相符,或者和某个名门世

---

① 奥雷诺·德·巴尔扎克(Honoré de Balzac):《欧也妮·葛朗台》(*Eugénie Grandet*),巴黎:伽利玛出版社,《七星丛书》("La Pléiade"),1976年,第三卷,第1184页。布雷泽城堡,曾经是马耶·布雷泽家族(les Maillé-Brézé)在三百多年间拥有的产业,德勒家族(la famille de Dreux)1682年买入该城堡。1685年,路易十四颁布诏书,恢复布雷泽的爵位及领地,于是德勒家族的姓氏变为德勒 – 布雷泽(Dreux-Brézé)。

族的非协会成员的姓氏相符的情况，那么相关家族就会收到通知。如此一来，这些家族在必要的时候就可以向主管法庭提出异议。此外，《上流社会名人录》(Bottin Mondain) 从 1903 年之后，通过拒绝收录那些经查证是子虚乌有的爵位——在以前的版本或其他著作中证明过——掐断了人们沽名钓誉的妄念。

然而，在贵族称号上，依然有许许多多的舞弊行为。因此，一大批贵族普查的索引书目不断公开发行，譬如卡隆达斯（Charondas）的《正名定分》(À quel titre)、杰罗姆（Jérôme）的《从 1803 年至 1956 年的姓氏变更辞典》(Dictionnaire des changements de nom de 1803 à 1956)、约瑟夫·瓦林希尔（Joseph Valynseele）的《真、假贵族的户籍》(Carnet des familles nobles ou d'apparence)、皮埃尔-玛丽·迪欧多纳（Pierre-Marie Dioudonnat）的《法国伪世家的族谱》(Le Simili-Nobiliaire français)，或者是博特兰·奥杰罗-索拉克鲁（Bertrand Ogerau-Solacroup）新近出版的《阁下，您贵姓》(Sire, de grâce une particule)。博特兰的著作的宗旨在于：统计那些冠以贵族姓氏的家族，而无论这些家族是继续存在，还是已经陨没，也无论它们是否属于贵族阶层；此外，严格把那些拥有合法贵族血统的家族和那些没有拥有合法贵族血统的家族区分开来。总之，所有这些让人联想起大革命前施行的爵位审核的著作，都激起全社会范围的争论，甚至还助长了上层社会的浮夸之风，尤其是在婚嫁之事或功名利禄等方面。与此同时，这些著作也巧妙地指刺了政界、商界以及娱乐界那些佯装拥有贵族姓氏或爵位的知名人士。2008 年，一部分为上下两卷、统计真假贵族的大辞典面世发行：上卷是收有 3500 个姓氏的《正统贵族辞典》(Dictionnaire de la vraie noblesse)；下卷则相反，是一册录有 5500 个姓氏的《伪贵族辞典》(Dictionnaire de la fausse noblesse)。实际上，这部大辞典是法国贵族协会名下某个委员会里的专家或学者共同编著的，所以它并没有某个正式的作者。某些家族姓氏不无道理地出现在第二份名单里的人士向发行人达朗迪耶（Tallandier）施加了巨大的压力，以至于他在这部大辞典发行的几个月后，经慎重决定，撤回了市面上发售的辞典。即使只有三千多个家族属于真正的贵族群体，但是世人眼中却有一万多个家族表面看上去有着贵族的符号。① 他们肆意利用某个先入为主的概念（即姓氏中的前置缀词意味着贵族身份）迷惑世人。然而，这种认识全然不对，因为有的贵族姓氏根本就没有前置词，而一些平民的姓氏却公然带着前置词。如此一来，尽管有种种假象的存在，那些看上去似乎是名门世家的家族，只有三分之一属于贵族群体，其他的则属于市民阶层。

如今，社会生活的发展出现两种趋势，一是重组家庭的大量增多，二是单纯收养孩子的数量不断扩大，这两种社会生活的发展趋势已经促使国家立法机构修改相关的法规。然而，法国贵族协会下的材料审核委员会提出的入会条件与这两种发展趋势背道而驰。尽管每个人都有拥有他的姓氏的权力，然而没有人有权施与他人贵族头衔，因为贵族头衔是不能赠予的，它只能通过生物学上的亲子关系继承，也就是说通过血统来继承（这也是"遗传的亲子关系"的意思，这个术语应用在材料审核委员会章程的第三条和第四条条款里）。根据这一事实，该委员会拒绝接受通过收养关系获得的爵位，除非是第一帝国时期的称号，即依照 1808 年 5 月 1 日颁布的诏令的第 35 条和第 36 条设立的头衔。此外，自从 1950 年以来，材料审核委员会还要求申请人提供宗教婚姻的证书，而寻找这份证书通常要比寻找民事婚姻的证书更费时。与此同时，由于离婚和再婚的事例越来越多，它除了要求申请人提供自己的宗教婚姻的证书，也要求他提供他的父亲的宗教

---

① 雷吉斯·瓦莱特，见前引书，第 9 页。

婚姻的证书，从而阻止那些"嫡亲关系中断"了的人士加入协会。事实是，只有父母举行了宗教婚礼后出生的孩子才被视为贵族，二婚的妻子以及二婚生的孩子都不能成为法国贵族协会的会员，因为一切非宗教的婚姻都将让世代沿袭的爵位废止。

法国贵族协会把离婚人士的再婚视为对它所维护的道德准则和宗教原则的破坏，因为再婚打破了嫡亲关系的正统性。这一意见和协会里大多数成员的观点一致。贵族人士大抵是严格遵守教义的天主教徒，他们认为宗教婚礼至关重要。他们的婚庆往往都经过精心准备，即便在缺乏大笔资金的情况下，也要有盛大的排场，从而把家族所信奉的社会信仰或基督教信仰展示在世人面前。与此同时，一场隆重的弥撒仪式将宣告一对新人神圣地结为夫妻。弥撒举行之后，在女方家里，通常会举办一场气派的喜筵，宴请亲朋好友以及双方家族的全体社会同行。在信仰天主教的贵族群体里，离婚总是很不光彩的，尤其是类似合法通奸的再婚，因为再婚意味着一种脱离天主教教规的生活，除非依据教规宣布之前的婚姻无效。职是之故，和其他社会群体相比，贵族向宗教裁判所或主教教区法院申请婚姻无效的现象要更常见。

> 天主教是我们家族存在的基石，对于它而言，离婚一直是个问题。英国的新教虽然允许离婚，但离婚长期以来都不受待见。20世纪60年代末期，我一个妯娌的丈夫拥有几匹非常出色的赛马，这些赛马参加过在德比①举行的英国的赛马大会。然而由于他离过婚，又再婚，所以皇室的圈子并不接受他：女王身边的人不接纳离婚人士。但是，在如今的英国上层社会，如果您没

---

① 德比：英国的一个小城郡，每年都举行赛马比赛；这一赛事是由第十二代德比伯爵1780年创办的。——译注

有结过三次婚,那么别人会觉得您很奇怪……(女,1943 年)

自从 20 世纪 90 年代末期以来,法国贵族协会里的某些成员,主要是巴黎的某些成员,希望入会条件更灵活些。他们要求取消只有宗教婚礼才能确保贵族血统不中断的入会条款。对这一要求的争论有时很尖锐,甚至激化了协会的矛盾。① 拥护传统的"合法亲子关系"概念的成员坚持捍卫这一条入会法则,因为它暗含着宗教性文书是贵族身份的"补充证明"这一条件。反对这一传统概念的成员则反驳道:自从《民法》颁布以后,非宗教婚礼在第一帝国时期,就已经具有了宗教婚礼在法律上的重要性。他们强调,法国贵族协会无视社会生活的演变,在对历史的追忆中会变得冥顽不灵,很可能会成为:"一座历史正确的娃娃

---

① 作为最坚决抵制放宽入会条款的人士之一,让娜·德·布卢瓦女士(Jeanne de Blois),从 1992 年以来,就一直谴责材料审核委员会主席让·德·波蒂纳伯爵(le comte Jean de Bodinat)对于离异后再婚人士越来越宽容的态度。她尖锐地指出:"这样的态度也许是因为让·德·波蒂纳伯爵的儿女。他的儿子亨利·德·波蒂纳(Henri de Bodiant)在和前妻有了一个儿子后离异并再婚,而他二婚的妻子,也是一位离异人士,又给他生了两个女儿。这两个女儿的出生启事都刊登在协会的简报上,大女儿出现在 1990 年 4 月份的简报里,二女儿则出现在 1992 年 1 月份的简报里。在这两份出生启事里,关于这两个女孩的介绍都是亨利·德·波蒂纳的前妻——他唯一受到法国贵族协会认可的妻子——的女儿。所以,许多成员对刊登在法国贵族协会简报上的这两份出生启事感到很震惊,而且不言而喻,第一个感到愤慨的是让·德·波蒂纳自己的姐姐。当然,是让·德·波蒂纳伯爵要求协会的简报刊登两个女孩的出生启事的,但是我们就应该接受吗?既然提出问题,希望伯爵先生能回答。此外,让·德·波蒂纳也有一个离异的女儿贝朗热尔(Bérangère)。为了照顾这个女儿,1991 年 10 月在没有和协会成员商议的情况下,他决定允许和非贵族男士离异后生活困窘的女性申请加入协会(前提是她们没有再婚,而且以父亲的姓氏及父亲的贵族证明材料申请),而不管她们有无孩子——这正是我们这位贝朗热尔的情形……但是,不管怎样,都不能因为让·德·波蒂纳伯爵两个孩子的生活逾越了协会所捍卫的道德准则,我们就应该理所当然地采纳有利于他们的政策。当泽维亚·德·古庸 – 马蒂尼翁子爵(le vicomte Xavier de Goüyon-Matignon)离异后又再婚时,他的父亲,材料审核委员会成员德·古庸 – 马蒂尼翁司令(le commandant de Goüyon-Matignon)便撤销了他的档案,把他从贵族协会里除名。让·德·波蒂纳伯爵很清楚这件事,但他并没有效仿这一做法,而且更悲哀的是,他反而把他的儿子留在协会里。"("1992 年 6 月 12 日法国贵族协会大会。让娜·德·布卢瓦女士的会议纪要和评述",私密文档)

蜡像馆，或者成为路易十四时代固守正统观念的王公贵胄的天主教协会……"此外，他们还强调，如果法国贵族协会拒绝遵循共和国关于亲子关系的法令，即民事婚姻下出生的孩子是合法的，那么协会可能会失去其公益事业的地位，而这一地位能让它获得享有税收优惠条件的捐赠，它也才因而有条件加大对经济困窘的家族的物质援助。①

1997年6月，时任协会主席的沃盖侯爵（marquis de Vogüé），为了平息这一争论引起的风浪，召集了一个"伦理委员会"（commission d'éhtique）。该委员会由诺埃尔·德·圣-普尔让（Noël de Saint-Pulgent）领导，并由12名立场不同的代表组成。在对入会标准进行了历史的、谱系的、司法的、伦理的、宗教的深入研究之后，委员会于1999年以"白皮书"的形式发表了一份报告，这份报告尽管没有解决存在的争论，但陈述了各方面的立场。1997年至1999年，拥护严格遵照《民法》典②关于亲子关系的解释的成员与捍卫贵族法规的成员之间的紧张关系不断恶化。从下面摘自某位拥护放宽入会证明材料审核的与会者写的一封信里，我们可以一窥那些"激烈的言论"，而此类言论又突显了某些"剑拔弩张"的全体会议。这位与会者在对他称之为"伪善的说辞"——上述提到的伦理委员会发表的报告——进行了一番抨击之后，认为这份报告过于支持宗教婚礼这一入会要求，有悖于法国贵族协会在教派争论上的中立性。他还补充道：

---

① 事实是，1967年7月29号法令的第三条，在承认某个声明为公益事业的协会时，对宗教婚礼并没有明确的要求。它只是指出"每一个申请人都必须是法国贵族，他需要出具本人乃至其嫡系男性先祖的合法亲子关系证明，而且他还要提供这位先祖合法获得并可以沿袭的法国贵族身份的官方追认书。至于那些家族来自1789年后被法国兼并的国家的申请人，他们则需要提供原所在国规定的贵族材料"。因此，这一条例并不规定新成员的入会条件包括要服从于某一特定的宗教纲领。于是，从那时起，人们开始质疑要求入会申请人提供宗教性文书的合理性。
② 这部法典是法国大革命后的产物，于1804年公布施行，是第一部以资本主义经济制度为基础的民法典。——译注

贵族的法规一直在演变：在不同的时期和不同的领地上，关于亲子关系，贵族阶层援引不同的法则。对于一个从本质上强调等级的社会群体而言，还有什么比尊重法律的等级更为自然的呢？法律，无论人们愿不愿意，从级别上说都高于贵族阶层的各种惯例……我们这一阶层长久以来对于立法的适应应该成为我们的共同点之一。协会的创立者，认真遵循其确立的中立原则，并且在他们更改了协会内部条例第一项的第一条条款①之后，所能做的唯有随机应变。德·圣-普尔让先生和他的扈从有权认为他们背叛了"两百多年前就定下的规矩"。他们同样有权头戴假发、脸敷白粉，坐着轿子进宫。让我们高傲地放弃追随他们的优先权吧！但是，我们要团结起来，事先就告诉他们，在共和国的制度下，"palais"这个法语单词已经不再指代凡尔赛宫，而是指高等法院！实际上，一切强加的宗教规定都有可能违反法律。根据《人权宣言》的第十条："任何人都不应该为自己的观念、甚至是宗教的观念感到不安，只要他声明的观念不扰乱法律确立的公共秩序。"法国贵族协会的条例不允许它做出有悖于此宣言的决定②，那么它又是以何种名义自行其是的呢？

1997年春季，德勒-布雷泽侯爵（le marquis de Dreux-Brézé）接任沃盖男爵的职位。对修改入会程序，他表现出积极的态度。反对他的人士很快就让他明白他正"奔向一场革命"……1999年，协会举行了一次全体大会。会上，谩骂声、起哄声不绝于耳，令人难忘，因为那更像是

---

① "法国贵族协会在它所从事的活动中，严禁一切政治或宗教的行为。"
② 克里斯蒂安·德·昂德洛-亨布尔格（Christian d'Andlau-Hombourg）对伦理委员会的报告给出的答复。伦理委员会的这份报告是由诺埃尔·德·圣-普尔让为法国贵族协会的理事会议做准备而撰写的。1993年3月3日。私密文档。

"一场苏维埃革命大会,而非一批有教养的人士参加的会议"。这场会议最终被裁决无效。2000年3月,协会又召开了第二次全体大会。这次大会由巴黎最高法院委派的司法主管官员主持——又是一番狼狈不堪的场面,和一场绅士们的会议完全不相称。因此,德勒－布雷泽侯爵同一年被迫辞职,由安尼－弗朗索瓦·德·哈考特(Anne-François d'Harcourt)接任。当时法国贵族协会内部的气氛极其紧张,以至于它在失控的情况下,看上去已经差不多四分五裂了,犹如某位成员在他的信里暗示的一般:

> 从反面证明民事婚姻是合法的,就像塔拉贡主教阁下[①]强调过的一样:神甫们不能给一对没有民事婚姻的男女主持婚礼仪式……难道你们会相信拿破仑一世在战场上册封他的某位元帅为公爵或亲王时,皇帝陛下会问他是否曾经受洗过,他的父母是否举行了宗教婚礼,他自己是否也举办过宗教婚礼……也许我们可以务实些,借鉴德国的模式,把法国贵族协会打造成贵族协会联盟,下设天主教贵族协会、新教贵族协会、王室贵族协会、无神论贵族协会,等等。入会的同一标准是家世。这样一来,天主教贵族协会就有权要求它的成员提供他的受洗证书和宗教婚姻的文书,甚至是他的祖宗八代的证书!总之,每个人都可以自由选择他的信仰。我不明白出于何故,一个无神论者或怀疑论者不如一个遵守教规的天主教徒高贵,我也不明白出于何种法规,他得接受加之于其身的天主教教义,然而他信仰新教的伙伴或者皇家贵族朋友则不受制于同样的规定,而且在他看来,加在他的朋友们

---

① 泽维尔·德·塔拉贡主教(Mgr Xavier de Tarragon)毕业于高等经济商学院(ESSEC),从1998年起出任法国贵族协会宗教顾问,直至过世。他生前还曾先后担任过巴黎圣母院的正式议事司译、巴黎大区初审法庭的地方宗教裁判官、巴黎军事学校的指导神甫、天主教法国武装部队教区的主事、巴黎教区的副主事及主教等职务。

身上的规定也没那么苛刻。①

  2002 年，诺埃尔·德·圣–普尔让接替安尼–弗朗索瓦·德·哈考特，出任协会主席至今。当前，法国贵族协会内部的冲突已经消除，协会管控会员质量和促进会员间的互助的双重目标也相安无事地延续了下来。也就是说，协会继续推行原先的入会准则，但同时又不背离其内部章程，即"贵族人士的与众不同在于他们对于血统的热爱，在于他们的责任感：注重传统荣誉、信守道义、重视确保他们的存在及延续的基督教教义"。所以，协会继续提出，构成法国贵族身份的准则是申请人归属于基督教的两大流派之一。它一如既往地要求申请人提供本人及父母的宗教婚姻文书，即天主教或新教的结婚证。当然，法国贵族协会不是一个宗教性质的组织，不能把宗教信仰视为爵位沿袭的必要条件，因为血缘上的亲子关系是最重要的。但是，在要求提供受洗文书和宗教性质的结婚证时，它实际上是在主张某种义务，即为了捍卫和传播把贵族们团结在一起的基本理念而努力。如此一来，法国贵族协会不仅把自己打造成一座容纳真正的贵族的博物馆，还把自己打造成坚守贵族准则和价值的"最后一处棱堡②"。此外，它认为，为了保证贵族血统而要求每一代人都举行宗教婚礼的标准并非从属于某一宗教举措，而是具有历史意义，因为当前受到质疑的是贵族的法规，而不是它的信条。事实上，贵族协会的入会标准只能建立在贵族群体依然是一个法定的阶层时所通行的法规上，即旧时的贵族适用大革命前的法规、第一帝国时代的贵族适用帝国时代的法规。如今，在立法方面，并没有王牌法令可以解决当前关于贵族血统的争论，而共和国也承认对于贵族群体无管辖权能。因

---

① 雷纳克·伊尔特兹巴赫男爵（baron de Reinach Hirtzbach）写给安尼–弗朗索瓦·德·哈考特伯爵（comte Anne-François d'Harcourt）的信函，1999 年 10 月 15 日，私密文档。
② 棱堡：堡垒的凸出部分。

此，法国贵族协会认为，在共和国的法令之上，必须遵守昔日关于贵族身份归属的规定。如果协会顺应潜在的变革，也就是所说的习俗的演变，那么它或许会偏离它自身的角色、权能以及它的精神使命。因为从法律上说，贵族群体如今已经失去了他们的法律地位，协会也不再是一个有特权的贵族的协会，而是一个公民的协会。这一群体的独特之处在于他们的祖先从前都是贵族，而且根据往昔通行的法令，贵族阶层的存在是有一定血统依据的。识别真正的贵族和爵位的承袭，从司法逻辑而言，只能取决于设立贵族阶层的王权时代的立法或法律原则。基于这一论断，协会坚持继续沿用大革命前的法令。它由此还要求恢复贵族法令的独立性，也就是说，它的规章例外于共和国的法制。既没有了高高在上的国王，也失去了王朝时代的特权，法国贵族协会已别无选择：它只能承认，它实质上已经不符合时代的发展。

无论如何，关于合法亲子关系的问题继续引发争论，而争论虽然能够止息，但还是预示着进一步的分裂。从中长期的观点而论，难道法国贵族协会就不能考虑一下当下的变革吗？如今，尽管协会觉得很可惜，年青一代离婚和再婚的还是越来越多，已成为一种社会现象，这又是任何家庭都不能声称可以规避的。此外，可以想象，如果法国的君主制度依然存在，那么它也会与时俱进地推动爵位继承条例的演变，就像欧洲现今依然存在的其他君主政体一般。还有，19世纪时期，法国的王室难道不也取消了贵族资格废止条例吗？总之，在婚姻领域援用过于严格的条款，不仅会把那些父母没有举行宗教婚姻的申请人拒之门外，尽管他们也拥有贵族血统，还有可能导致协会失去一些重要的成员，因为他们要么不符合入会标准，要么躲避那些他们认为僵化的争论。

对于一个家族而言，如果继承家族姓氏和徽章的长子是收养而来的，或者他的父母没有举行宗教婚礼，那么合法亲子关系的问题就会变得十分尖锐。依照爵位归属条例，爵位的继承由亲子关系决定，而非收养关系。假使某个家族出于仁厚或礼节，同意族中的养子享有某种称号，那么这个家族按一般规定可以提出申请，把关于这个养子的批注登记在该家族在《上流社会名人录》里的谱系之下，而且其名分排在末位。若某个个案刚好和上述情形相反，那么它将很有可能成为法院判决的原则。1968 年，菲利普·维布雷侯爵（Philippe, marquis de Vibraye），由于没有直系子嗣，收养了他妹妹海伦·维布雷（Hélène de Vibraye）的长子，即阿尔诺·德·西加拉斯子爵夫人（vicomtesse Arnaud de Sigalas）的大儿子夏尔－安托万·德·西加拉斯（Charles-Antoine de Sigalas），以便家族的舍维尼城堡（Château de Cheverny）不至于旁落或遭受分割，因为这份家族产业从 1404 年起就开始存在了，只在 1755 年至 1825 年间暂时中断过。夏尔－安托万·德·西加拉斯在更改了包括他的父姓在内的民事身份和完成了收养手续后，就着手向司法部的法律委员会（Le Conseil du sceau du Ministère de la Justice）提出侯爵爵位的备案程序。该委员会不仅有权确认贵族爵号的合法存在，还可以批核它们的使用。事实是，尽管法国的贵族已经失去了他们原有的法律地位，但是立法机构根据法国法令的一项基本原则——未被删除的法律条文永久生效[①]——一

[①] 1848 年，第二共和国废除贵族阶层和相关的爵号。1852 年，拿破仑三世在没有取消贵族废止条例的情况下，恢复了贵族们的爵位以及爵位法律委员会（le conseil du sceau）（1852 年 1 月 24 日法令和 1859 年 3 月 5 日法令）。这一法令从未撤销过，因为自从 1852 年以来，再也没有任何法律条文涉及爵号和贵族阶层。因而，该法令一如既往地指导爵号的承袭，既包括大革命前授赏的爵号，也包括 19 世纪第一帝国和第二帝国时期册封的爵位。司法部的法律委员会承认贵族称号的合法存在，也认可它们的使用，但前提是爵位的申请人必须提供他与某位受封过爵位的先祖的直系亲属关系证明，而且他要继承的爵位是由某位国王或皇帝的诏令册封的。如果申请的爵位备案成功，那么这一称号就可以列入个人档案中，附在姓氏之后。这一来，该爵号就能出现在所有的官方文件上，譬如护照、身份证以及各种身份证书上。这里所说的爵位主要是指大革命前的公爵头衔，以及 19 世纪两位法国皇帝授予的爵号。其他礼节性的头衔，即大革命前除了公爵称号和某些侯爵或伯爵称号之外的大部分头衔，并没有任何法律基础。这些头衔都不受认可，从而也就不能出现在个人的档案里。

直以来都认可他们的爵位身份。1987年，尽管维布雷家族的某些成员提出异议，但是司法部长的一项决议还是授权夏尔-安托万这位过继来的养子拥有维布雷侯爵的称号。持反对意见的家族成员指出：通过收养关系继承爵位违背了路易十三1625年加封爵位称号的诏书；爵位的继承只能由王室机构发布的旨令宣告生效，然而这独一无二的主管部门如今已经荡然无存了。如果夏尔-安托万不过继给他的舅舅，那么侯爵爵位的称号将落到菲利普·德·维布雷的堂弟勒内·德·维布雷子爵（le comte de René de Vibraye）的身上，而这位堂弟，直至他过世，一直被视为家族合法的领袖。为了突显他强硬反对夏尔-安托万继承家族爵号的态度，2002年10月31日，他的遗孀和子孙在《费加罗报》讣闻一栏通告他去世的消息时，注明其爵号是"维布雷侯爵"。如今，他的长子似乎已经完全放弃了关于族长身份的诉求。在《上流社会名人录》里，他以"亨利·德·维布雷子爵"（comte Henri de Vibraye）的爵号出现，名字排在夏尔-安托万的后面，而夏尔-安托万从此以后则以维布雷侯爵的专属身份出现。

相反，卡斯泰尔巴雅克家族（les Castelbajac）的情形并非如此。这个比戈尔（la Bigorre）①地区的古老家族，分为两大支胄，分别是贝尔内·德·卡斯泰尔巴雅克（Bernet de Castelbajac）和吕布雷·德·卡斯泰尔巴雅克（Lubret de Castelbajac）传下来的两个支系。这两大支派的同一先祖可以追溯到13世纪。两大支系都分别获得了侯爵的称号，贝尔内传下来的支系在路易十五时代受封侯爵，吕布雷传下来的支系则到了18世纪末期才受封。然而，在《上流社会名人录》里，一共有三个卡斯泰尔巴雅克侯爵，其中的两位属于贝尔内的支派。这两位侯爵一个是迪迪埃（Didier），也就是著名的服装设计师让·夏

---

① 比戈尔：法国西南部的一个地区，中世纪加斯科尼的一部分。——译注

尔·德·卡斯泰尔巴雅克（Jean-Charles de Castelbajac）。虽然他是一名非婚生子，但他的父亲就是法定的侯爵让－路易（Jean-Louis, marquis légitime），并且承认他是其亲生儿子。另一个侯爵则是让－路易的弟弟阿尔诺（Arnaud）的儿子吉扬（Guilhem）。吉扬认为自己才是贝尔内支派的族长，是名副其实的卡斯泰尔巴雅克侯爵。《上流社会名人录》为了让所有的人都心满意足，都提到两个人的侯爵称号。但是，经验丰富的读者注意到，吉扬的简介里注明他是法国贵族协会的会员，而成为贵族协会的会员对让－夏尔来说则是不可能的。这是不是表明，会不可避免地出现两名同一爵号的贵族呢？第一位是加盖了法国贵族协会印章的贵族，因为他的爵号符合法国君主时代关于贵族身份的继承和爵位的转让的法令。第二位并没有得到贵族协会的认可，但是他认为共和国的条例已经否决了君主时代的法令，民事婚姻具备君主时代的宗教婚姻的法律地位，所以关于贵族身份，非夫妻关系的男女生下来的孩子与那些父母举行了宗教婚姻的孩子的地位是相等的。实际上，离婚和再婚数量的不断增加同样预示着其他家族的分裂，这些家族的子孙在家族爵号和徽章的法定继承人的身份上争吵不休。例如，关索纳－乌迪诺侯爵（Quinsonas-Oudinot）的长子布鲁诺·德·关索纳－乌迪诺（Bruno de Quinsonas-Oudinot）将来会继承侯爵的爵位，但他离过婚，第二次婚姻只是民事上的婚姻。他育有一子，不过是二婚生的，叫夏尔－奥东（Charles-Odon）。那么谁将是第三代侯爵呢？尽管夏尔－奥东的父亲和祖父认为他是法定的继承人，然而法国贵族协会将不会认可他的贵族身份和侯爵称号。众所周知，对于法国贵族协会而言，一切民事婚姻之后，如果没有再举行宗教婚姻，那么贵族血脉将中断。所以，夏尔－奥东的嫡亲堂弟，也就是他的父亲布鲁诺的弟弟的长子将来也许能声称拥有这一爵号……

总之，当前无论是从宗教意义还是从民事意义上而言，非婚生子的法律地位发生了变化，有关贵族的法令因而与之相冲突。非婚生的孩子只要他的父亲认可为亲生孩子，或者法庭判决为其孩子，那么他在继承权上将拥有同等地位。今后，身为人父者将不能否认DNA亲子关系鉴定的结果：每一个孩子都可以迫使一位被认定是其父亲的人接受鉴定结果。如果这位父亲同意鉴定结果，那么司法机关将裁决孩子是他亲生的。即使他拒绝接受鉴定结果，法院还是会推定孩子是其亲生子。因此，该孩子有权使用他的姓氏，并成为他的合法继承人。直至今日，尽管依据《拿破仑法典》，父亲作为一家之主对于他的配偶和未成年的孩子拥有绝对的权力，但是对于生物学意义上的父亲，一直以来都很难确定。如今，生物学方面的作用已经变得无可辩驳：米歇尔·德·布丰·帕尔玛（Michel de Bourbon Parme）亲王迟迟才认可的私生女艾美莉·德·布丰·帕尔玛（Amélie de Bourbon Parme）写道，对于寻根问祖的人来说，DNA鉴定为"他的世代相传的记忆"[1]提供了一把钥匙。

那么，贵族身份和爵位的继承将会是怎样一种情况呢？德布罗意家族（Les de Broglie）目前就遇到这个问题。未婚的第八代德布罗意公爵（Duc de Broglie）维克多－弗朗索瓦（Victor-François）2012年过世时遗留有一个私生子尼古拉·狄胡弗雷（Nicolas Tirouflet）。对于这个孩子，在法院裁决后，他不得不接受。此外，行政法庭批准这个孩子姓德布罗意。因此，对于这个家族而言，谁将是第九代公爵呢？是第八代公爵的弟弟菲利普－莫里斯（Philippe-Morice），还是私生子尼古拉·德布罗意（Nicolas de Broglie）？众所周知，共和国的法令并没有区别对待婚生子女和非婚生子女，这就使得尼古拉·德布罗意有权

---

[1] 艾美莉·德·布丰·帕尔玛（Amélie de Bourbon Parme）：《路易十二的加冕》（*Le Sacre de Louis XII*），巴黎：伽利玛出版社，2001年，第13页。

继承一切属于他父亲的财产，包括德布罗意家族在厄尔（Eure）的城堡。所以，有些人对由公爵弟弟来继承其爵位觉得很惊讶，这无疑损害了公爵儿子的利益。然而，关于贵族身份的法令规定，爵位的继承必须遵循当初设立爵号时的条例。如果尼古拉·德布罗意继承公爵的称号，那么这将同时背离有关贵族身份的法规和当初设立德布罗意公爵领地的诏书。这一诏书于1742年6月颁布，并于同一年的8月20日在最高法院备案登记。事实是，在世代相传的公爵头衔、身份和勋位的继承上，诏书不仅五次强调，只能传给第一任公爵"合法婚姻"内"已诞生或将要诞生的男性传人长子"，甚至还注明，"如果没有合法婚姻内的直系子嗣，那么上述的爵位将丧失，而且上述的公爵领地也将恢复至本诏书下达之前与其对等或匹配的地位、称号、级别或勋位"。司法部的法律委员会对德布罗意家族的爵位承袭问题会作出裁决。

　　遗传学专家们的努力，使生物学上权威的事实亲子关系成为可能。帮助客户寻找家产丰厚的父亲的律师行也精心策划并炒作这一事实。另外，有关家属的法规也不断演变，日益背离传统的惯例。在关于家庭单位的革新中，又可以看到父系姓氏这一高高在上的传统模式的终结。如今，从词源上讲，内涵过深的"姓氏"（patronyme）一词，已由"家庭名称"（nom de famille）取代，所以后者可以从传统的谱系里剥离出来，传给收养的子女或被认可的非婚生子女。此外，根据2002年3月4日通过并于2005年1月1日开始援用的法令，父母在授予子女家庭名称时适用一项新的原则：父母可以自由地给任何新生儿选择父亲或者母亲的姓氏，甚至是父母的并列姓氏，而无须注明姓氏中的连字符是否必不可少（先后顺序由他们决定，但父母如果是复姓的，只能取其中的一个字）。① 20世纪，在男女平等的口号下，

---

① 《法国贵族协会简报》，第354期，2003年7月，第39—49页。

1804年《民法典》所确立的有关家庭的法令中,不平等的条款都接二连三地废止了,因为这部法典推崇身为人父和人夫至高无上的权力。把父亲的姓氏传给后代是萨利克法典的近代模式,是一度唯一幸存下来的条款,这也许是因为直到不久之前,习俗本身似乎就足以奠定其合法性。然而,从今以后,夫妻双方在给孩子选择姓氏上,都拥有平等的权利。于是,一个关于个人身份的新观点得到推广:昔日载入父系家谱的姓名,今后将是父母个人情感选择的结果,而这也进一步说明当代的家庭不再是世代相传的一个环节,而是个人施展其权力的空间。

面对各种亲子关系的平等化,法国贵族协会和潮流背道而驰。正如所有的谱系学者一样,对于把母亲的姓氏传给后代,或者在父系姓氏的基础上添加姓氏的可能性,贵族协会的担忧不无道理。因而,它一方面强调对姓氏的重视:姓氏是象征家世的首要标识,或者借用法国君主时代的词汇,是象征"出身"和"地位",即贵族身份的首要标识;另一方面则强调它对姓氏传承的传统惯例的重视:姓氏是从父亲那儿得来的,要保留它,也要完好地把它传给后人。此外,贵族协会还表明它对性别平等的排斥,因为它坚持要求父系的优势,即法国贵族的身份只能传给父系子嗣,也就是说只能传给男性子孙。这也就是为什么它对2002年3月4日通过的法令感到遗憾。这条法令允许把母亲的姓氏传给后代,这有利于增加那些名义上的贵族姓氏,因为该法令的实施有可能催生出众多前所未有的复姓,或者含有前置词的姓氏。最后,我们也可以轻松地想象,"同性婚姻"的法令给家庭这一单位会带来多大的革新,它不仅将打破大多数贵族所拥护的基督教的基本道德标准,还将颠覆子女的权利。这一切令人想到:今后,法国贵族协会材料审核委员会的工作将不断复杂化。于是,就有了某位受访人的揶揄之语:"随着婚姻形式的消亡和父母双方姓氏的共享,

法国贵族协会里将不乏消愁解闷的事。"（男，1934 年）

目前，贵族协会焕发出新的活力，这说明贵族阶层一如既往地宣称它的与众不同。它强调，作为法国君主时代第二等级的后裔，他们继续组成一个内部团结一致的群体，从而维护他们的准则，以及他们在社会习俗、宗教和文化等方面的遗产。当然，正如过去一样，无论是关于他们的贵族身份的由来，还是关于他们的使命和责任，众多的分歧如今也使得贵族群体的团结成为一纸空谈，这都是因为家庭形式趋向多样化。另外，在我们的民族史上，贵族阶层的团结一致只在某些很罕见的情形才会出现，而最主要的情形便是准备三级会议的竞选。然而，在 1614 年至 1789 年期间，三级会议不再召开。贵族阶层内部的纷争和矛盾一直持续不断，所以相对于团结互助，他们更偏好成群集党，或就席位排次而争吵。19 世纪期间，尽管不尽相同的贵族们逐渐融合到某个"有序的文化"里，但这也不能阻止他们的持续分化。这也就或多或少地解释了为什么保皇党人不能领导集体的政治活动。自打波旁王朝复辟的初期，他们就没法对他们想重建的"理想的黄金时代"达成统一认识，也没法"在新中古封建制度和近代专制制度之间，在虔信的教权主义和苛刻的法国天主教教会自主论之间，在议会的叛变和中央集权的提升之间"[1]当机立断。在美好年代，阿尔弗雷·德·格拉蒙（Alfred de Gramont），奥尔良公爵（duc d'Orléans）的知己及亲密的合作伙伴，也是 1894 年至 1926 年法国王位的觊觎者，为保皇党人预言了一个令人倍感沉重的图景，因为内部

---

[1] 奥利维·托尔（Olivier Tort）：《肩负传承：复辟时代保皇党人的标志境况》（"l'héritage porté en bandoulière: le cas emblématique des royalistes de la Restauration"），详见吕蒂文·邦迪尼（L. Bantigny）和阿尔诺·博贝罗（A. Baubérot）主编的《政治的传承：19 至 21 世纪德国、法国、意大利的政治流派和演变和传承》[*Héritier en politique. Filiations, générations et transmissions politiques (Allemagne, France et Italie, XIXe-XXIe siècle)*]，巴黎：法国大学出版社，2011 年，第 28—29 页。

的撕裂已经使他们不能推出任何行动计划了。然而，就像人们见过的十字军东征部队：布雍的戈弗雷（Godefroi de Bouillon）①和一些普通的骑士并肩作战；法国贵族协会坚守他们的神话，即贵族群体是由一个不可分割的共同体组成的。在它的会员中，由于它主张"贵族平等"的原则，所以它认为只存在一个贵族群体，这一群体既没有等级的不同，也没有资历的不同。如此一来，在慈善义卖会上、在协会的全体会议或地方会议上，不同级别的家族，从影响力从没有超越其采邑的乡绅之家到姓氏如雷贯耳、至今还回荡在朝堂之上的权贵之家，都平起平坐。尽管他们的资历不同、声名不同、财富不同，但共同的传承、习俗和追求把他们团结在一起。

---

① 布雍的戈弗雷：第一次十字军东征的统帅之一。——译注

第二章

记忆之匣

Les écrins de la mémoire

留住时光

迷恋有助于回忆的物品是贵族家庭的特色之一。这种情怀也是在历史上留下了印迹的家族文化的产物。在贵族的家里,"没有任何小摆设,一切都是有纪念意义的古董"。

在那些普通人的家里,让人觉得惊异的第一件事是里面没有任何带有回忆色彩的物品:电视机很气派,沙发很漂亮,却没有怀旧或祖传下来的物品……如果一个贵族变得一无所有,那么他不仅失去了他的城堡,也失去了家族意识以及渴望住在城堡里的愿望。这也就是为什么生活拮据的贵族常常也能让人觉得很有钱。(男,1974 年)

古董的数量及重要性和一个家族的财富和名声成正比，因为这两个条件在构筑一笔历史性的宝藏时必不可少。这笔宝藏包括画作、家具、银器、首饰和文献……19世纪，人们对于历史的兴趣日益浓厚，随之而来的收藏热情也使得藏品的数量不断增加：贵族们请人复制先人的画像，布置城堡里的文献厅，并摆满了小艺术品、家族徽章和图印以及勋章的玻璃橱柜……这些物品的社会意义，也就是说它们的附加值，因为两种属性的存在而提高：一是它们是世代相传的古董，有时就在同一屋檐下；二是对赋予这些古董内涵的各种信息的熟稔度。然而，在寻常老百姓的家里，陈年旧物，在疏于呵护或者缺乏收藏它们的钱财的情况下，在岁月的变迁中很难留存下来。在越是处于社会底层的家庭里，像这样残存下来的古旧物品越是稀少。与此同时，普通人家对这些陈年旧物也不似贵族家庭那般珍视，所以这样的物品最后往往不是遗落了，就是失去了它们原有的意义和价值。譬如：一群姓名不详的孩子在某个陌生地方拍摄的这些镶边照片想要诉说什么呢？这枚勋章，这么好看，可是不知道当初是哪位先祖获得的，所以它真的有纪念意义吗？把一件"和历史衔接"的古旧物品传给后代，只有当人们是有意而为之，并对这件传物的历史有充分的认知时，才是有效的。这也就是为什么贵族不仅要学习收藏古董，也被告知要特别留意那些让人读懂它们的细节的原因，因为这样的信息能构建它们的"故事"，用当今的话来说，就是能对它们"追本溯源"。如今，年青一代的贵族们清楚地认识到，这些陈年旧物某一天若出售，会更加值钱，因为现在的贵族就像其他人一样，会越来越关注它们的商业价值。

如果说储藏这些世代相传的古董是一项职责，那是因为它们至关重要：它们承载着家族的记忆，维系着生者与死者的联系，并在世世代代的家人之间建立起一种"休戚与共"的情感。另外，它们还有两个重要的作用：体现某个或多个先祖的声名、功绩或非凡的个性和命运,以及挽留住那逝去的时光。皮埃尔·布迪厄①强调过拥有"陈年旧物","也就是说拥有那些现存的、凝聚着历史结晶的史物"能给人带来极大的社会影响:"俯视时光"的资格是最奢侈的享受,是"至高无上的完美形式"②。这对于贵族而言是最重要的,因为他们的社会地位由他们源远流长的历史来决定。这便是那些古董强大的象征意义和高高在上的、与众不同的力量;它们把和一段历史的关系变得可以触摸,而这段历史曾经见证了它们的主人的身份。一旦它们要变卖,而且重要性一经确定,估价拍卖师就会急于把拟好的拍卖目录寄给登记在册的全体贵族。通常的情况是,曾经拥有这些古董的家族的某些成员或者和该家族有姻亲关系的人士就会努力把它们再买回来。

> 我先生的曾祖父,也就是如今所有姓××的人士的先祖,是一位著名的谱系学家、珍本收藏家、古币学家,也是某考古协会的创始人。他收藏的书籍非常珍贵。每当他收藏过的一部珍本要拍卖时,我们总是尽力买回来,而且我们也鼓励我们的儿子们这么做,以便他们的每一个儿子都有一些稀有的古籍。(女,1942年)

其他迷恋古董的例子是,某些家族的子孙,当他们的家庭人员足够多的时候——因为订购数量必须非常大——便一起协商请人重新生产一套利摩日(Limoges)的陶瓷餐具,或者一套带有族徽的日安(Gien)③彩陶餐具,而且这套餐具要与给某位19世纪的先祖定做过的餐具一模一样。

承载贵族记忆的大港湾则是他们的城堡。城堡是他们无与伦比的

---

① 皮埃尔·布迪厄(1930—2002):法国当代享誉国际的著名社会学家。——译注
② 皮埃尔·布迪厄:《区隔:品位判断的社会批评》,前引书,第78页。
③ 利摩日、日安:法国两大著名的瓷器产地。——译注

家产（原文为拉丁语 *patrimonium*），也就是说从祖辈那儿继承而来的产业，而且这份产业必须维持下去，以便传给子孙后代。如果说宅邸和家族在过去含义相同，那是因为贵族的身份离不开一片土地。中世纪时期，以邻近的领主联盟组成的封建制度是建立在土地的所有权之上的：土地是权力和财富的关键所在。贵族从一块或多块领地上抽取他们主要的生活用度，同时保护其领地上的子民。大地主的模式使得代议制的贵族成为必要。所有的名门世族都拥有或者曾经拥有一座城堡。三方面的特征使得城堡成为象征财富恒久和经历岁月变迁却依旧世代相连的理想空间：首先是规模（一座带有花园的大建筑物），其次是美学价值（一栋独特的建筑物和一处上乘的景观），最后是赋予它声名的历史重要性。此外，城堡的牢固结实让它承载着庇护家族声名的使命，而它给予人安全感的持久性则提供了一个关于永恒的梦想，因为它本身就背负着家族的姓氏。城堡里那些挨次翻修的建筑，那些守护家园的大树，那些祖祖辈辈传下来的、现存的家具和物品，体现了家族的延续。当人们从一间屋子漫步到另外一间时，恍如在不同的世纪里穿梭：挂满画像的墙是一堂关于历史的课，钢琴似乎还回响着祖先们演奏过的曲目，枯干的花朵和地板蜡的味道让人想起儿时的记忆……归档存放在书柜里，或堆放在一些旧箱子里的史料文献，对于想了解他的祖先的豪门贵胄而言，则组成一张张令人惊奇的面孔。他不仅能认出他们，还深入了解他们的快乐或痛苦，因为在那些史料文献里，除了关于产业运营的文件和家族名号的证明材料外，常常会蹦出一些信件和回忆录。如此一来，他就可以追随他们，一起经历人生的悲欢离合、得失荣枯、辉煌落败。

把贵族们圈养在凡尔赛宫，一方面是君主专制的体现，另一方面则结束了封建大地主的特权，把他们从地方的拥护者中连根拔起，并削弱他们对于土地的依附。17 世纪，宫廷化了的贵族瞧不起外省的生活。他们认为外省的生活低俗、了无社交的乐趣,犹如地狱。而在伏尔泰生活的 18 世纪,比起外省的生活,他们更喜欢都市的生活,尤其是巴黎的生活。他们颂扬都市生活,觉得这种生活促进理性、提升趣味、增强人类的幸福,是进步的动因。然而,贵族们的财富主要停留在与土地有关的资产上:1789 年的时候,贵族阶层把持着法国 20% 的地产。[①] 经历了大革命时期的磨难和流亡之后,贵族们重新回到乡下。正如 19 世纪众多的自传所书写和见证的,他们十分后悔在君主时代的末期遗弃了乡土。至于流亡的贵族,他们被充公的财产往往很有限,因为他们通过一些模棱两可的法律条文进行上诉,要求收复。此外,从第一帝国时代开始,贵族们努力重建他们的不动产,包括土地和森林的资产。19 世纪中期,在某些省份,法国贵族拥有的土地多达全国的五分之一或四分之一。[②]

  1830 年以后,随着拥护波旁家族嫡长子就位的正统派们的自省,法国贵族在外省的身影持续增多。第二帝国时代,他们对于土地的热情也没有减弱。到了第三共和国时期,他们介入政治活动。就如贵族议员的提案多次重申的一样,他们要求保护地方的利益,尤其是保护农业部门的利益。对于天主教会号召他们在乡下进行经济投资和社会投资,从而抵御农村人口的外流、基督教信仰的衰落和社会危机的升级,他们积极响应。一部分贵族,伴随着铁路的出现和发展,巴黎的生活和城堡的生活对于他们而言更容易协调了,所以他们的时间更多是花在乡间的领地上。他们憧憬重新建立一个理想的、基督教的社会秩序:城堡将恢复昔日的地位,成为乡村生活的中心,但它隐蔽在乡

[①] 居伊·理查尔 (Guy Richard):《1815 年至 1917 年欧洲的商界》(*Le Monde des affaires en Europe de 1815 à 1917*),巴黎:阿尔芒·科林出版社 (Armand Colin),2000 年,第 77 页。

[②] 同上,第 104 页。

野间，远离法国城市遭受的骚乱。而且，在维持传统社会结构的想法下，他们还鼓励农艺创新，支持农业促进会在农民阶层推广新知识的努力，并拥护该组织在刚刚成立的农民工会里的活动。因而，19世纪90年代，普莱萨斯公爵（duc de Plaisance）路易·德·马耶·德拉图尔 – 朗德里（Louis de Maillé de la Tour Landry）便在他庄园的园地上开辟了小麦种植的试验田。1903年，他接替父亲，成为拉瑞梅利埃（La Jumellière）的市长以及曼恩 – 卢瓦尔省（Maine-et-Loire）绍莱区（Cholet）的众议员。同时，他也是拉布耶利子爵（le comte de La Bouillerie）1887年成立的安茹农业工会（Syndicat agricole d'Anjou）的活跃分子之一，并且于19世纪20世纪之交参与创立了昂热高等农业学院（École d'agriculture d'Angers）。

  贵族对乡土的迷恋也体现在他们对于地方历史和语言的眷恋之上。当然，他们清楚地知道，法国只存在民族性的社会精英，所以他们强烈反对区域自治的观点，尤其是在法国大革命以后。然而，他们还是加入了保护地方的身份和历史的活动中。某些贵族人士甚至认为，值得付出像捍卫传统一样的热情，去维护地方语言遗产。因此，在法国大革命期间，皮埃尔 – 约瑟夫·德·科艾坦朗（Pierre-Joseph de Coëtanlem）撰写了总共八卷的《布列塔尼语辞典》（*Dictionnaire de la langue bretonne*）。这部辞典在19世纪中期失窃以前，50多年间一直珍藏在他位于菲尼斯泰尔（Finistère）[①]的特洛格里枫（Trogriffon）城堡里，不能被外界语言学者查阅。几年前，当这部巨著出现在一次拍卖会上时，布列斯特（Brest）市政府买下了它，并转交西布列塔尼大学（université de Bretagne occidentale）的布列塔尼语和克尔

---

① 菲尼斯泰尔：法国西北部布列塔尼大区的一个省份。——译注

特语研究中心（Centre de recherche bretonne et celtique）保管。[①] 该辞典显示了它的作者深入了解18世纪末期的莱昂（Léon）[②]地区和作者所在地的方言。在20世纪中期以前，这门方言一直是作者的后人和下布列塔尼地区人们用来交流的日常语言。另一位在坎佩尔莱市（Quimperlé）[③]附近出生和去世的布列塔尼贵族泰奥多尔·艾尔萨尔·德·拉维尔玛尔盖（Théodore Hersart de La Villemarqué），毕业于巴黎文献学院，并当选为法兰西文学院（Académie des inscriptions et belles-lettres）[④]院士。他在两个科研领域的开拓上发挥了决定性的作用，他开创了法国的克尔特语文学研究和民俗研究，从此开启了法国的民俗学研究。1839年，在他出版了一部下布列塔尼民谣和寓言汇编之后，一股口头文学的热潮很快兴起，这股热潮在19世纪席卷了整个布列塔尼地区。在法国的另一端洛林（Lorraine）[⑤]，亚历山大·德·朗贝尔子爵（le comte Alexandre de Lambel）则与格里埃·德·杜马斯特（Guerrier de Dumast）男爵支持的洛林地方主义运动走得很近。1853年，在他位于弗莱维尔（Fléville）[⑥]的城堡里，在一个宽敞的楼厅内，他开辟了一个"洛林公国展室"，在这个厅里，30枚纹章讲述着历代洛林公爵治理下的王朝历史。

在这种以土地为根基，又取得了某种重要情感系数的文化秩序里，城堡占据着关键的位置：一方面它使家族的历史深入人心；另一方面它也是展示贵族生活形态和模式的空间。所以，整个19世纪期

[①] 让-勒南·德·凯昂福雷克：《祖屋》，作者自费出版，2010年，第205—208页。
[②] 莱昂：法国历史上下布列塔尼地区的一个公国。——译注
[③] 坎佩尔莱：法国菲尼斯泰尔省的一个市镇。——译注
[④] 法兰西文学院：全称为法兰西铭文与美文学术学院，是法兰西学院下属的五个学术院之一。——译注
[⑤] 洛林：法国东北部的一个大区。——译注
[⑥] 弗莱维尔：法国洛林地区的一个市镇。——译注

间,为了象征性地抹去大革命的影响,贵族群体精心打造一个"城堡主的法国"。他们建起新城堡,翻修、整饰旧城堡,完成了不无争议、却相当惊人的工程。法国当时兴建城堡的这股热潮直到第一次世界大战爆发才终止。在许多省份,一方面是新的府邸竖立起来,另一方面是原有的深宅大院增大扩建,比如增加一处建筑物、一座钟楼或一座礼拜堂等。以马耶讷(Mayenne)①为例,人们目睹了"在一些小城堡的旧址上,一批富丽堂皇的大宅如雨后春笋般破土而出,它们甚至是一间房、一间房地建起来的"②。在索洛涅(Sologne),从1880年至1914年间,则建起了"比过去的四个世纪还多出两倍的城堡"③。18世纪以前,法国的城堡若翻修,那是为了削弱它们大地主府邸的风格。然而,19世纪的重新布局,又把它们变成了怀旧的城堡。城堡的门楣上又挂上了表现家系悠远深厚的家族族徽。他们新哥特风格的宅邸,依然保留往昔似堡垒一般的古堡的基本符号,强调了他们对中世纪的怀念,也就是对那个建造了大教堂,并划定了社会等级的时代的怀念。如果说法国大革命从政治上消灭了封建领主这一实体,那么城堡则是他们遗留下来的资产中最丰厚的财富。这笔财富能起到维护身份标志的作用:让人联想起贵族群体在古代特殊的法律地位和武士的身份,以及他们和领地上的农民之间的古老关系。今天,城堡依然是一个色彩十分强烈的社会符号,以至于刚刚致富的有钱人都急于买下一座城堡,以保证他们获得社会的尊重和认可。

---

① 马耶讷:法国卢瓦尔河大区所辖的省份。——译注
② 米歇尔·德尼(Michel Denis):《马耶讷的保皇党人和近代世界(19—20世纪)》[*Les Royalistes de la Mayenne et le monde moderne (XIXe-XXe)*],巴黎:克林克谢克出版社(Klincksieck),1977年,第352页。
③ 贝尔纳·都列(Bernard Toulier):《索洛涅的城堡》(*Château en Sologne*),"库存簿"(Cahier de l'Inventaire)第26号,国家印书局出版社(Imprimerie nationale),1992年,第179页。

如果说在君主时代，贵族们出于职责和经济方面的考虑而居住在乡下，那么到了19世纪，他们是出于个人的决定而住在乡下的。每年的7月初，在隆尚跑马场举行的巴黎大赛马术大赛（Grand Prix de Paris à Longchamp）一结束，他们就离开首都，直到年末，甚至更晚，才回到巴黎。长达数月生活在远离巴黎的城堡里，没有人感到不安。也就是在那时，法国的城堡生活达到了它的"小阳春"，甚至是它的巅峰。为了更好地接待前来留宿几天或几个星期的客人，贵族们把外省的府邸装饰一新，变得更加舒心适意。例如，在客厅旁边设一个吸烟室或台球室；增加一些过道，把房间布置得更实用；扩建附属建筑物，尤其是有护壁隔栏的马厩。此外，主人还给宾客们准备众多的娱乐活动：出游，喜剧演出、音乐会、戏剧表演、棋牌等，包括当时开始取代了惠斯特牌的桥牌。围猎或打猎活动，则将持续整个秋季和冬季的一部分时间：那时森林里常常回荡着狩猎的人群和猎犬的声音。《乡村生活》（*La vie à la campagne*）这本杂志，一本让人联想起城堡画册的期刊，从美好时代开始发行，直到20世纪30年代中期才停刊。当时，整个法国都在阅读它，虽说在一些自传性质的文章里，也充斥着对乡间生活的叙述。诚然，有一部分贵族就像斯塔尔夫人（Madame de Staël）[①]一样，并不喜欢乡下。斯塔尔夫人不掩饰她"讨厌那些树林围起来的田地或草地"，也不掩饰她在外省时因巴黎精神的死寂而感到伤心。但是，大多数的贵族肯定他们热爱真正的乡下，热爱乡下的农田和森林的心情。即便是非常巴黎化的克莱蒙－托内尔公爵夫人（duchesse de Clermont-Tonnerre）伊丽莎白·德·格拉蒙（Élisabeth de Gramont）也宣称，她对乡土早早就萌生了感情，而这份情感把她和位于曼恩（Maine）的圣－谢隆（Saint-Chéron）庄园紧密地联系在一起。这片土地是她母

[①] 斯塔尔夫人：法国浪漫主义文学的先驱，著名小说家和文学评论家。——译注

亲留给她的遗产。然而，20世纪20年代，她因为公开发表一些进步思想，声称热爱共和国，而惹人非议。显然，马赛尔·普鲁斯特①非常了解她：维勒帕里西斯夫人（Madame de Villeparisis）就因为"以前一直生活在乡间"而倍感自豪，并给她的外甥女盖尔芒特公爵夫人（duchesse de Guermantes）②发了一份"优秀乡下人"的证书。如今，贵族们一如既往地宣称与土地之间古老而真诚的关系。当然，像"走马观花"的游客那样的城堡主对这种关系无动于衷。而有些贵族，尽管他们在乡下拥有的只是一处与众不同的府邸，而不是一座城堡，但他们用心保持住处的真实性，去除一切像"巴斯克-贝亚恩③的铺面"或者"布列塔尼煎饼店"那样的"小资产阶级土里土气"的格调。为了不做"生活在乡下的巴黎人"，即使他们一年当中大多数时间都住在巴黎，但他们的轿车注册的是外省的牌号，即他们的第二套住宅所在的省份的车牌，而这的确也能让他们享受更优惠的汽车保险费。在他们的城堡里，经常有一辆"乡巴佬"的车子，这辆沾满泥浆的旧车通常是家里的园丁开的，而当他们自己开这辆车时，他们觉得自己也是"地地道道的乡下人"。女人们则在穿着上尽显雅致，服饰不像在巴黎那般地隆重，因为优雅也意味着穿着装扮适合于每一个场所。对于贵族群体而言，喜爱大地，热爱森林，对打猎情有独钟，以及讲话时喜欢故意拖长音调使之悦耳——以前的贵夫人们在讲话时，常常带有她的奶妈传给她的几许勃艮第口音——都反映了那么一点乡土情怀。

---

① 马赛尔·普鲁斯特：20世纪世界文学史上最伟大的法国小说家之一，意识流文学的先驱与大师。——译注
② 维勒帕里西斯夫人、盖尔芒特公爵夫人：普鲁斯特《追忆似水年华》里的人物。——译注
③ 巴斯克-贝亚恩地区（Basquo-Béarnais）：法国西南部相邻的两个地带。——译注

不过，到了20世纪下半叶，农业社会传统根基的彻底瓦解，把城堡拉下了神坛。莫娜·奥祖夫①曾讲述：19世纪80年代，她的曾祖父母是位于菲尼斯泰尔省科阿梅阿市（Coat-Méal）的科拉斯库埃城堡（château de Kerascouët）底下农庄里的佃农，在说到他们的"东家"路易·德·布洛瓦伯爵（le comte Louis de Blois）时，依然是"毕恭毕敬、诚惶诚恐"②。布洛瓦伯爵一来到这座1876年才传给他的城堡，马上就被视为"当地有影响的人物"，因为这个沙托布里昂市③（Chateaubriant）的前共和国检察官、科阿梅阿市的市长和菲尼斯泰尔省的参议员，可是一个"有权势的"和"受人敬重"的人物。他接见他农庄上那些多少有点目不识丁的佃户，帮他们用法语写一些行政类的文书，但当他对某处农庄的收成不满时，也会"加以训责"。一方面，他让人"心生敬畏"，一方面又引来一些满含蔑视的挖苦。这类场景当时并不少见。拉福尔斯公爵（Le duc de la Force）就描述过发生在他祖父身上的一些类似情形，他的祖父是生活在曼恩-卢瓦尔河省的拉瑞梅利艾镇上的马耶伯爵（le comte de Maillé）。在许多城堡收藏的文档里，常常有一些佃农的信件，有的甚至是20世纪60年代写的，这些信件，尽管常常有错别字——初级学业水平的标志——却流露出等级意识和对于支配地位的敬重。譬如，生活在城堡里的主人常常被称为*尊敬的子爵先生*，甚至是*老爷*。这便是旧时法国留下来的社会框架的后续效应，即使法国大革命已经过去很多年了。这一社会框架，从封建领主的

---

① 莫娜·奥祖夫：享有国际声誉的法国历史学家，法国大革命批判史学的创始人之一。——译注
② 莫娜·奥祖夫：《法国社会的构成：回到布列塔尼的童年》（*Composition française. Retour sur une enfance bretonne*），巴黎：伽利玛出版社，2009年，第48—49页。
③ 沙托布里昂：位于法国卢瓦尔河大区的大西洋-卢瓦尔河省。——译注

大城堡,到把持着四五个农庄的贵族的乡村住宅,虽然规模逐级递减,但都激发出不乏私心的敬意。对自己的身份不敢越雷池一步的佃农们对贵族的这种尊重,长期以来深刻影响了整个民族的记忆,以至于在2008年出版的百科辞典《传承的法国:1850—1960年的风俗和日常生活百科大词典》里,"城堡领主"这一词条底下,读者们还能看到:

> 从多次血腥起义中脱胎而出的法国共和国,一直以来都难以打破它与大革命时代的贵族之间的关系,尽管它的到来预示着把他们送上断头台。在深远闭塞的乡下,生活在城堡里的贵族,虽然他们的特权多年前就已经被废除了,却一如既往地扮演着爵爷的角色。市长或镇长的职务总是落在他们的头上,就像是法定的一样。在教堂里,则有给他们的家人预留的席位:他们可是一些上流人士,即使是在人人平等的上帝面前,也不和一般的村民们搅和在一起。那些受聘于他们、为他们工作的人,一直都是些忠心耿耿、万死不辞的家仆。[1]

如今,这些心理模式已经属于遥远的过去。20世纪下半叶,它们逐渐消亡殆尽。这有两个原因。首先,由于城市化和耕种的工业化,贵族家族的土地不断被削减。许多庄园不再是与农业有关的经济实体。农场主放弃了土地经营,再加上立法又根据现代起居标准规定了价格高昂的住宅翻新费用,这加速了农场的出售。而成为农业经营者的农民,则对他们多个世纪以来的城堡情结产生了逆反心理,彻底

---

[1] 杰拉尔·布泰(Gérard Boudet):《传承的法国:1850—1960年的风俗和日常生活百科大词典》(*La France en Héritage. Dictionnaire encyclopédique. Métiers, coutumes, vie quotidienne 1850-1960*),巴黎:佩林出版社,2008年,第298页。

地从他们根植于心的社会等级观念中解放出来。当然，19世纪的几次革命对这样的心理情结有过微弱的讨伐。总之，贵族在乡下的社会影响力最终覆灭了。

其次，立法的发展从总体上说都不利于拥有土地的人。这导致贵族群体打破了他们的乡土世界的形象，而这个世界曾是他们在两次世界大战之间依然努力捍卫的传统价值和社会和谐符号的避风港。如今，关于农村的法令十分地严格。土地的租约时间很长。如果土地的租约期限低于25年，那么租借的农场主若提出要求，这样的租约期满后将自动更新，业主也就不能在租约到期日收回土地。如果土地租约是25年期限的，即所谓的"终生制"租约，那么要想租约不自动更新，地产业主必须至少在租约到期的三年以前通告废除。此外，当土地所有人想出售他的地产时，地产规划联盟和乡村安置署（Les sociétés d'aménagement foncier et d'établissement rural）就拥有优先购买权。我们理解，贵族们不再鼓吹他们19世纪的言论了。根据当时的说法，他们和农民们不仅一起分享对土地的热爱，还对传统拥有共同的精神模式和认识。农村人口的外流、农业耕种技术的现代化、农民工会运动中贵族力量的消失、日益强大的国家干预，以及欧洲决策机构的介入和生活、消费模式的演变，这一切都从根本上改变了人们的思维模式，并且常常引发冲突。如今，许多的城堡业主一有机会，就会卖掉他们不会再带来收益的耕地。他们只保留城堡周围的森林，并把他们的精力只放在关键的地方：保留地，也就是说花园和地产，若没有了这些项目，城堡的价值就会大打折扣，而且有可能遭受巨大损失。现在，面对许多令人不安的工程带来的与日俱增的危险，比如高速公路、瓦楞铁面的农业建筑物、传染瘟疫的养鸭业或养猪业……他们不得不为了捍卫城堡而进行一场场艰苦卓绝的斗争。环境保护团体，尽管它们大多数是左派的，却常常以城堡业主同盟的身份现身。

他们促使农业经营者减少对自然景观的破坏，鼓励他们爱护环境，转向有机农业生产。但是，现在又出现了一个全新的侵略者：风车。贵族们自发团结在一起并与之抗争。不过这一次，环境保护团体不再支持他们。风车这些工业机器只有在极少的情形下才成为一道风景，如今已然变成了庞然大物。为了免受其害，贵族们也许需要变成卡拉巴斯侯爵（le marquis de Carabas）①。

灵魂的附属物：世代相传的城堡

过去几十年来，法国社会的突出现象是：人们渴望立足于历史之中，再一次掀起对于文物古迹的热情，对于古迹观光的迷恋也日益增强。在保护和提升文化遗产的形象上，法国声称做出了杰出贡献。现在，在这两方面的努力已经成为一种共识，国家权力机构也加大了它们的举措，以确保文物古迹长久存在。其中，最盛大的活动便是从 1984 年开始举办的"文化遗产日"（Journées du Patrimoine），它在民众中取得了无可争议的成功：每年的参观人数都超过一千两百万，这一活动成为名副其实的追忆历史的节日，令人叹服。对文物古迹的这股热情还体现在一些非常活跃的协会组织的活动上，它们积极行动，拯救城堡、教堂，以及那些所谓的"不重要的文化遗物"（从洗衣槽直到烤面包的窑炉，其中还包括磨坊等物）。文物古迹—环境协会（association Patrimoine-Environnement），由法国生活环境规划城乡联合会（la Ligue urbaine et rural pour l'aménagement du cadre de la vie française）

---

① 卡拉巴斯侯爵：享有"漫画界的堂吉诃德"之称的西班牙动画大师克鲁兹·德尔加多（Cruz Delgado）在其作品《穿靴子的猫》（*Puss in boots*）里创作的人物。他是一名性格温和的磨坊主，他养的猫反抗并打败了恶魔，为了表彰他，国王封他为卡拉巴斯侯爵，并把公主许配给他。——译注

和名胜古迹保护团体全国联盟（la Fédération nationale des associations de sauvegarde des sites ensembles monumentaux）——由法国风景名胜和文化遗址保护的先驱、贵族亨利·德·塞格内（Henri de Ségogne）于1967年创立——合并而成。该协会统计下的地方团体多达八千余。这些团体集中了几十万名志愿者，他们在改善关于文化遗产的法律框架和条款上，承担起了奔走陈情的工作。

在这一股有利于恢复古代建筑地位和活力的热潮中，昔日的城堡受益匪浅。它们不仅受益于古迹观光——法国宝贵的旅游资源——的蓬勃发展，也受益于人们对于园林与日俱增的兴趣。伴随着这种兴趣的是人们想保护景观的决心，以及园艺的兴起走俏，而园艺似乎成了某种经济危机时的保值物。记者皮埃尔·德·拉加尔德（Pierre de Lagarde）一生都致力于促进公众舆论关注法国建筑和文物艺术的保护。[①] 昔日的城堡就是在他的努力下变得深入民心。他制作的节目《岌岌可危的名胜古迹》（les chefs-d'œuvre en péril），得到了时任法国文化部长的安德烈·马尔罗（André Malraux）的支持。这一档节目1962年在法国国际广播电台首播之后，便在许多法国电视台的黄金时段播出，直到1993年为止。而从1965年开始创办的《岌岌可危的名胜古迹》大赛，又称"古建筑物修复龚古尔奖"（"Goncourt de la restauration"），拯救了150多座文物古迹。与此同时，在这一电视节目和同名建筑大赛的推动下，出现了大量的文章和电视报道，它们描述了摇摇欲坠的屋梁、碎裂的石块、大面积亟待更换的屋面，耕地和耕地上的农作物在继承转让过程中的散落流失。

早在60年代，法国就有许多古堡向公众开放了。在接下来的

[①] 摄影作品《岌岌可危的名胜古迹》，《历史名胜》杂志（Demeure historique），第146期，2002年9月，第10—16页。

几十年里，向公众开放的古迹遗址不断增多，往往是在修复工程竣工之后。"历史之路"（Routes historiques）便是这股热潮的标志。起初，在一些希望促进地方旅游业的城堡主的发起下，这样的道路以协会组织的形式发展起来。同时，作为"辉煌三十年"①（Les Trente Glorieuses）同一时代的产物，它们又与飞速发展的汽车产业形影相随。无论是面向全家开车出游的游客，还是面向大巴游客，这些协会都给出了一些标有古迹胜地的线路，而那些地带便是地方历史和民族历史交汇融合的地带。第一条是诞生于1957年的雅克·科尔之路（la route Jacques Cœur）②。这条路线出自一个城堡业主协会，即赞助了在梅扬（Meillant）、艾奈莱维耶依（Ainay-le-Vieil）和屈郎（Culan）等地举办的声光表演节的法国中部城堡协会。它的目标是让7号国道上驶往法国南部的车辆在历史悠久的贝里（Berry）③停靠。当时，集中在这些线路上的私人景观非常吸引人，因为它们才刚刚向公众开放，能给游客们带来探索的乐趣。更名为"美丽之路"（routes de Beauté）后，历史之路开始在法国遍地开花，总共经历了两个高潮，分别是70年代中期和80年代中期。1992年1月，在历史之路的一次全体大会上，与会的29个协会做出了一份总结，这份总结指出它们取得的成功无可争议。④这些协会往往和各省的警察局和设施装备管理局——这一机构如今已并入环境、规划和房屋管理局——保持良好的关系。同时，它们也赞助各种文化活动。最后，此类协会还通过参加各种展

---

① 辉煌三十年：又称"黄金三十年"，指"二战"结束后，从1945年至1975年的法国社会。在这段时间，法国经济高速发展，社会繁荣稳定，人民生活水平大幅度提高。——译注
② 雅克·科尔之路：法国古迹观光的第一条路线，位于法国中部，它借用了法国古代大银行家、国王查理七世的财政总监雅克·科尔的名字。——译注
③ 贝里：法国君主制时期的一个行省，历史悠久。——译注
④ 详见《历史之路都在哪儿？》（"Où en sont les Routes Historiques"），《历史名胜》杂志，第106期，1992年9月，第42—45页。

维朗德里城堡花园共分观赏园、水园、简园、菜园四部分,其中以"观赏园"中的"爱园"最为出名。这个花园是具有文艺复兴时期风格的花园现存的唯一见证

会和沙龙活动,散发大量的旅游宣传册——有时会得到省议会的赞助——增强了名胜古迹在国内和国际上的曝光度。地方的新闻媒体也助一臂之力。在它们的推动下,游客人数大幅度增加。

两次世界大战期间,法国的贵族依然是城堡业主的构成主体。所以,在保护和推广名胜古迹的活动诞生之际,他们扮演了非常重要的角色。1924年发起历史名胜协会(la Demeure historique)的人就来自贵族阶层。今天,这一协会已被视为城堡业主的工会。成立历史名胜协会的想法应该属于约阿希姆·卡瓦罗(Joachim Carvallo),一名西班牙裔的医生。他的妻子是一名富有的美国人,也是位于安德尔-卢瓦尔河省(Indre-et-Loire)谢尔(Cher)河谷的维朗德里城堡(château de Villandry)的女主人。婚后,他不仅把这座城堡修饰一新,还整治出了非常精美的花园。当时,他认为非常有必要成立一个协会,以便帮助那些由于维护历史久远的建筑物而支出过多或者忧心忡忡的城堡主。他同时也强调他们的职责：支持关于他们的城堡研究工作，保证提升城堡的形象，并增进人们对它的了解。由于一直担忧名门世家历史悠久的家产在继承转让的过程中四分五裂，所以为了推动关于遗产税的立法，也为了推广古堡不可分割从而保持它们完整性的观点，他竭力求助于政界的人物。他预感到随着汽车工业的飞跃发展，旅游业也会发展起来，于是萌生了开放城堡观光的先驱理念，因为这既是保护城堡的一种方法，也是对公众的一种责任：城堡观光能为城堡维护和整修工程带来资金，并能够提高法国人对于他们的文物古迹的热情。他自己就从 1920 年起，率先在维朗德里城堡的花园里接待访客。后来，每当他为协会争取众多犹豫不决的城堡主而在法国四处奔波的时候，博尼费斯·德·卡斯泰兰子爵（le comte Boniface de Castellane）总能出现在他的身旁，并给他带来了莫大的帮助。这位大名鼎鼎的花花公子，虽然已经不再参加上流社会的任何活动了，甚至还身无分文，但依然不费吹灰之力就能敲开那些依旧防备森严的名门世族的大门。这些豪门世家还未决定是否接受一位不速之客，更不用说支持他的设想了。约阿希姆·卡瓦罗去世之后，历史名胜协会的历任会长分别如下：任期至 1952 年的诺阿耶公爵（le duc de Noailles）、任期至 1972 年的吕内公爵（le duc de Luynes）、任期至 1982 年的博沃-卡拉昂亲王（le prince Beauvau-Craon）、任期至 2001 年的布洛特侬侯爵（le marquis de Breteuil）、从 2001 年接任会长至今的让·德·朗贝尔蒂侯爵（le marquis Jean de Lambertye）。1966 年，甘索那侯爵（le marquis de Quinsonas）创办与协会同名的期刊，成为联系协会和广大喜爱城堡的民众之间的纽带。1965 年，该协会成为公益组织。直至 2014 年，加入它名下的会员已达到 1362 位，他们总共代理着 2400 座城堡，而其中的四分之三（大约 1700 座）已向公众开放。自从 1924

年以来，历史名胜协会做了大量有利于私人古堡的工作。1964年，它成功推动了一项特殊税法的实施，在这一税制下，私人古堡的业主可以把他们在地产上的经营成本，主要是他们的修缮和维护费用（也包括向公众开放参观而需缴纳的保险金），从他们的总收入中扣除。直到现在，这笔可以扣减的费用都没有最高上限：如果古堡开放参观，那么业主就能全额扣除；如果城堡不向公众开放，那么业主则扣减其中的一半。这一激励税制，深受国外城堡业主的羡慕，因为它能促进私人文化遗产的维护。从某种意义上说，在这一税制下，业主可以自由支配收入中的税收部分，他们的城堡也因而受益匪浅。它也部分解释了为什么在法国，大多数受到保护的文化遗产还是由私人把持，而这也是法国的一个特色。《梅里美古迹目录》（la base Mérimée）中列有43000多座历史建筑物，其中的一半都是由私人业主在打理的。

1982年，许多城堡主对于刚设立的巨额财产税——1989年更名为财富团结税——感到愤愤不平。他们否认在纳税上是一个享有特殊政策优惠的群体。1985年，《拓展》（L'Expansion）杂志7月5日至18日的半月刊，以其封面文章《职业：城堡业主》（"Profession: châtelain"）成为划时代的一期。文章强调：从今以后，为了留住他们的府邸，城堡业主们不得不同意放下城堡的吊桥，并允许游客们付费之后，在城堡里游览观光或举办婚礼，甚至在里面留宿。面对人手不足和络绎不绝的游客，城堡的主人再也不是昔日那位奢华地生活在其领地上的悠闲贵族了，他成了一个责任重大的企业总裁，不仅要善于应变，还要和公众们一起分享这份祖传的家产，而且这份家产如今也成为民族遗产的一部分了。这一类型的文章，再加上紧接而来的同一口吻的电视节目，无疑有助于缓解城堡业主和广大民众之间的关系。公众们意识到城堡里的生活并非永远安逸惬意。今天，游客们少了嫉妒，多了感同身受，所以他们对城堡主所做的工作往往流露出钦佩之情。

然而,"世代相传"的城堡是否还能激起同样的热情? 2008年8月,第十七代于泽公爵(duc d'Uzès)雅克·德·克鲁索勒(Jacques de Crussol)向《费加罗杂志》表示:"如今,一座城堡只是一堆石头、几件家具和许多梦幻。"实际上,那些长期以来一直都是某个古老家族的生活空间的建筑物本来就有一层神秘的光环。不管这些建筑物在艺术上或文化传承上有何种重要性,它们都能激起人们的猎奇心,而宣传手册和互联网又不断地刺激人们的这种心理。它们鼓动游客们像发现一本家族相册一样去探索一座城堡,并开发出两个旅游主题。

第一个主题是感受城堡内静止不动的时光。正如贝罗·德·沃盖(Béraud de Vogüé)为其关于拉维埃里城堡(Château de La Verrerie)[①]的作品所撰写的标题《城堡,时光驻足之处》(Le château où le temps repose)一样,而这也正是他向他的游客推荐的。在吕内城堡的宣传手册的封面上,则标有"家族府邸的力量和魅力",该城堡是吕内公爵家族自1619年就开始拥有的产业。拥有吉泽斯城堡(château de Gizeux)[②]的杰罗和斯黛芬妮·德·拉丰夫妇(Géraud et Stéphanie de Laffon)明确地说:"我们将告诉您,我们的曾祖父在他十岁那年,如何在玩耍的过程中发现了16世纪的装饰风格。"而其他众多的宣传手册也是一上来就介绍说府邸"充满生活气息",甚至常常"宾朋满座"。当一座城堡代代相传,从无旁落,并且一直是某个有着几百年历史的家族的情感依托,它也就见证了这个家族在历史的风暴和生活的变迁中,所做出的努力和所取得的成功。它形象地呈现了一种力

[①] 位于谢尔省。——译注
[②] 位于安德尔–卢瓦尔省(Indre-et-Loire)。——译注

量，这种力量不仅能抵御住历史风雨的冲刷、抵御住人们对古老习俗的遗忘，也能抵御住传统的身份符号的弱化，而该符号往往是一个家族世世代代生活在同一块土地上的象征。对于游客而言，这样的城堡就像另一个世界——在一个永远变化的宇宙中时间静止不动的世界，它们共同讲述着一部久远的史诗。它们通过一个家族的盛衰荣辱，向历史爱好者——从历史刊物的庞大订阅量以及讲述著名历史人物秘史的电视节目的大受欢迎上来看，他们的人数似乎有增无减——诉说着地方的或民族的大写的历史。此外，年代久远的城堡在向游客们清楚地展示它们日常生活的某些印迹时，也勾画出了当前环境下的历史景观。这样一来，比起博物馆，它们更能吸引一批想感受一下城堡生活的游客，以便丰富他们的情感记忆，甚至增加他们的历史知识。

为了推广古迹观光而开发的第二个主题是：走进一个社会群体的内部。这个群体以他们追求美和细节的文化而闻名，而这种文化不仅被当成一种生活艺术，也成为一种国际标准。实际上，法国不仅以自由的国度而闻名于世，它同时也以它的品位以及它高雅的习俗广为人知。一座城堡的内在，即使掩蔽在厚重的围墙之后，也是一道精心布置的玻璃橱窗，里面有精美的织物、晶莹剔透的银器、赏心悦目的花束……这种高雅的生活品位，被19世纪新兴的资产阶级竞相效仿，如今更是成为法国人一起分享的传统（比方说法餐，2010年联合国教科文组织把它列入人类非物质文化遗产名录，这是对法国全体国民所热爱事物的一种表彰[1]）。这类文化气息浓厚的习俗首先出现在豪门贵族阶层，即昔日奢华富足的核心人群和价值秩序的主宰阶层，然后才一层一层地向其他社会阶层蔓延，这一逐级蔓延的过程就像诺贝

---

[1] 法国饮食文化遗产代表团的负责人，地理学家让-罗伯特·皮特（Jean Robert Pitte）认为，法餐在精深的法国文化之中非常重要，所以他建议把久负盛名的海军官邸改造成一座"美食之城"。（《费加罗报》，2010年10月24日）。

特·埃利亚斯（Nobert Élias）①在《宫廷社会》（La société de Cour）中所分析的一样。凝聚着家族魅力和精神的私人城堡，比其他任何一个地方，都更好地体现了和贵族群体的关系，这一群体不仅缔造了它们，而且对它们的维护也充满了热情。因此历史名胜协会于1993年成为科贝尔委员会（Comité Colbert）的合作成员。科贝尔委员会是1954年让·雅克·娇兰（Jean Jacques Guerlain）为了联合法国的著名奢侈品牌而成立的行业协会。"代代相传"的城堡，努力保持或重建真实的奢华之风，并将之呈现给大众。它们实际上和那些著名的奢侈品品牌有着共同的关注度，即为生活艺术这一法国传统注入一股新的活力。对于博物馆封闭的逻辑，它们代之以一种情调。这种情调的重点在于缅怀那些曾经生活在其中的人们（城堡是为了他们而修建起来的），也在于重现他们具体的、琐碎的日常生活：家具的摆放使人联想起他们的休闲娱乐和仪态举止；一张桌子上安放着一些彩陶或瓷器的装饰物；在一间浴室门敞开的卧室里，几件古代的服装跃入眼帘。夏天的夜晚，有一些城堡还推出"秉烛夜游"的活动，这样的活动加深了人们游走在时光中的印象。城堡里的风景、家什物件等，一如它们所激发出来的举止标准，从历史深处向人们徐徐走来。它们不仅保留了高雅趣味时代的历史——正是这个时代促成了它们的魅力和声望——还邀请人们对艺术的生活和社交进行一次寻根溯源的漫游。和古堡及古堡里生活过的人物相谐成趣的情调、环境，并不让人觉得它们只是僵硬地、亦步亦趋地重现历史的点点滴滴。历史就在眼前，不沉重，反而生动活泼，因为那些依然存在的古老物件说明了它们一直以来都是家族中的日常用物。

如今，很多城堡已经归属国家或一些公共团体，这些机构一样

---

① 诺贝特·埃利亚斯（1897—1990）：德国著名社会学家。——译注

凡尔赛宫镜厅,是凡尔赛宫中最为豪华的部分。"一战"的停战协定《凡尔赛和约》就是在这里签订的

为了证明城堡并非空无人烟而尽心努力。所以,在布置游览的路径时,它们注重重现城堡的生活气息。如今,古堡观光学的趋势在于,通过对各种展品进行解说,呈现它们和古堡之间的历史联结、主题联结,从而重构遗址的灵魂和游客对它的认识。2010年,凡尔赛宫的大穹顶宴会厅(le Grand Couvet)修葺一新,还安放了一些昔日的物件或复制品;丰收厅(le Salon de l'Abondance)里也增设了一些家具,以便重新营造出一股生活气息。在香波堡(Château Chambord),人们根据萨克森元帅(maréchal de Saxe)去世后整理的财产清册,重新布置了一些厅室,因为它们见证过18世纪的生活艺术。而国家博物馆中心(Centre des monuments nationaux)则为昂热城堡(Château d'Angers）以及位于巴黎圣－安托万大街（rue Saint-Antoine）的苏利公爵夫人（la duchesse de Sully）的府邸重新添置了室内家具和摆设物。此外，为尚绪尔－马恩城堡（château de Champs-sur-Marne）——经过一次重大的修缮后，2013 年重新对外开放——设计的新景观，则恢复了昂维的卡昂家族（les Cahen d'Anvers）的生活风貌。他们从 1895 年至 1935 年一直居住在其中。在阿宰勒里多（Azay-le-Rideau）城堡，由国家博物馆中心出版的折页说明书，不仅将题目拟定为《法式的生活艺术》（"L'art de vivre à la française"），还明确指出城堡最后的所有人是比安库尔家族（les Biencourt）。他们 19 世纪风格的房间是通过国家家具博物馆（Mobilier national）的藏品才恢复原貌的。在法国中部地区卢瓦尔河畔的绍蒙城堡（Château de Chaumont-sur-Loire），2008 年成立了一个绍蒙收藏品地区基金会（Fonds régional d'enrichissement des collections de Chaumont: FRECC），该组织从 2008 年至 2013 年，总共收藏了 565 件藏品，其中有家具、玻璃和陶瓷的全套餐具、家用银器皿、字母 B 和 S 构成的花押字台布和餐巾、照片及简报等。所有这些藏品都和城堡最后的所有人——阿梅代·德布罗意亲王（le prince Amédé de Broglie）和亲王夫人——有直接的关联。亲王夫人婚前名字是玛丽·赛（Marie Say），她是制糖大亨贡斯当·赛（Constant Say）的女儿。亲王和他的夫人曾将城堡修葺一新，并常常在里面宴请巴黎的名流。向公众展示的物品及说明文字主要取自于德布罗意家族的密友、风流名士加布里埃尔－路易·普朗盖（Grabriel-Louis Pringué）撰写的自传：《30 年的大都会晚宴》（*30 ans de dîners en ville*）。基金会圆满地实现了再现 19 世纪末期一处贵族名府辉煌气派的目标。因此，在游客结束观光的大厅内，人们可以读到：

为了恢复德布罗意家族当年的气派，绍蒙收藏品地方基金会的成员觉得，必须给这个宽敞的大厅重新添置家具，以便人们能想起它昔日的风采，即19世纪末期富贵人家特有的某种生活艺术：拥挤的空间，一大堆风格迥异、年代不同的家具，数不胜数的椅子。

1938年之后，德布罗意家族事业衰败，城堡发生了巨大变化，被无奈转让给了国家，城堡因此遭受了一番彻底的整改！不仅德布罗意家族原来所订购的家具都被移除了，内部的装潢也被改得面目全非，而这是为了抹掉它们"19世纪"的风貌，突显文艺复兴时代的某种标准。

诚然，在象征旧时贵族奢华生活的环境里，游客看到的这些常设展览，无论是必有的"君主的卧室"，还是沙龙里富丽堂皇的装潢和家具，甚至是展示了闲雅景致的私密单元，都可以看作某种社会特权的遗迹。不过，今天，一座城堡，即便它仍"世代相传"，也已经失去了一切官方的职能，就连它的政治意义也大大减弱了。它再也不象征一种反革命的危险了。但它依然剩下一张牢固的品质标签：它见证了法国品位的生命力。这股生命力横跨多个世纪，一直延续至今，而我们这个时代的现代主义却命中注定转瞬即逝。法国的城堡，一方面是诚信和品质的保证，一方面又扮演着记忆的坐标、昔日社会准则的捍卫者、法国文化和地位的基石。总之，它们在呈现出一个永恒形象的同时，给人们带来的是慰藉，而非不安。

另外，如今的城堡主不仅努力迎合游客们对于文化遗产的热情，也致力于满足游客们对于某种更全面的、综合了多种主题的观光游览的追求。幸运的是，城堡的迷人之处并非只停留在它出色的建筑、珍贵的装潢和珍宝以及在其中留下了深刻印迹的杰出人物的传说之上，

城堡的厨房一角

它还附属于周边的景致。过去20多年来,许多城堡主在地方行政部门的协助下,不仅完成了巨大的修复工程,还修建了一些园林。通常而言,这些结合了历史传统和创新的园林,往往令人欣慰地促成了一些建筑物的修缮:马厩、鸽舍、磨坊、面包作坊、食物储藏室、农用屋、水塔……这些建筑物曾经见证了贵族领地上丰富多彩的生活。

最后,在以与亲朋好友欢聚为主轴的城堡生活中,美食享受与精美的缎纹织物、成套的陶瓷餐具、水晶杯,以及各种银器相伴相生。自从1970年以来,城堡主向公众开放了他们的厨房。对于众多的法国人来说,厨房这一空间已经恢复了它昔日的地位,又成为一处重要的厅室:它不再是一处隐藏在后面的空间,而是成了人们生活的场所,甚至成了人们宴请宾客和展示其审美趣味的地方。因此,开放城堡的厨房这一举措深受游客欢迎。此外，城堡主们还得益于法国人对美食的热爱，永恒的家宴——如今被视为重新发现的领域——以及把美食大厨打造成焦点人物的电视节目的成功，都验证了这一热情。正是本着法国人热爱美食这一思维，吉尔和玛蒂娜·杜·彭塔维斯夫妇（Gilles et Martine du Pontavice）从20世纪90年代末期以来，在法国西部报出版社（éditions Ouest-France）陆续出版了一套名为《城堡美食》（*La cuisine des Château*）的地方丛书。他们在书里讲述豪门世家的烹饪艺术、生活艺术和他们的家族史。这些家族同意分享他们从世代相传的记事簿里发现的传统食谱。同样，位于奥德省（Aude）的佩奥提亚城堡（château de Pennautier）——该城堡从1620年起一直属于佩奥提亚家族——也推出了关于烹饪艺术的课程。至于声称主导法国高端宴会的波特尔·夏博饮食集团（Potel et Chabot），为了提升它的形象并更好地巩固它建立在美食、餐桌艺术和法式礼仪之上的声誉，则不断地扩大它的服务目录，其中既有历史名馆，又有著名的文化胜地和私人府邸。如今，贵族们并非只是文化遗产的守护人、园林的设计师、美食至上概念的监护人，他们还以某种文明或文化遗产保管人的面目现身，而这种文化遗产作为当今快速演变的世界中的一个牢固的风向标，引起了世人的关注。

世袭城堡主和新式城堡主

25年来，一个家庭出色地演绎了浓缩了历史和高雅品位的城堡主这一形象，那就是让－吕克和弗洛伦丝·古比尔·德·布耶（Jean-Luc et Florence Goupil de Bouillé）夫妇。他们是位于安德尔－卢瓦尔省、距离布尔格依（Bourgueil）四公里的雷奥城堡（château des Réaux）的继承人。这座城堡始建于14世纪，17世纪时，成为《故事集》（*les Historiettes*）的作者热代昂·塔勒芒·德·雷奥（Gédéon Tallement des Réaux）的府邸，他的作品记述了亨利四世和路易十三时代的法国社会。到了1879年，朱利安·巴鲁瓦（Julien Barrois）买下该府邸。1978年，他的曾孙女弗洛伦丝·古比尔·德·布耶重新获得这一产业。她没有任何财富，不过她的丈夫专职经营挂毯工人用的抹子、喷焊器和锤子。1979年，古比尔·德·布耶夫妇决定有偿接待入住的客人。1981年9月18日，为了让世人认识雷奥城堡崭新的面貌，他们和家族的一位好友、享有国际声誉的竖琴演奏家莉莉·拉斯金（Lily Laskine），共同举办了一场音乐晚会，许多记者应邀前来参加。几个星期之后，关于这次音乐会的一篇通讯出现在某一期的《费加罗杂志》上，而这一期杂志的发行量非常惊人，原因是它的封面文章专门报道了埃及前总统萨达特（Sadate）遇刺身亡一事。从此以后，有关雷奥城堡的通讯文章和新闻节目在长达25年的时间里持续不断。① 被人们视为异类的城堡业主，在这些报道中，则被描述成为新"世系"城堡主的领军人物。这一新派的业主，让城堡生活相对而言"走进了所有收入群体"，虽然房间的价格还是高昂。

> 这批新一代的城堡主意识到，必须干活，也必须分享他们的城堡。他们放手去做。而我们真的勇于创新，因为城堡就是我们的生计：和其他也开放城堡的业主不同的是，我们没有其他收入。我们必须把我们的活儿干得很漂亮，才能生存下去。我们不能在原地踏步……一切都必须无懈可击。我们成功的秘诀在于：我们既专业，又很外行和富有魅力，不过是外省的魅力，不是人们在时尚杂

---

① 古比尔·德·布耶家里保存的简报卷宗显示：从1980年至1990年间，总共有一百来篇有关雷奥城堡的报道出现在法国及国外重要的报刊上；从1990年至2000年，则有三十多篇。

志《盛典》（*Gala*）或《观点》（*Point de Vue*）中看到的那类夫妇的派头，因为我是一个生活在乡下的人，我可不喜欢城里那些碎石路面。总之，除了不是巴黎人之外，我可以是任何地方的人。①

历史长达七个世纪的雷奥城堡，地处由弗洛伦丝创立和主管的"国王谷历史之路"的有利位置。此外，1930 年之后，它被列入《古建筑物补充目录》（*Inventaire supplémentaire des monuments historiques*）。因此，对于那些希望在时光静止不动的地方停下来休息的人而言，雷奥城堡是一座理想的府第。中世纪古城堡的历史依然历历在目：俯瞰是一座小岛，小岛的四周有宽大的护城河流绕；三米厚的城墙，螺旋式的楼梯，坐落在冠状棱堡角上的哨亭显示出城堡的古老。文艺复兴时代的色调则从城堡的正面透露出来：玫瑰红砖和白石灰组成的方格图案，让人联想起一个巨大的棋盘。而在昔日的防御工事堡垒上，18 世纪时建起了一座殿阁，殿阁又由一些配有小窗框的开间组成，所以这里最终也成了一个游玩的住处。同时，一股来自埃及的气息也飘荡在每一间屋子里，因为弗洛伦丝的曾祖父朱利安·巴鲁瓦——巴黎综合工科学校的毕业生、法国桥梁公路工程局（Ponts et Chaussées）的监察官、殖民地自然科学研究院（Académie des sciences coloniales）的院士、德雷达瓦（Diré Daoua）②至亚的斯亚贝巴（Addis-Abeba）③铁路的修筑者——留下了不少富有东方情调的彩绘玻璃窗。最后，世代相传的家具，从门厅到客厅一路坚守的祖先画像，以及发现《故事集》手稿（1803 年）的书房，也进一步增强了雷奥城堡的历史意义。

雷奥城堡主要的新奇之处是，向游客们推荐了一种可以"邂逅

---

① 和弗洛伦丝·古比尔·德·布耶的访谈，2011 年 2 月 17—18 日。
② 德雷达瓦：埃塞俄比亚的第二大城市。——译注
③ 亚的斯亚贝巴：埃塞俄比亚的首都。——译注

某个家族"的游览形式，而这个家族体现了一个一如既往地生机勃勃、却在博物馆里难觅踪影的古老法国。让-吕克和弗洛伦丝·古比尔·德·布耶夫妇以及他们的三个孩子，每个人都笑容可掬，如人们所希望那般上镜，成了真正的贵族传统和令人愉悦的优雅的代名词。城堡环境迷人，客房和浴室十分舒适，厨房赏心悦目。奢华的气息，总是那么恰如其分地停留在宜人的缤纷色彩之上、在对细节的关注之上、在高品位营造出来的简约美之上。最后，服务完善、无懈可击：古比尔·德·布耶夫妇深谙如何让他们的客人宾至如归，他们热情、率真，又彬彬有礼，款待客人"就像朋友一般"。

位于卢瓦尔河谷的一座漂亮城堡、家人的画像、一个贵族的姓氏，尤其是我们的姓氏听起来法国味十足——对于普通的老百姓而言，吕克公爵和古比尔·德·布耶先生是同一回事——人们见过我们出现在米雷耶·杜马（Mireille Dumas）[①]的演播室里……这让我们红极一时。那些憧憬度过一个美妙的短周末的客人会想，他们将在诗礼簪缨之族里感受一种家庭氛围。作为将门的女儿、孙女、曾孙女和外交世家的后人，我把我受到的教养都放在打造我们的作品雷奥城堡之上：尊重他人，拥有优良的道德、习俗和准则，以及款待客人或者摆放精美餐具的艺术的知识。为什么餐桌礼仪是这样的，为什么不能把餐刀含在嘴里，为什么吃鱼时要用吃鱼的餐具……我对于要做的事和不要做的事很重视，对于要说的话和不要说的话也很在意，也就是说，我很在乎形式，因为我认为形式能反映出内在的本质。根据通常的说法，雷奥城堡是都兰地区（Touraine）的瑰宝之一，出于这个原因，我没法不和我的城堡

[①] 米雷耶·杜马：法国著名电视节目主持人和制作人。

相称：里面的银器光彩夺目，而我总是深处这一片繁华灿烂之中。我喜欢穿着打扮，我最主要的奢侈享受是每个星期做一次头发。我的教养就是这样的：绝不放任自由，要沉稳克制。这是我的天性，更不用说我还是一座美丽的、历史悠久的城堡的主人。有一次，下午五点的时候，我还穿着做家务的衣服——玫瑰色的制服，配上玫瑰色的头巾——一个小女孩和她的奶奶来到我家。她的奶奶曾经是雷诺城堡里整理房间的员工。我走下楼梯，小女孩问我："你就是城堡的女主人？""是的。""可是你一点都不优雅。"这时小姑娘的奶奶掐了她一下，并说道："你不能和布耶夫人这么说话，这不礼貌。"可小女孩继续说："我还在想你也许就像一位公主一样。""别担心，我一会儿就去换衣服。"我答道。这是一个很好的教训。早餐的时候，如果我肚子上围着一条围裙，对和我在一起的客人而言，这很迷人。午餐的时候，我会依据重要性更换衣服。到了晚上，我就像教皇的母驴一般隆重出场，我会穿上晚礼服，但不一定是曳地长裙。在 25 年的时间里，穿着打扮的惯例一直如此。刚开始的时候，我们的客人也把穿戴当作一种乐趣；所有的男士要么打领带，要么佩戴一条漂亮的围巾。后来，21 世纪头十年里，人们在穿着上逐渐变得懒散。我们看到一些女士晚上的时候不再换装了……然而，我们的强项在于，我们的客人是为了文化之旅而来的。城堡里没有游泳池，而且我们也不想要。没有泳池，客人们的活动也就自行决定了：白天，他们会出去游览观光；但是我们若有游泳池，他们就会一整天都躺着不动，而我们也会在床上发现一些湿乎乎的毛巾……至于孩子们，我们还是要求保持一定的礼节：不玩沙子、不随地吐口香糖……[1]

---

[1] 和弗洛伦丝·古比尔·德·布耶的访谈，2011 年 2 月 17—18 日。

当时，由于城堡酒店业的兴起，雷奥城堡的经营业务出现不少仿效者。[1] 此外，一些城堡业主不仅主动组成酒店联盟，还发行一些宣传手册，推广他们的理念。1980年，在托米耶尔城堡（château de Thomiers）的所有人博讷瓦勒子爵夫人（comtesse de Bonneval）的倡导下，法国第一个城堡酒店联盟计划，"城堡欢迎您"（Château Acceuil）协会，在夏尔省成立了。在协会出版的目录里，总共有28座城堡，它们根据"家庭旅馆"（Bed and Breakfast）的原则有偿接待客人，但是他们提供的是高端的住宿和膳食。1984年，又出现了另一个城堡业主的酒店联合会"住宅俱乐部"（Demeures Club），这一协会自称"更大众，因为他们的成员是更普通的非贵族人士"[2]（现在，这两个组织都不存在了）。同一年，克里斯蒂昂·德罗马尔（Christian Dromard）创立了"城堡度假酒店"（Châteaux en Vacances）预订中心，34座城堡加入了这一机构。后来，又发展起来了许多类似的组织，它们如今主要利用互联网推广业务。正如让－吕克和弗洛伦丝·古比尔·德·布耶所做的一样，一些城堡主也加入了一个专门从事城堡酒店的组织。这一组织成立于1975年，定名"私营城堡酒店和田园酒店"（Châteaux et hôtels indépendants et hostelleries d'atmosphère），1993年改名为"私营城堡酒店"（Châteaux et hôtels indépendants）。后来，阿兰·杜卡斯[3]（Alain Ducasse）收购了该组织，所以它于1999年又更名为"法国城堡酒店"（Châteaux et hôtels de France），并大大提高了他们的会费，这令城堡主会员大为恼火。如

---

[1] 有关20世纪下半叶城堡酒店的定位发展史，参见让－勒内·莫里斯（Jean-René Maurice）《城堡住宿：社交空间还是旅游空间》，详见萨缪尔·布雄（S. Boussion）和马蒂亚·加尔代（M. Gardet）主编的《社会学上的城堡》，巴黎：博谢纳出版社（Beauchesne），2010年，第343—352页。
[2] 和弗洛伦丝·古比尔·德·布耶的访谈，2011年2月17—18日。
[3] 阿兰·杜卡斯：法国享有国际声誉的烹饪大师。——译注

今，它成为高端定位的罗兰·夏朵（Relais & Châteaux）奢华酒店联盟的主要竞争对手。1988年2月，《探游天下》（Grands Reportages）杂志①为弗洛伦丝·古比尔·德·布耶送上了最美的赞词：

> 四月份至十月份的每个晚上，她身穿那种典型的法国女人穿的礼服。她风趣、优雅、迷人，和世人想象中的法国女人一模一样。她也像她的"家乡"都兰省（La Tourraine），以其浓厚、纯粹的法国味而闻名。一个梦想中的完美法国女人。

这便是被国内外媒体赞誉为法式生活艺术殿堂的雷奥城堡，在其酒店业务达到巅峰时期的景象。1989年，《历史名胜》杂志则长篇累牍地讲述了布耶家族如何通过艰苦创业而赢得这一"疯狂的事业"。

十年之后，随着旅游市场的国际化，以及拥有大批尚未为人所知的文化遗产的东欧国家的开放，法国城堡的许多潜在游客转身而去。另外，来法国的美国游客也在缩减，他们的身影以前常常出现在雷奥城堡。尤其雪上加霜的是，来自农庄或民宅的客房参与了竞争，这样的客房在法国各地大量增加。最后，城堡的美好生活（dolce vita）再也无法吸引那么多的游客了。和在某个历史胜地感受到的乐趣相比，游客们如今更倾向于价格便宜的奢华客房，比如罗兰·夏朵酒店联盟推出的客房。如今，由于互联网和低价预订中心的出现，获得合理价格的机票和时兴旅游胜地的豪华客房变得容易许多，所以相对于华盖床和古人画像，阳光和异国情调更能打动人心。2002年以后，让-吕

---

① 《探游天下》：法国旅游杂志，每月一刊，专门介绍世界各地的旅游景点和风土人情。——译注

克和弗洛伦丝·古比尔·德·布耶着手把他们的酒店业务和向公众开放他们的府邸协调起来。可是，每年一万的客流量，并不能够维持一座城堡的运营。

  对于舍维尼（Cheverny）、舍农索（Chenonceau）和维朗德里（Villandry）这三个俗称"富得流油"的私人城堡而言，自给自足并不困难。然而我认识的其他位于中央高原深处的城堡主，一年之中旅游季节才六个星期，对于他们来说，生活很残酷……至于入住城堡的客房，这一时尚已经过去了。如今，到处都有大量价格诱人的迷人客房。总之，人们再也不会为了认识城堡的主人而前来雷奥城堡留宿了。他们来这里是因为城堡是一个显赫而舒适的地方。相对于那些纯粹的庄园酒店，我们的身影让我们稍胜一筹。不过，游客们再也不像开始那样，憧憬和历史相遇了。①

四个方面的原因解释了游客对城堡客房兴趣的降低。首先，尽管巴黎某些著名的景点或博物馆的游客人数急剧增加，但是这只不过掩饰了文化旅游热的降温。其次，由于可以享受更优惠的税收政策，私人古堡纷纷向游客开放，这些古堡给人以千篇一律的印象。再次，万能的环线旅游公司把观光游览集中在那些当红的古堡上。最后，公共消费把文化艺术变成了娱乐产业。今天，文化实际上已变成了一种商品，而且在简单的消费行为中有不断被弱化的趋势。此外，文化部进行的国民普查已经把文化行为和休闲娱乐视为同样的活动，而娱乐化也是我们这个时代的标志。同时，与休闲娱乐相

---

① 和弗洛伦丝·古比尔·德·布耶的访谈，2011年2月17—18日。

提并论的还有做手工、看话剧、看电影、下馆子、上图书馆、看电视、玩电子产品和全家出门闲逛等。其他方面的发展也增大了私人古堡的负担，削弱了它的竞争力，譬如布展标准的提高，这不仅要求展品细节的准确性和客观性，还要求展品不断推陈出新，而且要有互动性，也就是说要同时为孩子们设计一些寓教于乐的活动；对于所有接待公众的场合，无论是防范火灾的措施，还是便于行动不便人士出入的便捷通道，都有了新规定。最后，还要补充的是游客对于门票的价值渐有微词，他们在私人古堡支付的票价比公立博物馆还要贵一些。

让-吕克和弗洛伦丝·古比尔·德·布耶夫妇在多年日复一日的努力工作后，身心俱疲也意兴阑珊；而且他们意识到若让他们三个孩子中的任何一个来独自支撑雷奥城堡的运作，都不能补偿另外两个人。因此，他们决定卖掉城堡。2005年，一位乌克兰媒体大亨买下了雷奥城堡。

这是不是说城堡的形象不再那么吸引人了？如果一座城堡一直属于某个家族，那么它就是这个家族资产雄厚的象征。不过，传统的城堡主，出于害怕法国国内的仇富心理，深知他们激发出来的情感更多是嫉羡，而非好感，所以他们通常都谨言慎行、保持低调。当然，他们当中的某些人，有时会出现在一些让人对富人的生活想入非非的电视节目上，而这样的节目一般收视率很高。这也就是为什么，2013年10月1日，在法国电视二台上，历史名胜协会管理委员会的两名成员，丹尼斯·德·凯尔戈莱（Denis de Kergorlay）和克里斯蒂昂·德·吕佩（Christian de Luppé）就冒冒失失地出现在其他四位"坐拥财富"的富豪当中，虽说他们不无嘲讽地讲解了"有钱人的快乐"①。协会的其他成员对此感到很受伤:他们还在"为了城堡的维护费用和银行协商,因为城堡日常生活的不便而忙于周旋"(女,1946年)。此外,许多城堡主也很担心国家或地方行政部门对私人古堡的援助津贴最终会枯竭,何况在文化遗产概念的延伸和需要保护的所谓历史古迹倍增的情况下,援助资金已经越来越分散。总之,他们意识到,保护他们这些古堡业主的法规,在把对某项保护的批核和国家财政联系在一起时,无论是以补助的形式,还是以特殊税制的形式出现,都让古堡受到一个负面形象拖累。在当前预算吃紧的形势下,公众舆论以及立法者倾向于认为这种特别的税收制度是一项特别赠予,而没有考虑到为保护文化遗产所付出的努力对国家的整体利益大有裨益。而财政部在打击利用税收漏洞获取税收减免的斗争上,也越来越坚决。

私人城堡的形象受到了一些曝光事件——媒体有可能夸大了数字——的破坏,这些事件令公众相信,城堡可以挣钱。事情起源于21世纪的头十年,出现了这样一类前所未闻的城堡业主,他们所有的精力不贯注于维护他们的城堡之上,而是在转售城堡时获取税收减免和预期的升值。另外,有一些可憎的电视节目播出的城堡主形象很负面:"在一座令人难以忍受的、死气沉沉的古墓中怀念一段已经不再属于他们的历史。"

> 我们也曾经是我们这个地区最先受到媒体疯狂报道的对象。我以前真的很喜欢报刊,无论它属于右派,还是属于左派,而且我还把他们视为真正的文化艺术赞助人。除了《人类报》(*L'Humanité*)之外,我还购买并阅读其他所有的报纸。以

---

① 《世界报》(*le Monde*),2013年9月29—30日。

前，每当有记者打电话问我能否前来采访，我都讨好他们，对他们厚待有加，而我也几乎总能从他们的身上听到我希望他们说的话……然而，现在我讨厌他们。他们是一群凶狠的秃鹫。如今，只要一有关于贵族或城堡的文章，都是抨击性的。他们为了挖出最恶臭的垃圾、吐出最恶毒的谣言或毁谤而无所不用其极：尽管读者对他们说的话已经当耳边风了，这真的是无可救药……现在的媒体十分可恶。①

2008年，在准备2009年的财政法案期间，私人城堡修缮工程费用减免的封顶价格险些被投票通过。众议员夏尔-阿梅代·德·库尔松（Charles-Amédé de Courson）也支持为这一项唯一没有封顶价格的税收减免设置上限，不过考虑到历史建筑物的特殊性，所提议的封顶价格还是很高。提案的原因是地产商的舞弊行为，他们先买下被评定为破旧的古堡，然后通过重建工程获取税收减免，之后再以高价出售。实际上，该议案的首要目标是防止调整税收结构，尤其是避免日益四分五裂的古迹一步一步地商业化。夏尔-阿梅代·德·库尔松还争论道，在没有给公用事业或整体利益带来相应回报的情况下，法国宪法并不授予任何古迹任何形式的税收优惠。如果一处古迹向大众开放，这样的问题并不存在，然而当它是一处外人无法探访的私人产业时，那么它对社会的回馈是什么呢？

历史名胜协会，出于指望增加会员数量的目的，对所有新近购买城堡的业主都显得很殷勤。至于揭露那些潜在的投机行为，它也就显得畏缩不前了，这一话题对它而言甚至是一个禁忌。这

---

① 和弗洛伦丝·古比尔·德·布耶的访谈，2011年2月17—18日。

无疑是错误的，因为必须承认，文化遗产正如一般的艺术品一样，已经进入了投机倒卖的时代。事实是，各种吹嘘购买古堡就可获得可观财产收入的管理机构和网站，如雨后春笋般冒出来。不过，当出现历史建筑物被分割出售的情况时，历史名胜协会还是正面并清晰地表达它的反对意见。2008年，它努力争取所有的古堡，无论它们是否向公众开放，其修缮和维护费用都能继续享受没有上限的税收减免，原因是城堡修缮所要求的先行授权书和使用规定的材料和技术手段，都有一些非同寻常的强制条件。但是，它又明智地投票支持另一项修正案，即享受税收优惠必须和保有城堡的承诺挂钩，这样一来，所有新近买下城堡的业主，为了享受税收减免，必须从购买之日起连续15年持有他的不动产，也就是说把他的购买行为纳入长期范畴。[①]如果某一业主违反了这一规定，那么他必须赔付他原本应该缴纳的税额。这一有积极意义的规定，只涉及那些城堡的新买主，对那些世袭的城堡主并没有影响。它的意义在于阻止了那些报税地点在法国的城堡买家的投机行为。不过，对于那些有时出手买入著名古堡的国外大富豪，这项规定没有援用到他们身上。诚然，国外的大买家并不总是出于不良意图，但他们不仅往往对打理古堡的限定和规范知之甚少，还习惯性地把他们买下的产业当作一座普普通通的行宫。此外，许多城堡的新买家，尤其是外国买家，由于拘泥于保护私生活的想法，常常在买下府邸之后，立即关闭城堡游览，而他们自己一年当中在里面只住上几天。这便是诺曼底地区最著名的城堡之一奥恩城堡（Château d'Ô）的情形。显然，通过一切阻隔和监控手段如摄像头、栅栏或涵洞前端的自动起落装置、堵死或上了锁的

---

① 《历史名胜手册》（*Les Cahiers de la Demeure historique*），第24期，2010年2月。

栅栏，把一座城堡变得深不可入，甚至从外面都看不到，没有比这更令人伤心的了。传统贵族通常保持通往城堡的入口一直开放，但包括古老的家族在内，这一惯例越来越不受重视，原因是入室盗窃的案例日益增多。

历史名胜协会继续推进它的事业，竭力解释维护私人古堡是一项负担，他们的维护费用必须由个人和集体共同承担。此外，尽管在它的管理委员会中，非贵族姓氏只占其中的一小部分，即31位委员中的7席，但协会还是力求"显得平民化"。自从2001年成为协会主席以来，朗贝尔蒂侯爵（marquis de Lambertye）就急于在协会的杂志和他的话语中消除一切爵号。2009年，在结束年度大会的颁奖仪式上，当他出于若瑟兰·德·罗昂－夏博公爵（duc de Josselin de Rohan-Chabot）修复了城堡的一个塔楼而颁发给公爵一个奖项时，协会的某个成员在我身边低语："说罗昂公爵似乎会划伤他的嘴唇"……同时，历史名胜协会一直首推"文化遗产"这一标签，认为该表述比"城堡"一词更通俗；而且，它还严格禁止使用"城堡主"，这个字眼如今已经逐渐被"负责管理的业主""业主"或"保管文化遗产的志愿者"代替。自从1966年6月21日召开全体会议以来，协会走过了非常惊人的历程！适逢协会成立四十周年之际，五百名会员和众多记者欢聚一堂。法兰西学院的列维·米尔普瓦公爵（le duc de Lévis Mirepoix）在众人面前发表祝词，赞扬了"古堡的灵魂"和"美好生活时代古堡里的礼仪传统"。相反，让·德·朗贝尔蒂则坚决地把协会的会员描述成经济生活的参与者。他不停地讲述会员们为了养护他们的城堡而投身的行业。比方说，在维护和保管那些种有百年老树的公园时，他们成了景观园艺师，而那些园子也成了各种植物和动物的栖身之地。另外，由于他们通常用一些古老的技术和天然的建筑材料修缮他们的古宅，所以，在如今公认为刻不容缓的可持续发展领域①中，即在调和社会经济活动和环境保护方面，他们树立了榜样。总而言之，他们在促进地方影响力和旅游业发展的同时，提升了地方的形象。

---

① 可持续发展是协会 2010 年 11 月 23 日召开的第 86 届全体大会的主题。见《历史名胜杂志》，第 179 期，2010 年 12 月；同见《古堡：可持续发展的先导》(*Les monuments historiques: acteurs du développement durable*)，巴黎：历史名胜指南出版社 (Guide de la Demeure historique)，2011 年。

第三章

传承的危机

La crise de la transmission

家庭的解体以及它对传统和传承造成的影响，会促使人们去保护"祖屋"，并让他们更加强烈地认识到祖传下来的宅邸是一个可以根植于其中的地方，一个既稳定又安全的港湾。虽说生活给人的感觉是漂泊不定的，但这一处港湾能帮助年青一代深入了解某一历史文化遗产。然而，在世代相传的过程中，一些不可抗拒的变化让那些宅邸的延续变得脆弱不堪。

固守传统下的双重危机

长期以来，在所有继承转让过程中可能出现的家产分割，对于一个家族的产业和城堡的前景都是一个威胁。自从中世纪以来，名门世族为了维护重要家产的完整性，实行了一些有利于嫡长子的遗产分配惯例。[①] 拿破仑在其加冕为皇帝之后，清楚地意识到有必要永久地延续贵族阶层的财富，所以他巧妙运用《民法典》，在实际操作中，恢复了1789年废除的有关嫡长子的法规。他创立了长子世袭的财产，这一不可分割、不可扣押的财富不仅和爵位密不可分，而且也只能和爵位一起传给后代。即使第二共和国下决心取消某些长子世袭的财富，但是许多家族仍然十分注重家产的代代相传——家族在时间长河里延续的标志——这就促使他们直到20世纪中期依然把城堡及里面的财物都传给法定继承家族姓氏和爵位的孩子，代价是一些规避了平等继承权的调解协议。如今，这样的做法已经不时兴了；而且，通过继承人自由处置其财产份额，或者通过低估财产价值的策略来规定不等额财产分配，必然会导致无穷无尽的纷争和仇恨。不过，均等的财产分配，尽管事先精心安排、筹划，名门世家的家产继承依然困难重重，而这有两个方面的原因。

首先，贵族人家的出生率总体来说都比平均值高，他们往往会考虑生养三个或三个以上的孩子。对于家族的延续而言，这是某种筹码。但是，把家族的城堡只传给共同继承人当中的其中一位，这就要求家族的财富足够丰厚能为其他共享财产的继承人提供等值的遗产份额；或者城堡的唯一受馈赠人要有资金补偿城堡的其他共有人，所以他要么挣的钱足够多，要么有一个富有的妻子，而且他的妻子愿意为了他的城堡而捐出她本人一部分财产。这样一来，第二个难题就产生了：城堡价格在房地产市场上不断攀升。这一现象相对而言还是不久之前才出现的。直到20世纪60年代，城堡的价格对于某处贵族领地的总估价几乎没有影响，对总估价尤其重要的是田地的价格，而这又和田地上的产出或收入的多少有直接联系。当时的通行做法是低价抛

---

① 菲利普·康塔敏，见前引书，第22—24页。

售城堡,所以有许多城堡被改造成了养老院、夏令营或者儿童收留中心。社会机构或教育机构和它们的从业人员更关心的是建筑物的面积,而非建筑物内部的建筑和装潢。

> 法国共产党有过一项历史业绩:它曾经协助法国工人阶级融入国家体系。不再是法国人,又不再爱国,那你死定了!1945年至1960年,由共产党人主政的市政府纷纷买入那些出售的城堡。为什么?因为共产党人认为眼下是他们拥有城堡的时候:他们是法国人;他们资深望重;在第二次世界大战期间,他们用鲜血履行了他们应尽的义务。我曾经是"假日旅行娱乐协会"的法律顾问,该协会曾经运作共产党底下的夏令营和室外课堂等活动,但在20世纪80年代,由于城堡的维护费用和新出台的安全标准等原因,协会主席束手无策。(男,1950年)

当时,还有许多城堡成为农场主的产业,尽管他们费力维护,但是他们对城堡在历史或艺术上的意义并不感兴趣。至于那些热爱并竭力保护城堡的农场主,他们人数不多,而且常常手头吃紧,所以被视为一批"狂妄之人"。不过,20世纪60年代以后,城堡的命运出现了变化。① 这一变化不仅和大众对古迹价值的认同同时出现,也同样源于"黄金三十年"的经济增长、农村人口外流带来的怀旧之风,以及人们在咄咄逼人的城市化和现代化进程之下出现的不安。某些欧洲人,尤其是英国人,但也有日本人和靠石油致富的阿拉伯人,以及之后的俄国人,总是在寻求投资的多元化。他们成了法国特色建筑

---

① 贝特兰·勒·奈尔(Bertrand Le Nail):《对法国城堡买卖的思考》("Réflexions sur le marché des Château en France"),见《历史名胜协会手册》,第25期,2010年。

的买家。于是，城堡的价格一路走高，甚至一度飙升，直到21世纪初。1967年成立的一家地产中介"法国名邸"（Les Belles Demeures en France），见证了这一过程。该企业从20世纪70年代开始，活跃在整个国内市场上，包揽了法国大部分城堡或名贵府邸的买卖。2000年年初，菲奥（Féau）房地产集团收购了这家企业。由于豪华型府邸这一高端地产市场很小众，也很隐秘、森严，不可能给出一些统计数据，所以它一直不为人所知。但是，尽管始于2007年的金融危机，打击了城堡交易，但这一市场的价格水平依然坚挺，这就使得共同持有城堡的某一方在收转他的份额时，有时必须支付一大笔钱款。至于作为家族的共有财产的城堡，虽然它当前看起来卓有效益，但是随着同一家族下的子孙越来越多，根据一般规律，也会慢慢消散。

然而，不能把财务问题视为贵族们卖掉城堡的唯一理由。当然，其他社会阶层的炫富，以及大量电视节目不依不饶地嘲讽城堡主在经济上的困难，不仅弱化了把贵族和有钱人混为一谈的集体意识，还使身无分文的贵族形象深入人心。贵族阶层的财富是否真的减少了？托马·皮克提[①]的研究促使人们对这一判断有所保留。诚然，整个20世纪，法国从一个以年金收入为重的社会过渡到一个以高级管理人员为主的社会，也就是说，"从一个年金收入者（持有一大笔资产的人，这笔资产产生的年金能满足他们安逸的生活）在最富有的1%人口中占大多数的社会，过渡到一个收入最高的群体主要是由高薪经理人构成的社会"。但是，贫富差距的降低实际上只能相对而言，原因是"随着由工作收入和由本金收入之间形成的平衡"，法国已经从"一个由超级富有的年金收入者占主导地位的社会"，过渡到了"年金收入者的财富

---

① 托马·皮克提（Thomas Piketty）：《二十一世纪资本论》（*Le Capital au XXI siècle*），巴黎：瑟伊出版社（Le Seuil），2013年，第437页及第541—582页。

已不像昔日那样庞大的社会"。在法国，社会财富在19世纪经历了一次高度集中之后，走上了一条引人注目的分化之路。1910年，在收入分配中，位于最顶端的1%的人口占有60%的社会总财富，位于最顶端的10%的人口则占有90%；1950年，位于最顶端的1%和10%的人口占有的社会总财富的比例分别跌至30%和70%；1970年，这两个群体的财富比例则分别为20%和60%。他们的财富的缩水是两次世界大战以及随之而来的通货膨胀时代造成的，某些法条的制定也有推波助澜的作用，譬如扣留房租。在"黄金三十年"期间，经济增长大大地促进了法国社会个人财富的积累，继承遗产在个人财富中所占的比值则相应地缩减，一个中产的阶级于是应运而生。然而，过去30年来，随着经济增长的放缓，个人财富累积的步伐也减慢了，而继承的遗产相对而言数值变大了。2010年，在个人财富中，继承部分的资产所占比例大约为三分之二，而由储蓄构成的资产才勉强达到三分之一。

在这一总的发展趋势之下，法国的豪门贵胄们受益于手中的两张王牌。首先，依循传统，他们致力于祖辈的投资渠道，即相对于短浅投机，更注重长期的资产增值，所以他们优先考虑不动产。不动产属于安全投资，而且它的业绩和金融市场的运作没有关联。除了投资世代相传的古堡外，他们长期以来还投身于另一个地产领域：巴黎的顶级公寓，这个领域的市场价格在过去20年间不断飞涨。19世纪，当巴黎开发重建的时候，许多名门世家都进行房产投资。由于当时巴黎房产主要是以持有整栋楼的形式存在，所以他们买下了一些豪华名贵的楼房。此外，一些家族在财产继承的过程中，通过划分的方式，聪明地把它们保留了下来。这些由大型公寓组成的不动产，通常位于巴黎最好的街区，比如一区、六区、七区、八区和十六区，而这些街区的房价，不论是出售还是出租，每平方米的价格都是十分昂贵的。这些高端的稀有房产的重要性体现在，它们受到俄罗斯、中国、阿拉伯联合酋长国或者南美的投资者的青睐。而且，由于法国的税则和他们没有关系，所以他们不用考虑随时就能掏钱购买。引领巴黎高端地产的企业，比方说巴尔纳（Barnes）、达尼埃尔·菲奥（Daniel Féau）、埃米尔·加尔森（Émile Garcin）、帕特利斯·贝斯（Patrice Besse）等地产公司，它们的业务在过去20年间欣欣向荣。在这些企业里，就像在苏富比（Sotheby）和佳士得（Christie）拍卖行一样，贵族人士济济一堂。譬如，巴尔纳公司由蒂博·德·圣－文森特（Thibault de Saint-Vincent）领导、美爵集团（le groupe Mercure）由安娜·德·拉索赛（Anne de La Sausay）领导，而布鲁诺·德·圣埃克苏佩里（Bruno de Saint-Exupéry）则是埃米尔·加尔森企业在佩里戈尔（Périgord）①的办事处的负责人。他们都异口同声地说道，尽管经济危机的存在和人们对于税费的担忧，巴黎高级公寓这一特殊的不动产还是一如既往地受到人们的高价哄抢。巴黎这个启蒙思想家的城市，如今已经成为富人的居住地。只要它能继续维持自身的众多优势：它的历史和博物馆、它的生活艺术和文化生活、它既高端又安全的长期投资资源，就能继续吸引来自世界各地的投资人。

那些只拥有经典公寓的贵族世家，即使他们的不动产不具备可以归类为"豪府名宅"的特征，他们也可以在巴黎的地产价格中寻得慰藉，因为这一价格从2003年至2013年，至少翻了一倍。考虑到巴黎地产交易的特殊性，不断减少的房源必须满足强劲的国际需求，所以我们可以认为贵族的财富长时间内不会经历某种缩水。当然，价格的飞涨，尤其是巴黎的房产价格，有时候让人倍感悲哀，原因是它加剧了"遗产的税收重荷"。尽管如此，由于房价惊人的攀升，所以一部分贵族如今很可能坐拥前所未有的财富。这显然是某些豪门贵胄的情

---

① 位于法国西南部的阿奎丹－利穆赞－普瓦图－夏朗德大区（Aquitaine-Limousin-Poitou-Charentes），该地区以它丰富的历史、文化古迹闻名。——译注

形，在20世纪的下半叶，他们就预感到应该放弃他们在乡下的不动产（包括城堡），优先保护和提升他们在巴黎的物业，甚至是在价格低迷的时候扩大这方面的资产。关于贵族阶层在巴黎拥有的房产的研究，如今也许构成了评定他们的财富水平的最佳参考，并因此也成为判断他们经济地位下降、持平或者上升的参考。同时，这一研究也可以建立一个财富等级，而该等级又必然会确定一个全新的贵族级别。这是因为一些显赫的大家族，它们更注重城堡和土地的维护，不再有强大的财富支撑；而其他家族，尽管在历史上没有那么辉煌的声名，但凭着某种更出众的商业嗅觉，把他们在巴黎的房产打理得有声有色，获得了丰厚的回报，他们的富足如今令人非常羡慕。

贵族人士的第二张王牌是，他们拥有的产业在巨额财产税和遗产税上，往往能享受某种程度的优惠。年限超过百年的艺术品资产享受税收减免；至于古堡，按理应该以它们的市值估价，但在实际的操作中，由于特别考虑到它们面向公众开放而产生的公共价值，所以会以一种特殊的方式计算它们的税费，而这实际上主要取决于地方税务部门的好意。此外，需要多代人长期打理的森林，在满足贵族传承意识的同时，不仅能够让贵族家庭收取狩猎费用而带来收益，并且在某些条件下，在计算遗产税费的时候，作为财富税，也可以享受一定的减免。被某些人诟病为"充公的税费"的遗产税，也能大幅度地减少，条件是思维活跃且坚定的父母在他们过世前，在保留使用受益权的情况下通过赠予或财产分赠而优化遗产税的方式[1]，提前把财产传给子女（那些深思熟虑的父母一般都尽量事先这么处置他们的财产）。今天的贵族，已经不再像他们的祖先一样，有一些让人觉得靠得住的管家，他们因而更加认真地打理自

---

[1] 要强调的是，在法国，遗产赠予在过去几十年里，经历了"惊人的增长"；而在21世纪初期，"通过赠予的方式传给后代的资产几乎和严格意义上的遗产一样多"（托马·皮克提，前引书，第623页）。

己的财产。他们很内行，更何况他们还从事理财职业。学会了打理别人的投资，他们也就"懂得必须打理自己家族的资产"（女，1942年）。而且，他们意识到"许多家族由于缺乏有经济头脑的一家之长而导致家道中落"（女，1943年），所以异常坚决地抵御"危及一切遗产的三大危险：民法典、税务法规和荒唐的事情"（男，1957年）。最后，多亏了历史名胜协会的抗争，简化私人古堡继承的立法得以推行，因此在某些税收条款下，古堡的遗产税可以大幅度降低。例如，根据1988年1月5日的法令，在城堡所有人和文化部签署某份协议的条件下，他们的城堡可以享受遗产税的减免，而对城堡的历史或艺术价值构成补充意义的"动产和附属建筑物"也同样可以享受这一减免。对税收减免的受益人，文化部有一些明确的规定，主要包括向公众开放他们的建筑物和不能搬走享受税收减免的动产。2014年，文化部总共签署或审批了110份这样的协议。此外，在2006年6月23日颁布的法令中，另一举措是为私人古堡的继承设立了一项特殊的税收减免条款，该条款下的私人古堡不可转让。如果出于这一条款，遗产受益人必须保有已经归档或登记备案的古堡，那么当税务机构确立遗嘱或赠予文件中的财产的价值时，就应该扣除各种开支，包括条款规定的整个期限内为了对建筑物进行必要的维护而产生的修缮费用。显然，鉴于这些支出的总额，建筑物的价值最后几乎变为零，而这就能减除所有的遗产税。最后，2003年8月1日还颁布了一项新法令①，该法令核准了涉及文化艺术资助的税务条款，这些条款同样适用于私人古堡的保护和修

---

① 根据2003年8月1日颁布的法令：企业向公益事业组织捐赠，在税收上可以享受的减免额为捐赠金额的60%，但最高不得超过它们营业额的5%，如果减免额度超过这一上限，那么减免的税额将分五年返还；个人向公益组织捐赠，在税收上则可以享受的减免额为捐赠金额的66%，但最高不能超过他们应税收入的20%。另外，这一法令还简化了公益事业的成立手续。

缮。预算部准许历史名胜协会和私人业主签订一些资助协议，以便建立捐赠基金。而这也是由2008年8月4日颁布的法令[1]确立的新融资工具。通过开放个人收入税收减免的权利，这样的融资工具能够获得赞助资金。如此一来，私人业主也可以在城堡的修复工程上得到资助。2014年，历史名胜协会和私人城堡主签署了66份赞助协议。

"修缮一座城堡"往往要求遗产继承人"不仅有能耐，还要有某种经济基础"（女，1942年）。因此，历史名胜协会不厌其烦地强调，古堡的维护成本高昂得令人望而生畏，它构成了业主变卖城堡的主要原因。但是，这也许还有其他解释。

遗产继承人前所未有的思维模式是否意味着领地的终结？

在当前的任何一个家庭里，无论是否是贵族家庭，命令在教育中只不过是某种可以伸缩的或者可以协商的要求。尽管遗传学上社会内容从根本上说，并没有受到质疑和排斥，但从今以后，由于从属于某个群体而接受的价值体系、行为准则和责任等，都服从于个人意志。父母们不得不接受，他们的规定受到认可的唯一条件是顺应了每个孩子的爱好。而影响城堡代代相传的危机根源，就存在于这一社会的、精神的和文化附属感的弱化之中。

如今，承担接管家族城堡责任的新一代继承人，每当他们意识到

---

[1] 2008年8月4日的法令规定，捐赠基金以协会的形式成立，并以基金会的方式融资。正如基金会一样，它们受益于非营利组织适用的税则（所以它们不用缴纳商业税）。而且，所有的捐赠者也受益于针对个人或企业赞助的税则：同意某个赞助基金为其捐赠受益方的个人，在税收上享有的最高减免额为他向基金注入款项的66%，上限不得超过应税收入的20%；而企业在税收上享有的最高减免额则为它向基金注入款项的60%，上限不得超过营业收入的5%。

一座如此巨大的建筑物意味着一项毕生为之努力的工程，而且摆在这项工程面前的是一些时常和他们的志向背道而驰的选择与放弃时，就不再隐藏他们的犹豫。他们往往由于辛苦的职业生涯而疲惫不堪，所以他们借口说需要沙滩、阳光以及真正的假期。这些在一座缓慢运作的城堡里是无法寻得的，对一个城堡女主人来说尤其如此。

因为我的丈夫喜欢家里热闹，所以我们的府邸总是门户大敞。夏天，我家里的人数就像一个真正的手风琴一般伸缩不停：城堡里至少有 12 个人，至多可以装得下 25 个人。由于我经验丰富，而且非常有条理，在我全力以赴的工作下，家里运作得十分顺畅。买菜做饭是我的工作：早上九点的时候，一日三餐就已经安排妥当。除了那些看到我包揽了一切的儿媳之外，没有人对我有任何质疑。为了让我的孙子们帮个忙，我必须得追着他们跑，譬如要去树园子里找他们，这可就像一次远征……我们把城堡分成不同的区域，以便我们的四个孩子每个人都有自己的空间。此外，我们还有另一块足够大的地方，可以容得下两家客人。每一块住处都有一间给父母住的主卧，两间儿童卧室，一间浴室和一个洗手间。家里有几个厨房，但是他们都不是特别想使用……每次，我们的一户家人离开之后，我们都得花上三四天的时间来收拾他们的区域……此外，我们生活在一个来访客人非常多的地区，所以肯定要接待来客，这很愉快，但也很辛苦。圣诞节的时候，由于我很喜欢节庆，所以我们总是欢聚一堂。家里人数多得就像英格玛·伯格曼（Ingmar Bergman）的电影《芬妮和亚历山大》（*Fanny et Alexandre*）①里的一样……我丈夫和我为此而完成

---

① 伯格曼众多电影中人物最多、情节最复杂、规模最大的一部家庭纪事片。——译注

的工作让我几个儿媳既气馁又忧心忡忡。她们不愿意接管城堡，尽管大家都羡慕城堡的女主人，但是这样的光环对于她们而言犹如头上的紧箍咒，会要了她们的命。（女，1942年）

城堡里的家佣大军在各种社会费用下消失了。现在，不仅员工成本高昂，而且员工招聘也困难重重。当今的年轻人常常无法把打理城堡与信念及权威这一混合体联系起来，然而唯有这两种力量才能保持城堡稳定和高效地运作。

一座城堡对于一对年轻夫妻来说还是太沉重了，即使他们会很有钱。因为一座与其声名相称的家族府第意味着诸多束缚。雇工不好找，费用又高；而且，当雇到人并委派工作时，还必须要事事上心。以前，家里的女主人操持诸多家庭事务；现在，年轻的妻子已经不再理家了。当然，昔日的女主人有很多家仆，但是她都管理得很好。她主持饭前或饭后的沙龙，但是她们一整天也在想着许许多多理家事宜，以便一切都尽善尽美。现在，年轻的妻子大部分时间都很邋遢：地上丢的到处都是东西，床铺从来就不整理……年轻夫妇的杂乱无章很吓人。对于他们而言，生活就是工作、旅游和见朋友，家里乱得一团糟也是无所谓的。在这样的生活习惯之下，怎么能期待他们打理一座城堡呢？（男，1932年）

此外，摆在城堡所有人面前的还有许许多多时间上的束缚和精神上的负担：安装一套防止小偷的安防监控系统；时时刻刻警惕周边无处不在的噪声或视觉污染；精通各种关于古迹的法规；无论是在工程项目的管理上，还是在劳动法、保险或者税收上，都要变得越来越专业。向公众开放城堡又进一步加大了束缚感：节日必须有节目安排，这在如今对于招徕游客而言必不可少；还有，家庭生活的自由尤其受到限制，孩子们不能穿着泳衣在花园里跑来跑去，饭厅和客厅必须在下午两点开始的第一批游徕前收拾干净。最后，年青一代无法忍受父母们依旧遵循旧的社会习俗，尤其是必须和"邻里"保持友好、团结、互助，也就是说应该在做完弥撒后和邻近的城堡主说上几句友善的话，经常互相拜访，并不时给他们寄一张喝下午茶的请帖。由于现在的年轻夫妻总是没有时间，所以他们只愿意用自己决定的休闲活动来填充他们的假期。而且，他们认为一些社交活动徒劳无益，拒绝受到这些活动的烦扰。他们更喜欢和家人独处或者和朋友相伴。

把一座城堡传给后代，这意味着把努力奋斗的理念和传统的生活方式传扬下去。当前，四十多岁的贵族把他们的注意力和精力投放在其他目标之上，这说明了许多家族正在遭遇的困境。贵族们的教育不仅要求他们要忠于家族的传承，还把扎根于祖辈的土地上的文化强加给他们。但是，他们憧憬——如同他们的父母一样——高收入的职业生涯，而这样的职业一般都意味着从自身的群体中剥离，脱离让他们有归属感的文化背景。在著名商校内的学习生涯培养了他们对于高薪职业规划的野心，而为了实现这样的职业生涯，即使离开法国甚至是欧洲，也没有什么关系。虽然他们对于家族延续这一概念并非无动于衷，然而在当前经济形势朝着全球化发展，以及城乡差距不断扩大的背景下，国内的空间逐渐不再是他们自然而然的偏爱了，对于土地的迷恋在他们看来也变得陈腐不堪。所以，当他们出于萦绕心头的某种成功逻辑而渴望拥有国际化的职业生涯时，如何能强求他们把拯救祖先的土地当成头等大事，更何况这块土地既不再产生财富，也不再带来尊敬和尊严？对于他们而言，家族的土地在他们日常事务的版图中，已经不再是某个维系情感或想象的据点了。此外，这片土地还意味着在金钱、时间和精力上令人恐惧的付出或允诺，他们再也看不到其中的合理性。因此,他们渴望在异乡以不同的方式找到他们在社会中的位置。他们最终在这样一份财富面前退却了,尽管这曾经是"庇护了祖先的屋檐"。这样的屋檐需要人们时时刻刻做好修缮意外损毁的准备,譬如"从上次那场狂风刮走了的瓦片到由于窗户大开而导致的家里进水"(男,1957年)。如此一来,当他们放弃扮演"接班的继承人"这一形象或承担"接班的火炬手"这一义务时,我们又怎么能觉得震惊呢。相对于一座昔日的休闲古堡,他们更喜欢一座海边的别墅、一栋山里的木屋或者一处类似农舍的乡间住宅。尽管他们的父母或祖父母为了修建和维护一个游泳池而花了一笔不菲的费用,但是大部分的城堡都难以和科西嘉、雷岛、巴斯克和马拉喀什地区(le Pays Basque et Marrakech)的相媲美,因为"这些地方的魅力显然与众不同"(女,1942年)。

在我曾经生活过的年代,这些府邸依然有些许功用:夏天的时候,它们把所有的堂兄弟表姐妹、他们的女佣、教授他们拉丁语的神甫、他们的家庭老师等全都汇聚到一起,就像在19世纪时一样。要装下那一大批随从的人员,那真的必须有一个庞大的木板房。在××城堡里,我们的生活不像这般奢华,因为我们的府邸没有这样的派头,不过我们的家庭底子还是很厚实的。我有过负责种菜的佣夫、厨娘、管家、收拾房间的女工、一个车夫……而我奶奶在世的时候,家里的人手是我那会儿的三倍之多,她还花费巨资修复了所有的屋面和外墙。夏天的时候,她的一大家子人都来度假,而且,在战争期间,所有生活艰难的亲戚都来投奔她。她养活了许多乡下人,因为那时候我们在村里不仅有一些房产(家里以前的仆人就免费住在里面),还开办了一些学校。无须说,我们后来很乐意把房子和学校都捐赠给教会。

那已经是另一个世界了，我目睹了这个坍塌的、残留的世界。如今，它已消亡。现在的孩子们到处跑，如果他们在某个地方待上半个月，那可是件令人惊讶的事。他们的父母没了雇工，不再坚持像疯子一般不顾一切地在一所大宅子里忙碌。他们几乎不回城堡居住了，但是他们耗费在城堡上的钱财甚至是他们花在整年居住的公寓上的十倍。（男，1941年）

城堡，让人有归属感的地方？如今孩子们再也不回来了，所以它已经不再是这样的一个地方。一个老妇人孤独地生活在她的城堡里，孩子们每年回来两天探望她，这在现在是极其常见的。如果说我卖掉了××城堡，那是因为我没有接班人，也就是说某个既有时间和经验、又愿意像我一样几十年如一日地为了这份长期而艰苦的工作继续努力的继任者。城堡依旧能给人带来某种满足感，也仍然象征着财富和社会地位，但它已经不再是一处家族的府邸了。（男，1932年）

当然，在众多的名门世家里，延续家族城堡的坚定想法依然毫不动摇。这里面有许多是上了年纪的城堡主，他们继续"奋力打理"上一代人留给他们的家族产业。这一份产业，从屋顶到厨房或马厩等附属建筑，他们都精心维护。如果城堡向游客开放参观，那么他们还负责接待来访的客人，为此付出了大量忘我的工作。他们还亲自完成一些以前他们的父母委派给家仆或佃户做的活计。此外，他们舍弃一些出行，有时候还会陷入日常生活的苦恼里。他们这么做是因为他们坚信：保存祖先的府邸，并把它传给后代属于某种精神上的职责，而这种职责又是出于对家族府邸这一象征符号的敬重，它代表了家族的社会地位以及家族在某一块土地上的悠久历史。不过，对于未来，他们并不抱有幻想。他们当中越来越多的人承认，城堡所体现的情感内涵比以前降低了，他们的孩子将拒绝对城堡进行必要的"金钱、体力和脑力上的投资"（女，1942年）。实际上，年青一代"对城堡已没有需求"（男，1956年），而且也不再认为它是一份不可剥夺的遗产。即使他们在完成优秀的学业后能够维持富贵人家的生活排场，他们宁愿把钱花在其他地方，也不愿花在城堡上。

  每个星期去城堡看一看那里有什么事，他们的脑海里已经没有这样的想法了。如果他们为了玩风筝冲浪①而去圣多米尼克（Saint-Domingue）住上八天，那么所花的钱显然是不会花在城堡上的……他们已经有了另一种生活方式，一种越来越背离家族产业的美式生活。如果他们的父母或祖父母还在打理家里的城堡，那么他们会去那儿，但是他们自己会担负起这样的工作吗？当今的职业工作非常辛苦，竞争性也很强，所以很难要求他们致力于这项巨大的差使。在我身边，我看到的都是一些聪明、工作努力、成功、有儿有女、家庭和美的男士，但是他们没有继承家业的愿望。如果他们关注自身的工作，那么他们还会有足够的时间和精力去管理一座城堡吗？这需要付出的努力太多了。而且，他们能够做的事还是有上限的。他们若有男性的子孙，那么家族的姓氏就会一直流传下去，但是和城堡已经脱离了关联；他们若成为企业领导，那么他们将一如既往地显示出卓越的品质，而这种品质是贵族的本质特征。（女，1943年）

  ××家族在萨尔特省（Sarthe）②的××城堡非常漂亮。他

---

① 风筝冲浪（le kitesurf），法语翻译为"滑翔板"（planche volante）或空中牵引飞板（planche aérotractée），是一种由风筝牵引冲浪板在水上滑行并拉起飞翔的运动。
② 萨尔特：法国卢瓦尔河大区所辖省份。——译注

们出售这座城堡不是因为钱（他们的一个儿子就娶了一个钱袋子），而是没有一个孩子愿意继承这一产业。所有的孩子都说"没门"（原文为英语：No way）。城堡是一项过于沉重的负担，这让他们感到厌烦。在此情况下，两个老人更愿意卖掉城堡并在生前把钱财平均分给子女。（男，1971年）

同样，深信从今以后城堡和当今的现实"无法调和"的父母们，最终不得不承认把城堡传给后代成为一种不现实的挑战。为了自我安慰，某些父母倾向于客观地看待这一传承的中断，并强调传承的本质在别处：

> 诚然，19世纪和20世纪的贵族非常迷恋土地。但我不确定16世纪、17世纪或者18世纪的贵族对土地是否也有这么深厚的感情。最重要的是家族的姓氏。那些真正功成名就的贵族并不关心家族的城堡，他们最关心的是如何变得更有钱，然后给自己再建另一座城堡。故事往往是这么反复书写的：大多数城堡的建造是为了树立社会地位、打动人心，以及宴请宾客，而非一定要传给后代……另外，留给后人的财富不只是房子，那里还有对前人的追忆。我应该留下什么，是那个独脚小圆桌，还是家里的城堡？是否为了留住城堡而卖掉它里面的家具，还是相反？重要的是保留我们能够留下的东西。当一个家族必须卖掉它的城堡的时候，若为了留住家产而在某一过长的时间里努力挣扎，这就更悲惨了，因为在卖掉城堡之前，它就自我毁灭了。（男，1974年）

越来越多的城堡所有人在"与困难作斗争"之后，拒绝"为了外物而牺牲个人，或者把房子凌驾于个人之上"，并强调一座城堡"从来都只是一样东西，尽管它有很多的象征意义"（男，1932年）。他们决定不再"固执于推迟必将发生的事情的期限"。他们中断城堡代代相传的古老传统，虽说他们只是以保管人的使命获得这一家产。他们深信在他们死后，家庭内部的争斗将公开化，于是他们往往会当机立断。

  这些府邸是一些延时炸弹，对于必须捍卫的家庭团结而言是一种危险。有些家族在家产继承的时候破裂了。有鉴于此，我们在认真考虑，把我们的四个孩子都不想要的城堡脱手。（女，1942年）

  每个人都害怕"文化上的战争"。一些破裂的家族展示了这样的战争场面：挣钱多的孩子不乐意把钱投在城堡的高维护费上，况且他们几乎不回去住了；没有充足财富去继承城堡的孩子却紧紧拽住城堡不放，因为出售城堡的收入似乎又能补偿他们失去的社会地位。市面上出售的城堡数量的上升，从某种程度而言，就是不再抱有幻想的老一代人提前筹划的结果，他们更愿意在过世前和子孙们一起分享出售城堡的款项。1999年3月，埃马纽埃尔·勒鲁瓦·拉迪里（Emmanuel Le Roy Ladurie）[①]就我的作品《城堡的命运》（*La vie des Châteaux*）——一部关于当代法国城堡调整和转型战略的著作——在《费加罗文学周刊》（*Figaro Littérature*）上发表了一篇名为《失控的法国城堡》（"Les châteaux de France à la dérive"）的长文，文章有预见性的结束语不无幽默：

  唉，醒醒吧，法国……请你给这些上流社会的男人和女人伸

[①]　埃马纽埃尔·勒鲁瓦·拉迪里（1929年7月19日— ）：法国著名史学家。——译注

出援助之手吧。失去了你的援助，你的哥特式的建筑、巴洛克风格的建筑、新古典主义的建筑都会逐渐消失殆尽。所以，请你设想一下自己处在克林顿的阿肯色州和第一批英国清教徒移民驻扎的马萨诸塞州吧，那里的人文遗产环境几乎不值得羡慕。当然，这是两个美丽的地方，可是它们那儿若有壮观的府邸，也只不过是一些苍白的复制品，而原创的作品好歹还在阿基坦（Aquitaine）①、多菲内（Dauphiné）②、法兰西岛（Ile-de-France）③和诺曼底绽放。

《费加罗文学周刊》发行量很大，而这一期又在书展（Salon du Livre）上免费派发，所以这篇文章在城堡业主的小圈子里引起了高度关注。某些人对文章流露出的悲观感到不快，以至于历史名胜协会时任主席布勒特伊侯爵（le marquis de Breteuil）将反对关于我著作的一篇简述登在协会的杂志上，借口是它在一次地方代表的大会上造成了很大的骚动……15年后，法国城堡的失控就在眼前。一座又一座见证了法国历史的古堡都被甩到了市场上：布丰·布塞家族（les Bourbon Busset）卖掉位于阿列省的布塞城堡；马耶家族（les Maillé）卖掉位于谢尔省的谢尔河畔新堡（Châteauneuf-sur-Cher）；尼古拉家族（les Nicolaÿ）卖掉位于卢瓦雷省的马勒塞布城堡（Malesherbes）；撒布郎－庞特维家族（les Sabran-Pontevès）卖掉位于沃克吕兹省的安苏伊城堡（Ansouis）；萨瓦利·德·博尔加家族（les Savary de Beauregard）卖掉位于德塞夫勒省的德丰城堡（Deffend）；夏布里昂家族（la famille de Chabrillan）的子女卖掉位于索恩－卢瓦尔省的迪戈因城堡（Digoine）；波梅洛家族（Pomereu）卖掉位于滨海塞纳省的多博夫城堡

---

① 阿基坦：法国西南部的一个大区，拥有大量历史悠久的名胜古迹。——译注
② 多菲内：位于法国东南部，以其历史文化而闻名。——译注
③ 法兰西岛：法国的一个大行政区域，以巴黎为中心，俗称为大巴黎地区。——译注

(Daubeuf);而分别位于卢瓦尔 – 谢尔省、萨尔特省、埃松省的特鲁塞城堡(Troussay)、蒙米拉依城堡(Montmirail)、马莱城堡(Marais)也正在市面上出售……2005年,雷奥城堡的出售在城堡主的小圈子里引起了骚动,骚动的程度和它的所有人在媒体上的曝光度成正比:

> 我们在历史名胜协会内部造成了一场地震,原因是我们开创了先例。开始的时候,他们钦佩我们高价(230万欧元)售出城堡的勇气。随后,他们却说我们带来了恶劣的影响,因为我们开启了一个新纪元:从今以后,人们可以卖掉他们的城堡而无须哭哭啼啼或被强烈谴责。现在,免于出售的城堡要么属于那些仍然非常富有的家族——除了他们的城堡之外,他们还有巴黎的公寓和很好的理财资产——要么属于那些没有勇气把他们的城堡脱手的家族,但是他们的孩子将来会卖掉的。愿意打理一座城堡的儿媳妇,我可不认识几个……冷静、不动感情地卖掉城堡,我们在二十年前就预料到了。[①]

事实是,海底涌起的巨浪向前推进,带来了毁灭性的后果。2014年6月,让·德·朗贝尔蒂在历史名胜协会的杂志上写道:"未来几年,在法国那些规模最大的私人古堡中,大约有五百座无人继承。"名门世家的财政问题不是这一现象的唯一因素,因为出售城堡从逻辑上而言并非意味着它们家道中落。相反,越来越常见的是年青一代对于继承城堡的冷淡态度,这一因素本身就能解释业主们出让城堡的决定。吉斯莱娜·德·盖尔杰居(Ghislaine de Kerjégu)[②]在她的回忆录中,回忆

[①] 和弗洛伦丝·古比尔·德·布耶的访谈,2011年2月17—18日。

[②] 吉斯莱娜·德·盖尔杰居(Ghislaine de Kerjégu):《西部和南部:一个世纪的笔录和回忆》(*Ouest et Sud. Notes et souvenirs d'un siècle*),作者自费出版,2013年,第87—93页。

了她1964年结婚之后，前往婆家位于阿摩尔滨海省的比昂纳西城堡（Bianassis）期间目睹的城堡生活。当时，许多豪门贵府"以我们如今再也见不到的隆重而又直率的"方式接待了她。在洛尔治城堡（Lorge），拉尔让代夫妇（les Largentaye）组织了围猎：打猎之后是在城堡前给猎狗分食的活动和冷餐会，而冷餐会上的牛肝菌则盛放一些在带有鸟饰锅盖的银制小圆筒锅内。至于保罗·德·罗比安（Paul de Robien）的府邸罗比安城堡，由于他的姐姐为了不破坏古堡的灵魂而把里面的一切都留给了他，所以当时那还是一座保持完美的府邸，里面的家具也十分阔气：画作、挂毯以及在有晚宴的晚上铺放的缎纹桌布（上面印有德·罗比安院长①的徽章）和精美的银餐具……半个世纪以后，多少城堡被置之不理！建造了城堡影响了城堡历史的簪缨之族的后人对城堡失去了兴趣。所以，它们变得岌岌可危，犹如那些"眼睛失去了神采而死气沉沉的雕像"②——那些失去了像陶瓷般明亮的眼珠的古代雕塑。

　　一位酒店所有人买下了洛尔日城堡（Lorge），他还拥有一家瓷砖企业，所以他在城堡内部的某一处铺上了瓷砖！罗比安城堡关闭了，因为侯爵夫人去世后，她的四个女儿和她的孙子们找不到解决方法。亨利·德·圣皮埃尔（Henri de Saint-Pierre）在双亲过世后保留了一阵子博马努瓦城堡（Beaumanoir），但是之后就把它卖给了一个俄国人；特雷布里城堡（Trébry）卖给了德国人；雷萨勒城堡（Les Salles）现在是森林管理工会的总部；拉

----

① 克里斯托弗·德·罗比安（Christophe-Paul de Robien），又称德·罗比安院长（1698—1756），历史学家、博物学家和艺术品收藏家，曾任布列塔尼法院院长。
② 列维·米尔普瓦公爵（Duc de Lévis Mirepoix）：《贵族》（*Les Aristocrates*），由米歇尔·德·圣皮埃尔（Michel de Saint-Pierre）作序，巴黎：圆桌出版社（La Table Ronde），1962年。

维尔·古里奥城堡（La ville-Gourio）变成了高尔夫球俱乐部，它的附属建筑物则被改造成夜总会。由于没有了对古堡感兴趣的子孙，再加上维护费用高昂以及售卖城堡渐成风气，还会有多少其他城堡也步上同样的道路呢？[1]

1987年，萨布朗·庞特维公爵夫人（la duchesse de Sabran-Pontevès）写道："对于姓氏的威望而言，留住故土是必不可少的。"[2]根据这一信条，家族和城堡之间的长久联结与其社会地位的维持互相影响，所以这一联结属于某一不可推卸的责任的范畴。然而，这个信条如今已坍塌。在多个世纪里，城堡和家族风雨同舟。它们之间联结的断裂打碎了家族遗产的概念，因为这个概念是建立在延续性原则之上的，它意味着保管继承下来的遗产，以便把它完整无缺地传给后代。城堡和家族关系的断裂同时还打破了贵族群体历来所维护的身份归属和土地之间的关联。某位贵族在族里兄弟姐妹中的自我描述形象地说明了这种关联："我是××家族××城堡支系下的子孙。"

当我的祖父母结婚时，我的祖母把他父亲在布列塔尼留给她的所有家产和她丈夫在阿列（Allier）的财产整合在一起：他们整年都在两座城堡、两座小庄园之间来回走动。出于低俗的财政上的因素，我父亲把位于阿列的××城堡卖掉了。他当时一筹莫展，彻夜失眠，本来就没剩下多少的头发还在脱落。其外，××城堡非常庞大，而且又远。它可不是那种距离巴黎一百公里、舒适的、迷人的小城堡。爸爸对我说："我可怜的孩子，如

---

[1] 吉斯莱娜·德·凯尔杰居，见前引书，第176页。
[2] 萨布朗·庞特维公爵夫人：《龙生龙，凤生凤》（Bon sang ne peut mentir），巴黎：让-克劳德·拉岱出版社（JC Lattès），1987年，第295页。

一座城堡内部的客厅陈设

果我不能找到一个足够疯狂的人以有利于我们的价格买下它,那么将由你来卖掉它。不过,你卖掉的将是一座破败的城堡,不以超低的价格就无法卖出的城堡。"他是对的。一对荷兰夫妇,即通常说的"新贵",买下了城堡,当时我们非常高兴能找到这一买家。城堡没给他们带来好运,一年后,他们离婚了,并把城堡转卖给了意大利人……至于城堡里的家什物品,我们留下那些我们能存放在别处的物件,剩下的则分给兄弟姐妹,或者卖掉。另一座位于布列塔尼的城堡则被烧毁了。在几年的时间里,每个假期我也一样地在两座城堡间来回跑动。如今,两座城堡都没有了。我一想到这些,就有点沮丧。我们留下了海边的两处小府邸,它们迷人、讨人喜欢、舒适,但这不是同一码事。(男,1971年)

古堡继承这一史无前例的危机还带来了另一后果：城堡内部物品的流离失所，这让人有时觉得年青一代对那些充满回忆和故事的物品已经失去兴趣，以至于他们会错过那些有助于传递家族精神和生活准则的标志物。

> 人们也许会害怕，一旦失去了城堡，那么一切将瓦解：家族的物品被卖掉，各种银餐具让人头大，因为必须不断地擦拭，生活方式和礼仪都变了……（女，1930年）

事实是，"记忆的清除"没有放过任何东西：五斗橱、书桌、蜗行脚小桌、叠橱式写字台、座钟、挂毯、画像、银器、餐具、日用织物、照片、文献。变卖掉的物品可以一一列举如下：奥尔良家族的照片、好几代马耶公爵的文献、罗昂家族的文献、让·拉纳元帅（le maréchal Lannes）的文献、杜拉斯公爵夫人（la duchesse de Duras）的文献、吕内家族的一部分藏书，以及位于安德尔－卢瓦尔省的布塞城堡（Château de Boussay）的一部分的珍藏，里面汇集了法国第一份报纸的创办人泰奥弗拉斯特·罗诺多（Théophraste Renaudot）的家族手稿和文献，以及好几代维尔讷伊侯爵（les marquis de Verneuil）和莫努侯爵（les marquis de Menou）的手稿和文献……在艺术品市场上出售的具有重要价值的物品和文献，它们保全下来的可能性非常大。但是，一旦散落在外，无论是对于原先的家族、还是对于历史学家，就很难再查找或查阅，因为它们只属于艺术爱好者这一小群人了。更为严重的是，清空一座府邸常常伴随着私人日记或信件的销毁。尽管这些史料对于重建家族的历史来说非常重要，可是人们认为它们价值低微，本能地认为它们是次要的，甚至没有意义、没有市场价值，所以往往忽略对它们的整理和保护。由于它们的私密性，历史学家对它们会特别感兴趣。那些没有好好保管或整理家族史料的家庭担心，里面会隐藏着一些内容，影射家族的不幸或家族想尽力遗忘的事件。与此同时，私人日记或信件这些具有个人自传性质的史料，也是在对各种遗产的处理中最有可能被遗弃的，它们往往是第一批被销毁的东西。对于它们来说，最好的结局是，像那些具有很高商业价值的物品一样，散落在不同的地方。如果它们能幸存下来，那纯属偶然；一般不是被搁浅在旧书店或跳蚤市场，就是被堆放在拍卖厅里（经常是从那些标了价的著作或文档中抽取出来的）。在这些被廉价甩卖的旧纸残页中，飘荡着一股落败的气息。

从此以后，在贵族的发展史上，出现了一个前所未有的问题。如果贵族"离开土地"，扎进国际化的开放空间①，从而失去了土地的根基，而对这一根基的保留却符合某一基本目标：维护家族的记忆和沿袭下来的习俗；那么，他们将如何留住他们最重要的优势？如今，贵族人士对这一问题念念不忘，具体表现是不少年轻的夫妇热衷于在家族长期生活过的地方买入一栋府邸或一座旧的农庄，并尽力把它们"打造得十分气派"，有的夫妻甚至还买下了一座小城堡，尽管他们比谁都更清楚其中的诸多不便。他们这样做，是因为他们想给自己的孩子们重新营造出他们曾经在其中长大的生活环境，但这一环境不似之前那么奢华，然而更真实。这表明他们意识到：祖上留下来的府邸是情感联结之地，是手足情深的港湾，是庇护家族身份的地方。实际上，祖屋有利于多代同堂，并能促进和加强亲人间的关系，即便是远亲。因此，它在历史传承和维护身份归属的认知上起到了不可替代的作用。

---

① 原文为英语 open field。

第四章

传承的挑战

Les défis de la transmission

贵族越来越重视历史文化遗产的传承,他们当中最关注这一传承的人士甚至发起了一些行动。首先是成立家族协会,这类协会把同一祖先下的后代重新团结在一起。它们不仅有助于维护家族的精神,也有效阻止了家什物品和文献的散落。所有的这些东西不仅捍卫了家族世世代代的历史,也见证了家族的辉煌。[1] 在法国贵族协会的倡议下,尤其是在对家族协会

---

[1] 详见《家族协会:如何保护家族遗产》(*L'association de famille ou comment préserver un patrimoine familial*),巴黎:法国贵族互助协会出版社(Association d'entraide de la noblesse française),1997 年,最新版 2013 年;克劳德 – 拿破仑·德·梅内瓦尔(Claude-Napoléon de Méneval):《抵御家族藏品的散落:家族协会》("Contre le démembrement des fonds: la société de famille"),详见让 – 皮埃尔·巴普龙(J.-P. Babelon)和弗朗索瓦·特雷(F. Terré)主编的《代代相传的文献》(*Les Archives au fil du temps*),巴黎:佩林出版社,第 171—175 页。

在法国的发展起到了决定性作用的梅内瓦尔男爵（baron de Méneval）和已故的乔治·德·马勒维尔（Georges de Malleville：法国《民法典》的某位编纂人的后代，他本人也是家族法规的权威律师）的倡议下，这样的协会在20世纪90年代以后大量增加。到了2000年，它们的数量就已经达到了25个。2014年，有34家家族协会团结在法国贵族协会的旗帜之下。

贵族人士发起的另一项活动主要与家族文献有关。1979年1月3日的法令保证了家族史料所有人的权益。"他们的所有权是绝对的：他们有权分拣、销毁、赠予或出售他们所拥有的全部或部分资料。未经他们许可，任何人不得查阅。"所以，在这样的史料上，历史学家没有任何权力。他们只有在和史料所有人建立起了信任的合作关系后，才能查阅；授权的查阅一旦结束，他们可能还要封锁信息，尤其是在出版的时候。另外，家族史料的收藏硬件历来都很一般。当然，会有成捆的资料存放在无可指摘的地方，比如装在结实的纸箱内，或者统一归放在某间大书房的大书柜里。然而，更常见的是，它们被随意处置，堆放在满是灰尘的阁楼里，暴露在湿热的空气中。所以，对于家族史料，最常见的问题是既无细心整理，也无登记造册。

2000年，关索纳侯爵（le Marquis de Quinsonas）成立了法国私人文档保护协会，该协会把注重收藏和保护家族史料的名门贵胄聚集在一起。2002年的时候，持有家族史料的会员人数就达到了171位。如今，协会总共有200名会员。它的目标，一方面是提醒保管人重视他们的史料，并强调史料保护的必要性；另一方面是指导家族整理、保存和承袭自己的史料。该协会有两个重要的优势。一方面，它在咨询指导上，秉持着务实的原则，这一原则是必不可少的，因为每个家族的情况以及他们的家族遗产各有不同。另一方面，它遵循保密的行动准则。从定义上而言，家族史料属于私人生活的领域，因而它们的所有人不信任官方的工作人员，这些人历来给人的印象是专横、好管闲事的。法国私人文档保护协会有助于创建一种信任的氛围，尤其是签署文档的保管合同时。在这方面，它有很大的影响力。在接下来的几十年里，也许会有许多私人文献进入国家收藏系统。贵族人士担心祖上传下来的府邸不再把持在子孙的手里，这实际上促使他们着手寄存手上的家族文献，或者把它们捐赠出去，以免散落失传。另外，法国私人文档保护协会支持一些重要的文献划入有历史纪念意义的遗物之列。这对于那些没有寄存的家庭史料尤为重要。实际上，当它们被列入了有历史纪念意义的遗物，它们就能享受到类似于针对家什物品的保护：它们不能被销毁，不能无限期地输出，也不能受到任何的改动或篡改。这样的保护非常重要，因为如今家族史料的情形是：它们的市场价格，特别是亲笔信件和照片的市场价格，日益上涨，这一方面刺激了人们挖掘并变卖名人的信件，另一方面则造成了家庭相册或画册的残缺不全。

如果家族文献不能归入有历史纪念意义的遗物之列，那么大家希望看到的是私人文档保护协会支持所有人尽可能地利用"家族财富"这一概念。如今，法律原则认可这个概念，而它则追溯至20世纪70年代的梅内瓦尔家族的诉讼一案。该案件的争端在于一批可能被变卖的信件之上。这是一批非常重要的信件，既有拿破仑一世和他的皇室成员写给他的一等秘书梅内瓦尔男爵的亲笔信，也有男爵自己写的家信。在男爵的家信里，他不仅写下了他见证的历史事件，也提到了和皇后玛丽-露易丝（Marie-Louise）有关的各种信息。所有的这些文书都经过了一位专家的估价，它们的价格非常高昂。"根据1971年6月9日的一项决议（1973年5月30日巴黎法院的一项判决核准了这一决议），法庭的全体审判员认为这一整批一直保存在梅内瓦尔家族中的信件构成了一笔家族财富，但这一笔财富的精神价值高于它的商业价值。依此决议，他们判定这批信件以保管物的名义例外归属于家族的族长，并因而禁止出让。"[①] 从此以后，每当某个家族爆发诉讼争端，法院就会援引这一判决。它非常重要，因为它把精神价值，也就是历史价值，置于商业价值之上。它确定了文献遗物构成一项"例外的遗产"，也就是说，不受到一般法规的管辖；也确定了文献遗物作为一项特别的财产归属而不能分割。我们只能希望越来越多的藏品成为"家族财富"，从而享受例外的法律地位。实际上，只要存在不和，它们就是不可分割的遗产，因为它们是家族所有成员共同拥有的财富，并且由所有的家族成员一起决定它们的存放地点和它们的保管人。任何人都不能独自拥有、变卖、遗赠家族史料，这样才能很好地保证和维护文献的完整性。"家族遗物"这一概念并不仅限于文献史料，它还可以引申到物品和画作之上，前提是它们和家族的历史紧密联系，而且它们要有很高的情感价值，更何况它们的商业价值已经很高了。总而言之，这一切的目标在于：避免在每一次继承转让过程中家族藏品的散落流失，保护它们作为一个整体而存在，其中的各个部分得以相得益彰。

贵族家庭出售的城堡越来越多，这促进了一类新兴业主的飞速发展。那就是所谓的"新城堡主"或"首次购买城堡的业主"，他们来自社会各界：金融业、司法界、新兴科技领域、影视界……无论他们是银行家、企业主、电视制作人，还是艺术品经纪人或拍卖人，他们的购买动力通常是出于对古堡的热爱，不过也出于他们对投资多元化的重视，而且对于那些在法国纳税的购买人而言，还出于可能享受城堡修缮的税收减免权益。但是，他们会从这一购买中获得什么样的符

---

① 见前引书《家族协会：如何保护家族遗产》，第13—14页。

号优势呢？19世纪的时候，请人建造或修缮一座城堡非常流行，因为这是社会地位的一个标志。当时，无论是在工业领域还是金融领域发家致富的有钱人，都通过发挥封建城堡这一权势符号的余韵，把他们的成功注入土地之上。他们一旦买入了这一保障声名的建筑物，就努力模仿当地贵族圈子的生活方式，指望有朝一日融入其中。然而，到了21世纪，就像社会学家米歇尔·潘松（Michel Pinçon）和莫妮克·潘松－夏尔勒（Monique Pinçon-Charlot）在作品《城堡和城堡主：停留在世纪流逝中的符号》（*Châteaux et Châtelains. Les siècles passent, le symbole demeure*）中的断言一样，这样的社会赌注是否还有实实在在的意义？从法国君主时代流传下来的贵族生活方式，要求城堡主们在巴黎和乡下轮流生活。通常说来，这样的生活如今和年青一代的想法已经不吻合了。"好的名声"这一和城堡联系在一起的概念也弱化了许多。新的城堡买主们对它是如此无动于衷，以至于他们一般说来已不再做任何努力，以便和附近的城堡主建立友好的关系。他们也没有流露出渴望吸收贵族的行为举止或社交模式的想法。由于他们总是很忙碌，并且习惯于迅速得到他们想要的东西，所以他们不愿意花时间献殷勤或示好，也不愿意努力通过玩桥牌或打猎融入贵族的圈子里，更不用说他们不仅知道大概要花上好几年的时间才能被接纳，也知道他们躲不过被贵族们评头论足。

从前，城堡主的地位受到重视。他在社会或政治上都有影响。我记得在若瑟兰城堡（Josselin），即便是"那些地位最高的人"——如果我能冒昧地说——也在门口止步不前。正如沙雷特夫人（Madame de Charette）所说："当我们去若瑟兰城堡时，那就像我们去布列塔尼的宫廷一样……"这给人一种满足感，我不会说那是一种虚荣的满足感，而是觉得与众不同，属于另一个世界，属于有别于凡人的诸神之列。如今，完全不是这样的境遇了：你像一个偶像一样受到人们的嫉妒，却被当作最低等的凡人来对待。拥有一座城堡还有什么意义呢？如今使你的身价倍增的是拥有一架私人喷气式飞机或者一座名不见经传的小岛。（男，1941年）

城堡不再是一个重要的身份标志，这表现在许多杂志的"人物"（People）专栏里，它的身影越来越少见。如今，媒体宣传的财富形象或者财富追求包裹在其他十分张扬炫目的事物之上：一艘游艇、天堂般的海岛别墅、跑车、当代艺术品……"城堡＝权力，这样的时代已经结束了。"如果说19世纪的时候，大资本家"因为能够为自己买下一座城堡而兴高采烈"，那么今天的大资本家则因为生活在一个全球化的世界里，没有时间在乡下停留而对法国外省的文化特性知之甚少，他们不了解、甚至瞧不起他们古老的社会精英，因而对像城堡这样的建筑物的魅力无动于衷。另外，如果说法国的城堡是1789年夏季大恐慌[①]下的牺牲品，那么当今的其他一切事物将沦为法国大革命控诉或惩处的目标……

然而，法国的城堡依然保持着一种诱惑。它们是否还继续不知不觉地表达着高高在上的权力观念，而这个观念又与某个富有诗意的环境有关？也许，在它们于法国各地组成的花冠中，庇护着对昔日的名邸贵府的缅怀，因为中世纪、文艺复兴时代、古典主义时期、启蒙时代和19世纪的历史遗产在其中相映生辉。长期以来，城堡由于可以激发人们的情感、梦想、沉思、创造力等，在大众的想象力中一直占

---

① 大恐慌：法国大革命期间来自巴黎的有关贵族秘密谋反的谣言在外省农村地区造成的恐慌和社会动荡。主要表现为各种烧抢掳掠、起义暴动、暗杀活动等混乱局势。——译注

据着首要位置。此外，它一直都是艺术创作的灵感和源泉，犹如国家博物馆中心 2010 年和 2012 年在巴黎古监狱（la Conciergerie）① 举办的展览《古堡，第七艺术的明星和古堡之梦》（*Monuments, stars du 7ᵉ art et Rêves de Monuments*）中所强调的一般。第二届展览极为成功，以至于 2013 年在皮埃尔枫城堡（Pierrefonds）、富热尔·上比耶弗尔城堡（Fougères-sur-Bièvre）、阿宰勒里多城堡（Azay-le-Rideau）和拉斐特城堡（Maisons）② 四个地方也分别安排了一次精华版的展览：《如果我听说过城堡的故事……》（*Si les châteaux m'étaient contés...*）。这些展览通过展出新旧玩具、插图书籍、连环画册和电影选段等，呈现了城堡迷人的世界：那是一个由传说、精彩故事，以及充满骑士、公主和仙女的历险小说构成的舞台。在当今的 21 世纪，城堡依然是一个建筑上的范型，而且就像一切古迹一样，充满了它所庇护的种种生命的历史。但是，它同时又是多语境的：它是统领之地、是囚禁之地、是神秘之地、是奇妙之地，也是快乐之地。围绕着它的是许多梦幻和旧调重弹。这也就是为什么在脱胎于武侠小说的历险小说中、在电视剧和儿童画册中，一如既往地充斥着城堡的身影。沃尔特·迪士尼，20 世纪 20 年代在安纳西湖边的旅游胜地度假时，很可能受到了芒通·圣贝尔纳城堡（Menthon-Saint-Bernard）的启发，因为这座城堡的尖塔乃是《睡美人》（*Belle au bois dormant*）中的建筑原型。而拉罗什吉永城堡（La Roche-Guyon）的独特之处也没有逃过埃德加·皮埃尔·雅克布（Edgar P. Jacobs）的眼睛，他把这座城堡及其惊人的地下网络作为布莱克（Blake）

---

① 巴黎古监狱：巴黎裁判所附属监狱。这座哥特式建筑建于 14 世纪，是法兰克人的第一任国王克洛维的皇家官邸。1391 年后改为监狱。如今是巴黎最高法院所在地。——译注

② 拉斐特城堡（Maisons，又写为 château de Maisons-Laffitte）：法国 17 世纪著名古典建筑大师弗朗索瓦·芒萨尔（François Mansart）最著名的代表作。——译注

与莫蒂默（Mortimer）某次历险的舞台，即 1960 年出版的《魔鬼的陷阱》(Le Piège diabolique) 的故事背景。埃尔热（Hergé）[①] 在描画著名的穆兰萨尔城堡（Moulinsart）的时候，则以他 1943 年偶然在一本宣传卢瓦尔河谷风景名胜的折叠式画册上发现的舍维尼城堡作为原型。夏尔-安托万·德·维布雷（Charles-Antoine de Vibraye），舍维尼城堡现在的主人，努力利用这位比利时漫画家享有的国际声誉和两座城堡之间的密切联系，吸引游客前来参观。如今，从造访的游客数量来说，他的城堡是法国第三大最受欢迎的私人城堡。此外，自从 2001 年和埃尔热基金会达成协议以来，他在城堡的某一处附属建筑物内布置了一个名为《穆兰萨尔的秘密》的展览，这一常设展览按照实物尺寸，不仅再现了丁丁漫画册中的氛围，还重现了发生在阿道克船长住处的片段。

中世纪的城堡，即使在 19 世纪期间多多少少被修复得有点花哨，但依然是最能激发想象力的古迹，而且对于孩子们的感性有强烈的影响。武士们把守的城楼，城堡里忙碌的佃农、仆人和工匠组成的世界，歌颂封建领主功绩或英雄行为的行吟诗人和流浪艺人，这一切都一如既往地使人着迷，尽管学校里已经不再教授中世纪时期的武功歌[②]了。现在，和中世纪有关的商品构成了一种真正的经济活动。在那些纪念品商店或玩具商店的柜台上，摆放着无数直接从中国进口的塑胶武士或金属武士。关于中世纪的节庆，在那些拥有中世纪建筑遗产的城市里，则迅猛发展。与此同时，使用古老乐器重新创作传统音乐或克尔特音乐的乐团也不断增加。米歇尔·居约（Michel Guyot），以其敏锐的商业嗅觉而著称。在购买了一系列城堡之后，他从 1995

[①] 埃尔热（1907—1983）：比利时著名漫画家，享誉全球的《丁丁历险记》的创作者，被誉为"近代欧洲漫画之父"。——译注
[②] 武功歌：中世纪时期流行于法国的一种长篇故事诗，主要内容是颂扬封建领主的武功勋业。——译注

年开始,按照13世纪的技术和设备条件,从零起步,承造一座结实牢固的城堡。这一项为期25年的工程取得了显著的成绩:如今,盖德隆中世纪工地(le chantier de Guédelon)以每年30万游客的数字,成为布列塔尼地区最受欢迎的旅游景点。

最后,法国的城堡还是一个可以出口的范式。它们在中国的鸿商富贾中引起的热情便是一个例证。其中的一些人收购了波尔多地区和勃艮第地区著名的葡萄酒庄。有一位名叫张宇晨的富商则以拉斐特城堡为模型,投资仿造了张-拉斐特城堡(只改动了少许的细节)。张宇晨于20世纪90年代早期,在北京郊区兴建了第一批高档别墅,转战地产领域从而发家致富。他的目标是创建一个"有诱惑力的产品",该产品有助于更好地卖掉某个正在兴建的住宅小区内上千套的奢华别墅。他首先周游了法国各地的城堡,并要求会见了几个私人业主。然后,他决定以17世纪芒萨尔(Mansart)设计的建筑杰作为摹本。他于2001年着手建造他的城堡。在城堡的室内装潢陈设方面,他推崇法式的生活艺术。三年之后,他的城堡竣工了。2007年,张宇晨——他给自己的孙子取了和芒萨尔一样的名字弗朗索瓦——举办了一次名为"城堡生活"的展览:18位法国城堡主出借了他们的物品,历史名胜协会主席朗贝尔蒂侯爵为这次展览的目录撰写了序言。诚然,法国的城堡向世界另一端的这种输出,说明了经济实力的配比正向世界另一侧倾斜,但同时也进一步肯定了城堡强大的历史符号和象征意义。

法国城堡房地产市场的活跃也表明城堡依然是梦想的载体。城堡交易的动因是什么?是内心的冲动、是社会上的浮夸之气,还是投资增值的预期?谐星伊夫·勒科克(Ives Lecocq)自从1980年以来,就买下了从索姆河到夏朗德河(La Charente)的五座城堡。2012年,电视制作人让-路易·雷米耶(Jean-Louis Remilleux)买下了位于索恩-卢瓦尔省的迪戈因城堡。这座城堡是由克鲁瓦家族(la famille de Croix)售出的,

为年老的贵族绘制肖像画

而此次出售同时也成为一次"家族旧货拍卖"①的契机。这一拍卖会为期两天,由估价拍卖师埃里克·博桑(Éric Beaussant)筹办,并在德鲁奥(Drouot)举行。埃里克非常高兴能够再次以拍卖的方式介绍法国城堡的生活,内容甚至包括了从厨房到谷仓。他相信那将是一场非常成功的拍卖会,事实上的确如此。他向《费加罗报》的一位记者说道:"爱好收藏的人士总喜欢买下和法国历史相关的碎片,从而获得另一时代的某种情调或某个大家族的某件珍藏。"② 以苏富比和佳士得为首的一些拍卖行,对这样的机会很重视,所以它们通过举办一些所谓的"名品"拍卖会,努力挖掘第一手名门世家的物品在艺术品拍卖市场上所形成的

---

① 原文为英语 house sale。
② 《费加罗报》,2012 年 2 月 16 日。

吸引力。在这些拍卖会上，家具、画作、银器以及各种各样的物品轮流登场。它们都"原封不动"，带着长期身处一个显赫的家族的光环，这个光环不仅赋予它们一个真实可靠的标签，也使得它们的身价倍增。一些制作精美的目录，由于在前言里强调了拍卖品所属的家族的名望，也促进了一部分物品的成功竞拍，尽管这些物品远非件件都不同寻常。然而，那些品级普通的物品能拍出很高的价格。不过如果它们出手后，再一次拍卖的话，就不会再有同一高价了。为了吸引国际买家，并获得空前的拍卖成绩，没有什么能媲美一座位于某个城堡密布地区的华宅了，特别是它的名字令人浮想联翩。而这正是菲利普·胡亚克（Phillipe Rouillac）深谙的道理，所以他的事务所就设在旺多姆[①]。《上流社会名人录》的某一期宣传就介绍他"机巧大方"、善于应变，是"豪门巨室的股价拍卖师"。自从1989年以来，他每年都在卢瓦尔河谷的舍维尼城堡，在维布雷侯爵的协助下，举办一场"法式花园古董拍卖会"。在这些拍卖会上，往往出现激烈的竞拍。

城堡变卖的不断增加还带来了其他结果：从社会学上说，历史名胜协会的成员构成发生了变化。2014年，在2362名会员中，只有1035位会员拥有表示贵族称号的姓氏，即全体会员人数的44%。从今以后，与世袭城堡主并列存在的是城堡新买主，他们完全打破了落后守旧的城堡主的形象，尽管这一形象在大众舆论里依然根深蒂固。这些新贵追求的是"想象力、勇气和斗志"[②]。他们意识到

[①] 旺多姆：位于法国的中部，是卢瓦尔–夏尔省下面的一个市镇，该地区拥有悠久的历史和丰富的古迹。——译注
[②] 米歇尔·居约：《我梦中的城堡：从圣法尔戈到盖德隆，传说中的挑战》(*J'ai rêvé d'un château. De Saint-Fargeau à Guédelon, un fabuleux défi*)，巴黎：让–克洛德·拉岱出版社，2007年，第79页。

纯粹开放城堡观光并不能产生足够的收入而确保城堡的修缮。他们还意识到,大批蜂拥而来的游客只集中在那些主要的名胜之地。因此,为了推行多元化的经济、社会、环境增值举措,他们无论是在组织研讨会、招待会或者重大活动上,还是在葡萄园的开垦、文化活动的安排和园林的设计上,往往都显示出非凡的、力挽狂澜的创新本领。由于他们来自商业领域,并在这一领域取得了成功,再加上他们通常又是遗产或财产咨询管理方面的专家,所以他们知道如何获得最高的税收减免。还有,他们在巴黎有着很好的人际网络,因而在寻求赞助方面,他们也有很突出的能力。每当他们成立"友人协会"——历史名胜协会大力推荐的筹资和简化行政手续的方法——他们就周旋应酬,动员他们强大的社交网络。他们的活跃解释了为什么朗贝尔蒂侯爵在2012年秋季举行的历史名胜协会大会期间,对国立行政学校某位著名的伏尔泰届(80届)毕业生加入管理委员会,公然感到很高兴……

犹如念经一般,历史名胜协会在官方场合总是重申只有一种类型的城堡主人。所有的业主都热爱古老的城堡,并热衷于赋予古堡灵魂。这种热情把他们团结在一起。这样一来,该协会就掩饰了他们在教育、思维和目标上的差异,尽管这些差异很明显,能区分出世袭城堡主和新式城堡主,因为最基本的缘由是:对于新式城堡主,买下一座历史悠久的城堡,是出于个人的选择,而这个选择既不是传承的职责强加的,也没有事先决定城堡以后要世代相传。对于一个新买主而言,城堡并不是世世代代落地生根的同义词。此外,他对于城堡所在的村落或地区也没有任何的依恋。他往往是在事业上成功之后再买下一座城堡,而每当这个时候,他的孩子们通常接近成年。因此,并没有某种强烈的情感联结,把新买主的孩子们和城堡联系在一起,像那些自打出生就开始在城堡里留下记忆的世袭贵族的孩子一样。如此一来，转售城堡为什么要引起他们不安、迟疑或痛苦的情感呢？然而，传承的中断一露出端倪，此类情感就会折磨世袭贵族的子孙。与此同时，首次购买城堡的业主往往"在他们的城堡里只是短暂停留，在城堡的历史上也只是昙花一现"（男，1957年），而这并不令人诧异。许多城堡，一旦从长期拥有它的家族脱手后，就常常被增值转售，它们尤其是国际买家感兴趣的财富。如果买入城堡是出于经济方面的意图，那么甚至会出现城堡的再次出售仅仅因为为享受税收减免而必须持有城堡的年限已满。

在历史名胜协会中，新式城堡主的力量如今不断上升。他们当中的某些人，"非常会钻营，摆出一副新兴的富有贵族的样子，但耕地很厉害，因为用的是獠牙而非犬牙"（女，1942年）。如果说在管理委员会中他们非常小众——2014年，委员会里面的成员主要还是法国的传统贵族，例如，朗贝尔蒂（Lambertye）、卡洛纳（Calonne）、布里亚斯（Bryas）、弗朗克里厄（Franclieu）、基托（Guitaut）、哈考特（Harcourt）、凯尔戈雷（Kergorlay）、拉玛兹（Lamaze）、拉斯特里·杜·萨扬（Lasteyrie du Saillant）、吕佩（Luppé）、尼古拉（Nicolaÿ）、沃盖（Vogüé）、华伦（Warren）——那么他们在地方上的代表却越来越多。从社会学的意义而言，这样的演变伴随着历史名胜协会的专业化发展。这不仅不可避免，而且是众望所归，因为它如今要在众多领域里，譬如行政、司法和税收领域，为会员们提供技术上的支持。不过，协会生活中的某些变化还是让传统的城堡主感到无所适从。2008年，在协会大会召开前夕，巴黎代表团的负责人、奥弗涅（Auvergne）多处城堡的所有人、估价拍卖师克劳德·阿古特（Claude Aguttes），在参议院的波弗朗大厅（Boffrand）率先组织了一场晚宴。第二年，晚宴在弗拉卡斯上尉（*Capitaine Fracasse*）号快艇上的一个大厅里举行。2010年11月，当这一晚宴在互助同盟俱乐部举办的时候，一位城堡女业主给我写了一封信：

> 我收到了历史名胜协会的年会请帖，但是对大会前夕每人90欧元参加在互助同盟俱乐部举行的晚宴提议，依然感到震惊。多么金光闪闪的挑逗啊！尤其当协会还在努力寻求解决财务困难方面的举措时，这样的晚宴让人不舒服！我很愤怒。您了解我厌恶那些富有的城堡主。他们不知道那些住在奥弗涅或者阿尔代什（Ardèche）边远地区的城堡主的艰难，更不用说洛林和其他地区的城堡主了……（女，1942年）

其他的城堡主大概也表达了同样的不满，因为2011年，朗贝尔蒂侯爵决定取消这一高端晚宴，从而恢复传统的鸡尾酒会。每位与会人员在大会结束后，都应邀参加。

新的城堡买主们争取每一个颁予他们的城堡的奖项，或者杂志里的一篇关于他们的城堡的专题报道。他们力争在关于大会或此前的晚宴以及大会结束后的鸡尾酒会的总结报告中出镜，甚至是在协会的领导机构中当选，而这样的职位长期以来都是留给亲王、公爵、侯爵或子爵的。那么，为什么他们要急于取得历史名胜协会的认可呢？而买入一座历史建筑物对于奠定声名又有什么样的帮助呢？诚然，就如一切文化产业的投资一样，一座城堡能带来满足感，能把经济投资、个人的快乐以及对保护文化遗产的责任心和为此做出的贡献协调起来，更何况保护文化遗产是当前受到大众欢迎的事业。与此同时，跨入城堡主的行列，大概也能带来某种资产梦想。这种资产历史悠久，实实在在且牢不可破，还能与可交换的、非个人的金融资产形成互补。由于每一座城堡都是历史的一个片段，所以拥有城堡能满足一种欲望，这种愿望即使不是永恒的，至少也是长期令那些暴发户深受折磨的。

我有一个朋友，自己发家致富，他并没有可以追溯的祖先。他买了一些油画作品。他看到一个男人的肖像画，这个人的姓氏和他一样，但是有贵族头衔，不过和他的家庭没有任何关系。他买下了这幅肖像画。这就是那些想得到他们没有的东西的人：他们没有历史，也没有一些声名显赫的祖先。对我们来说是一种负担的东西，他们却想得到，因为他们有的是钱。这就是为什么会有城堡的买卖。（女，1943年）

某个新来的城堡主很可能会爬上历史名胜协会主席的职位，而这将会造成协会彻底的断裂，就像现今的法国城堡所经受的传承断代一样。在这之前，注重低调的奢华和高贵的举止的世袭贵族们只能暂且把注意力放在一些细枝末节上，因为他们强调在新城堡主的身上，"城堡并不是他们基因里的一部分"。他们的花园繁花似锦，而贵族们则满足于"很有城堡格调的大丽花"；他们酷爱城堡"光彩耀目""富丽堂皇"，然而这破坏了"住宅的灵魂"；他们城堡内部的装潢过于繁复，"忘记要有留白的地方"；他们加大府邸的系统修缮，让之变得"超级舒适"，似乎要告诉客人"你看到了吧：我们也一样，我们同样是……"

当然，××城堡不再破旧衰败，而得到了很好的修缮。它的所有人非常有钱：这位业主的母亲以前是个清洁女工，而他则梦想有一天成为城堡主。但是在××公爵的时代，这座城堡更迷人。当时，那是一座旧时的府邸，里面几乎没有什么十分漂亮的东西。现在，我感觉好像走进了鲁瓦索兄弟[①]的古董店里。花园有点不可思议，但光彩夺目、很有趣。（男，1941年）

---

① 《丁丁历险记》中阿道克船长买下的穆兰萨尔城堡的原所有人。——译注

除了在城堡修缮和整治中犯下的年代错误之外，新城堡主们还让传统的贵族觉得刺眼的，是他们在"人际关系"上的"闭塞"。

  一般说来，这些新的业主都很热情，而且也在他们的府邸上倾注精力，但是当他们开始向我们解释当地的历史和为什么有些事是如此发生的……那就有点令人不快了。有一天，在我岳母的饭席上，有些新来的客人问她家在当地有多长时间了。岳母转向她的嫡亲兄弟，并问他："我们家在这有多少个世纪了，七八个了吧？"（男，1955 年）

  原则上说，我们家的大门是敞开的。我们的姓氏在省里很有名，而我还是文化遗产基金会（la Fondation du patrimoine）的负责人。在一个像我们这儿的地区，没有什么能瞒得过别人，我很快就能知道某某人买了某某人的房子。我会试一下和新来的人交往，如果不适合，那就算了……在集市上，如果我看到他们，我会点头示意；如果他们回应，那么我会朝他们走去，向他们介绍我自己，然后我会建议他们来家里喝一杯。有时候，我也会邀请一对朋友或这儿的一些长辈，因为我想如果他们的资历通过了，那么他们就能在这儿更好地定居下来。通常而言，他们应该回请我们以示礼貌，但是在这上面不要过于苛求，因为他们的不回请也有腼腆的因素在其中。我们应该宽容些……如果和他们有过了初步的"接触"，那么只要他们的谈话有趣，而且不咄咄逼人，交往就会很愉快。这里面还有某种精神上的交流。不过，有一回，交往并非很顺利；我们还是保持着友好的关系，只不过我不是很想见到他们。××家族的女继承人来我们这个地方定居。她买下了一处农庄。我觉得这是一个奇怪的想法，但为什么不呢……她是一个迷人的女士，很优雅，教养非常好，但是在观点的分享或者对每周大事的认识上，我们没有任何的交流。另外，她有一个配偶或者男伴——我不是很清楚——他让人觉得如果他手里有剑的话，那么他会迅速出手，因为我能嗅到一些秘而不宣的刻薄话，一些好争吵、尖酸的小倾向。（女，1942年）

对于贵族家庭而言，城堡和某种文化形影不分。而这种文化又离不开对历史的坚持、高品位的排场和举止的尊贵。居住在城堡里，那就决定了生活的准则、价值和理念。如果新城堡主表现出友好而真诚的态度，那么传统的城堡主就会接纳他们。但是，他们对上流社会习俗的不了解逃不过后者的眼睛。世袭的贵族们会慢慢地让他们认识到：城堡里的生活，和海边别墅里的不一样；在城堡里吃晚餐是要打领结的。

一位牙科医生买下了著名的××城堡。他们的修缮工程令人惊叹，没有一处不恰如其分。我们佩服得五体投地，唯有向他们的成就致敬。不过，我们还是感觉得到诧异：他们竟然不说"很荣幸"，不过他们会带着一大束花来拜访。① 我觉得这挺亲切的……在我们新来的邻居中，有一对男性伴侣——他们是正式的伴侣，因为他们签署了同居协议——他们的修养十分地好。我很喜欢他们，和他们相处得也很好。邀请男性伴侣，鸡尾酒会比晚宴要更容易。但是，我邀请他们吃过一次晚餐。我的丈夫有点不高兴，因为他比我更保守。那顿晚餐非常愉快，因为我们避免了一些话题，只要有点技巧，就不会造成伤害……（女，1942年）

---

① 如果应邀到某一府邸做客，送花在贵族人士看来很"俗气"，因为通常而言，做客的府邸一般都会种植一些插花用的花。此外，如果他们应邀吃晚餐，他们的习惯是什么礼物都不带，但要回请还礼。

"有点扬扬自得的"新城堡主"显然会受到有点苛刻的评论"。然而，一般而言，大家都认为他们"有引起好感的一面，因为他们使得一些遗落的世界延续下去：一座城堡被他们重新买下来总比变成一座废墟、一家酒店或一处乡村会所要好"（男，1971年）。由于意识到吻手礼等礼节并非最重要，而且在当前巨大的挑战下，必须十分善于应变，传统的城堡主认可甚至赞赏新城堡主们的活力、他们的创新能力，以及他们成功的决心。然而，在向公众开放城堡观光的城堡主中，这些品质激起了某些人暗藏的嫉妒心。

在城堡主这一群体里，盛行的不是友善。城堡主的思维往往是这样的：当他想到他邻居时，他就会寻思后者要么破产了，要么到访的游客比他的少。在游客数量上，他弄虚作假；同时，他又嫉妒他的邻居成功地招来大批游客。我们在雷奥城堡取得的成绩令人不快，一些城堡主嫉妒我们，他们对他们的游客说："你们是从雷奥过来的吗？你们受到了款待？那儿难道不是一个工厂吗？"这是非常有城堡特征的小把戏，我对此无所谓：我们越是受到嫉妒，我们的存在就越长久……而这也是我为什么从未想过成为"城堡欢迎您"（Château Acceuil）的协会主席。有一天协会主席对我说："你家非常像《嘉人·家居》（*Marie-Claire Décoration*）杂志里面的风格。""啊，是吗，为什么啊？""你知道的，和洗浴手套搭配的小香皂，和厕所纸搭配的洗浴手套……""但问题在哪呢，也许您更愿意您家里用一些报纸……"事实上，我常常自问为什么那些城堡主如此嫉妒、恼怒别人的成功。我相信我有一个答案：古堡沉重的重量也许不幸压垮或阻挠了快乐，尽管住在其中是一种运气。此外，在城堡主这一群体里，有一些十足的蠢……一个愚蠢的名门贵胄，亏了他受到的教养，在某个晚上可以给人一种美好的幻觉，然而要是稍微刮一下表象……而新城堡主，他们，可是真正的企业领导。他们引起那些没落的土豪劣绅的嫉妒，因为他们既富有、又聪明。①

不管怎么说，新贵们的焦虑让传统的城堡主既觉得好玩，又心满意足。他们在"城堡主工会"里顽强地逐级往上攀爬，正好证明了拥有一座城堡，并由此仿效贵族，对于某些人而言，依然是一种受到社会认可的功成名就。他们自命不凡地追逐历史名胜管理委员会的席位，就像往昔的新贵追逐封爵授勋一样，而这难道不是对于贵族典范的一种间接的礼赞吗？对于那些放弃了他们的城堡的世袭城堡主而言，这是最后的抚慰……

失去了家族的府邸只是贵族稳定地位弱化的众多因素之一。如今，即便在贵族群体里，教育的第一目标已不再是维持家系和以因袭传统为精髓的文化传承。在许多家族里，对于祖先的记忆，对于家族传统的了解，对于历史沉淀和层叠的本能，都渐渐弱化了。此外，由于在整个社会中，关于出身决定地位、地位决定修养的信条已经逐渐淡化，年青一代也不再像他们的长辈一样，注重他们所在群体长期以来沿用的礼仪规矩。他们不再记得族谱世系，无视往昔造成附庸风雅的社会等级，不知道如何找到他们在社会体系中的位置。他们的行为举止自由散漫，在他们的长辈中引起诸如悲哀、调侃或无动于衷等反应。

以前，当我们出去社交的时候，人们聊的只是众亲六眷："我哈考特的姑姑，我的祖父拉罗什富科……"现在，这已成为历史了。这也许更好，因为少了附庸风雅。然而，后果是年轻人

---

① 和弗洛伦丝·古比尔·德·布耶的访谈，2011年2月17—18日。

故意无视族谱家系，十分痛苦地承认他们不认识的人和他们是同一家族的。（男，1932年）

　　真正的不同在于，一切都变得急匆匆，而这里面有某种危险：传承在日常生活里变得不现实。他们和祖父母们或同党兄弟姐妹们一起度过的时间少了。以前，家里没有游泳池，但是我们祖孙三代会一起去看刻有我们家族姓氏的三十骑士大决斗塑像（la statue du Combat des Trente）①……餐桌文化以及关于爵号的故事，都烟消云散了：不再有人懂得这些，甚至是豪门贵胄。（男，1974年）

然而，尽管尊卑有别的意识减弱了，对于身份认知的文化和宗族的精神还是让人无法忘记：贵族这一整体首先是由家族构成的，然后才由个人构成。在规整严密的家庭结构下，贵族人士首先是继往开来的传人。他们的家庭结构由《上流社会人名录》中的连接符体现出来：这一符号既强调了某一共同的祖先的存在，也指出每一位家族成员的名次是严格依据谱系排列的，而这样的排列又以男性嫡长子继承制为基础。每个家族或每一支系的负责人②会定期地核实家族成员在谱系中的次序。把个人的成功纳入某个族群的延续之上，而这个族群又拥有它的规则和语言，家族因而会让人觉得是一种束缚。它规定了

---

① "三十骑士纪念圆柱"是为了缅怀布列塔尼爵位继承战争期间，1351年3月26日在若瑟兰和普洛埃梅勒之间的吉拉克参加决斗的骑士。当时，英国人支持的让·德·蒙福尔和法国人支持的夏尔·德·布洛瓦都声称拥有布列塔尼爵位的继承权，于是敌对双方展开了这一场由每一方各出三十名骑士的大决斗。由英国人本波劳夫率领的三十名英法骑士对抗由法国人博马努瓦率领的三十名法国布列塔尼骑士。但是，这一纪念碑纪念的只是夏尔·德·布洛瓦这一方的骑士。
② 家族的负责人是指在爵位后面不带有他的名字的家庭成员，这有别于家里其他年幼的弟妹。这一习俗是有根据的，事实是，在法国所有拥有爵位的儿子有时甚至就是长子；因而，在爵位后面省略名字有助于区分嫡长子。

一些对于各种关系的延伸而言必不可少的社交礼俗，并在社会上形成某些人对另外一些人的操纵，从而导致人言可畏。个人的每一个行为都会以它给家族或社会带来的结果受到评判：贵族生活在同伴的目光之下，所以在出现失误或失败的时候，他们会觉得造成了某种耻辱，而这种耻辱又会延伸到整个家庭之上。当某些人声称"家庭，是关心和宽恕的地方"时，这怎么让人不惊讶呢？

> 家庭内部的理解和关爱，那是需要教导的，它们不会自动出现。该隐杀死了亚伯，是人类的第一桩罪恶……（女，1942年）

和社会职责相匹配的家庭价值体系，也许会让人觉得很沉重，因为它们与当代社会的发展相冲突：一方面，它们反对个体化①的上升，因为个体化推崇个人独立、个人成就和人与人之间自由选择的关系；另一方面，它们抵制把一切形式的传承都抨击为压制和束缚的观念。②

---

① 从社会学的意义上说，个体化不同于个人主义。个体化表达的是个人想自我塑造成一个独立的个体的愿望。这个个体不受到政治或宗教制度的束缚，也不受到来自社会或家庭的环境和标准的压力。然而，个人主义则类似社交上的利己主义，它推崇的是个人的利益而忽略他人。因此，相对于个人主义，个体化是可以与对他人的包容、对于外界的开放等社会准则相联系在一起的。见皮埃尔·布列松（Pierre Bréchon）和弗雷德里克·贡蒂尔（Frédéric Gonthier）主编的《欧洲图谱：共同的价值准则和不同的民族》（*Atlas des Européens. Valeurs communes et différences nationales*），巴黎：阿尔芒·科林出版社，2013年，第127页。

② "令当今的观察家感到震惊的是，大人、父母或老师的某种值得注意的保留。在言传身教等方面，为了促进选择的自主和个人的自我体验，他们都撒手不管了。一切的隶属或附属关系不仅被当成个人独立和创造性的阻力，还被视为某种令人无法接受的桎梏，或者被看成一系列的义务或惩罚，而对于这样的处罚，新加入的成员并没有犯下相应的过错。因此，一切附属关系都被遗弃了，因为它们和作为民主的先决条件的个人自由无法调和：'个人是他自己的作品。'此外，如同以往世袭的官职、特权和社会地位一样，它们也被视为不平等因素而受到排斥"。〔玛丽-克劳德·布莱（Marie-Claude Blais）、马塞尔·高谢（Marcel Gauchet）、多米尼克·奥塔维（Dominique Ottavi）：《传授和认知》（*Transmettre, apprendre*），巴黎：斯托克出版社，2014年，第78页。〕

不过，认为可以自我塑造而无须世代沿袭的联结和历史，从而从一切束缚中解放出来，并傲然挺立在唯一的自由准则之上，这样的想法最后往往以某种圈套示人。庞大的家族，以及在时间的长河里从祖祖辈辈直至子孙后代形成的联结，能给个人在社会活动方面带来一笔累加的、巨大的资本。缺乏个人才华或机遇的家庭成员可以任由家族发展的浪头裹挟向前，而取得功名的则可以在家族原有的实力上添砖加瓦。血脉相连的历史，以及从绵长的谱系、社交的圈子、家族的土地和府邸中获得源泉的根系和标志，在把散居各地的后代联系在一起的同时，促进了家族的凝聚和兄弟姐妹之间的团结。

> 在××家里，只需拍一下手，每个人都会现身。（女，1941年）

> ××家族，人丁繁多。吹一下口哨，所有家族的人马上就到，并让您那个地方的人数顿时锐减。（女，1942年）

这种扎根于历史深处的身份底座，在把个人并入由各种社会关系——亲朋好友——组成的庞大网络里的时候，能加强家族的精神，而这一精神，当人们遇到生活的考验时，则充当保护的盾牌。此外，家族精神还能增进家族成员之间的团结一致，而这又有助于维护他们的信心和希望，因为它提供了某种支援后备、缓冲和保护网。这是那些像自由电子一样的个人所缺乏的，因而当他们抗击不幸和孤独时，他们相对而言毫无寸铁在手。

第二部分

权力的诱惑

宝剑和坚固的城堡分别象征着权力和壁垒，它们与第二等级的历史起源密不可分。最初的时候，第二等级是一个由拥有封地的领主凑成的整体。后来，随着封建制度的建立，贵族成了一个等级制的阶层。这一阶层又笼罩在骑士制度的光环之下，因为后者在历史上建立了他们所捍卫的价值标准：武士的英勇和基督徒的仁慈。戎马生涯一直都是骑士的第一志向。《兵役》（*L'Impôt du Sang*）一书，由君主时代最后一位主要负责骑士勋章和贵族爵位颁发的行政官员让－弗朗索瓦·德·霍齐尔（Jean-François d'Hozier）撰写，并于1874年首次出版。作者在书中历数了从835年至1789年，在沙场上负伤或阵亡的17632名骑士。兵役是贵族们免除税负的原始依据，有时候会变得十分沉重，以至于众多家族因此而消亡，正如阿金库尔（Azincourt）战役①的情形或第一次世界大战时一样。从军事史和外交史来看，贵族的身影活跃在一切有划时代意义的战场上，譬如从帕维亚（Pavie）战役②到罗克鲁瓦（Rocroi）战役③，从丰特努瓦（Fontenoy）战役④到奥斯特里兹（Austerlitz）战役⑤，从博罗季诺（la Moskowa⑥）战役⑦到凡尔登战役⑧；而在行政领域，无论是在总理大臣的职位上，还是在司法职位上，他们也一

---

① 阿金库尔战役：1415 年 10 月 25 日爆发，英王亨利五世率领以步兵弓箭手为主的英国军队，以少胜多，击败了法国由大批贵族组成的精锐部队。——译注
② 帕维亚战役：1525 年 4 月 26 日，神圣罗马帝国皇帝查理五世的军队和法国国王弗朗索瓦一世率领的法军在第一次意大利战争期间展开的一次战役。——译注
③ 罗克鲁瓦战役：爆发于 1643 年 5 月 18—19 日，法国军队在这次战役中击败了西班牙军队。——译注
④ 丰特努瓦战役：奥地利王位继承期间，法军和联军在 1745 年展开的一场战役。——译注
⑤ 奥斯特里兹战役：1805 年 12 月 2 日，拿破仑率领的法军对抗俄奥联军，法军大胜。——译注
⑥ 又写为 Borodino。——译注
⑦ 博罗季诺战役：1812 年 6 月，拿破仑率领的大军与俄国军队之间的一场鏖战。——译注
⑧ 凡尔登战役：第一次世界大战期间，法德两国军队之间展开的持续时间最长、破坏性也最大的战役。——译注

样功勋卓著。

　　把"穿袍的文臣贵族"和"佩剑的武将贵族"对立起来的传统模式在很大程度上是错误的，因为这两派人很快就在彼此的领域担任要职或结盟。封建领主或骑士出身的贵族占据重要的文官职务，而议员家族出身的贵族则在军旅征战中取得辉煌的战绩。尼古拉家族（la famille de Nicolaÿ）在长达三个世纪的时间里，一直把持巴黎审计庭（la Chambre des comptes de Paris）——现在的审计法院的前身——首席庭长的职位。从1506年至1791年，该家族的九位成员连续接任这一职位。然而，在这个家族里，18世纪时出现了一位法国元帅。随着封建领主专制的取消和一切特权的终止，贵族阶层骤然失去了它的地位。后来，当路易十六1790年6月23日接受退位时，这一阶层就消失了。虽然拿破仑一世从1808年起加封贵族爵号，但是他并没有从法律上设立贵族阶层。到了复辟王朝时代，贵族群体则成了一个联合盛会，"旧时的贵族恢复他们的爵位，新贵族保留他们的头衔"（1814年6月4日宪章第71条）。但是，贵族也只是一个尊贵的称号而已。第二帝国垮台之后，第三共和国总统麦克马洪元帅决定，不再授予爵位，从而结束了贵族群体的复兴进程。从那以后，苟延残喘的贵族群体，只是一个由他们的子孙后代组成的群体。然而，事实是，从19世纪初期以来，无论社会制度如何更迭，豪门贵胄都努力发展他们的个人能力，投身于学术领域或新兴的行业，从而着手重新塑造他们的社会角色。为了让标榜法律面前人人平等和颂扬个人成就的社会承认他们高高在上的社会地位，他们只有一条可行的道路：在管理、政治、知识、经济等众领域，和其他新兴的社会精英竞争，并通过成就重新赢得显赫的地位，但同时又不放弃他们在宗教和精神上的遗产，因为他们自称是这一遗产的保管人。

第五章

忠于职守的阶层

"每一个贵族都遵循骑士的口号,并从精神上归附之"①,法国贵族协会的第一任主席列维·米尔普瓦公爵喜欢反复强调这句话。事实上,法国贵族的姓氏上往往都随附一些颂扬荣誉和忠诚的豪言壮语。从历史上说,贵族的职责是为国王效力、尽忠报国。尽管他们的特权在法国大革命期间就被废除了,但他们并不因此而放弃他们在军事、政治和外交上的角色。在复辟王朝时代,他们的反革命思想在于坚持他们的存在理性或价值。主张这一理论的重要人物之一路易·德·博纳

---

① 列维-米尔普瓦公爵(Duc de Lévis-Mirepoix):《1947年5月31日法国贵族协会大会》(Assemblée générale de l'ANF du 31 mai 1947),参见《法国贵族协会伦理委员会报告》(Rapport de la Commission d'éthique de l'ANF),1999年,第9页。

尔①（Louis de Bonald），就拒绝把贵族存在的理性、价值和贵族政治混为一谈，因为后者含有权势的概念在内。他赋予贵族群体某种历史的职能和尽忠职守的角色。尽管当时只有一部分贵族赞同他以宗教权力为基础的政治理念，但是他们还是听取了他的主张。两个世纪以后，贵族人士通过履行他们在公共、行政和社会事业等方面的责任，一如既往地介入国家生活。

贵族和爱国主义

佩剑的特权以及主要用于防御和藏身的城堡使人联想到，贵族阶层献身于最危险、也是最荣耀的事业：投军从戎。在封建社会里，诸侯有责任参加封建君主发起的战争。在法国的整个君主时代，贵族阶层为军队输送军官。他们与平民出身的将士一争高下，因为当战争对将士的需求不断增加时，后者必不可少。在16世纪，只有极少数的贵族从戎投军。根据不同的年代和省份，他们在军队里的比例在6%～30%徘徊。不过，正如阿尔莱特·朱瓦纳（Arlette Jouanna）指出的一样："他们备受关注，因为他们不仅拥有很大的特权，也有很强的个性。"② 大革命前夕，在军队的将领中，他们的人数占有压倒性的多数：他们包揽了85%～90%的陆军将领和御林军里的某些职务，譬如专由他们担任的禁卫兵。③1781年，塞居尔法令（*édit de Ségur*）规定，要获得少尉军衔，候选人

---

① 路易·德·博纳尔（1754—1840），法国天主教哲学家。——译注
② 阿尔莱特·朱瓦纳：《反抗的职责：法国贵族和现代国家的诞生（1559—1661）》（*Le devoir de révolte. La noblesse française et la gestation de l'État moderne*），巴黎：法亚尔出版社，1989年，第45—46页。
③ 阿尔莱特·朱瓦纳，见前引文《贵族：高风亮节》，第891页。

的父系家族里必须有四代以上的贵族身份。1792 年为了支持国王而组建的流亡贵族的军队,自然主要是由贵族组成的。第一帝国时代,在战场上骁勇奋战成为加封爵号的首要因素:在 3000 名授予贵族头衔的人士里,59% 是军队里的将士。[①] 同时,拿破仑还固执地把帝国的英才俊杰和旧时的流亡贵族整合在一起。这便是奥古斯都·德·拉罗什雅克兰伯爵(le comte Auguste de La Rochejaquelein)的情形。当旺代叛乱(la guerre de Vendée)[②]爆发之际,他还太年轻,不能和他的哥哥、1793 年叛乱的将军并肩作战。他和他的姐妹们一起流亡到英国。16 岁的时候,他加入英国海军。1801 年,他回到法国。1809 年,在拿破仑的诏令下,他效力于帝国军队,并以骑兵少尉的身份参加了对俄出征。1812 年,在博罗季诺战役期间,他的脸上挨了重重的一记军刀,这一刀为他赢得了"莫斯科疤面煞星"的绰号。此外,在这次征战中他还成了俘虏,被囚禁两年。后来,多亏了路易十八向沙皇周旋,他的刑期得以减轻。1814年,他回到法国。1815 年 3 月 20 日,他前往旺代,并领导了发生在旺代沼泽地的保皇党人叛乱,以反对拿破仑的回归。其他君主时代的显赫姓氏代表还有安托万－路易·德·格拉蒙伯爵(le comte Antoine-Louis de Gramont):第八代格拉蒙公爵的外甥、玛丽－安托瓦内特(Marie-Antoinette)[③]女友的女儿阿格拉蕾·德·波利尼亚克(Algaé de Polignac)的丈夫。他出生于 1787 年,随流亡的父母到

[①] 让·图拉尔(Jean Tulard):《拿破仑和帝国的贵族(增订版)》(*Napoléon et la noblesse d'Empire*),巴黎:达朗迪耶出版社,2003 年,第 112 页。
[②] 旺代叛乱:1793 年,由于共和国政府的强制征兵令,引发了旺代农民的暴动;但是在这一叛乱中,起领导作用的大多是贵族,因为他们想通过这次叛乱复辟波旁王朝,恢复君主制,维护他们的封建特权和利益。——译注
[③] 玛丽－安托瓦内特(1755—1795):法国国王路易十六的妻子,死于法国大革命。——译注

过英国。后来，他加入大陆军（La Grande Armée），并成为格鲁希（Grouchy）总参谋长的副官。如奥古斯都·德·拉罗什雅克兰一样，他参加了博罗季诺战争，且由于在战场上的表现获得了荣誉军团的十字勋章，并晋升为中尉。

1814年的宪章批准了大革命时期宣告的平等权利，而1818年的古维翁·圣西尔（Gouvion-Saint-Cyr）法令在限制国王的任命权的同时，不仅规定了军官通过院校和级别晋级的条件，还设立了一切晋升必须逐级展开的模式。不过，这些都没有阻止贵族一如既往地活跃在军中。1825年，24%的陆军少尉还是君主时代的贵族出身，另外还有3%的陆军上尉是帝国时代的贵族出身。[①] 在第二帝国时代，由君主时代的贵族和帝国时代受封的贵族组成的群体，为圣西尔军校输送了21%的军官学生，为巴黎综合工科学校输送了14%的军官学生。在第三共和国的前几十年里，骑兵军官队伍中的贵族比例从1870年以前的平均16%上升到1885年的38%。[②] 19世纪和20世纪之交，11%的陆军中尉和28%的将军出身贵族或者拥有贵族特征的姓氏。[③] 1890年，米里贝尔将军（le général de Miribel），出于他的能力和他的尽忠竭诚，被任命为部队的参谋长[④]，尽管他从情感上是拥护君主政体的。当时，他的女儿玛丽·德·米里贝尔（Marie de Miribel）和十来个法国贵族出身的年轻女孩或女士一起，是奥尔良公爵夫人[⑤]的陪侍。第

---

① 威廉·塞尔曼（William Serman）、让-保罗·贝尔托（Jean-Paul Bertaud）：《法国新军事史》（*Nouvelle Histoire militaire de la France*），巴黎：法亚尔出版社，1998年，第211页。

② 威廉·塞尔曼：《法兰西民族的军官（1848—1914）》[*Les officiers français dans la nation (1848-1914)*]，巴黎：奥比耶出版社（Aubier），1982年，第8页。

③ 威廉·塞尔曼、让-保罗·贝尔托，见前引书，第319页和第566页。

④ 同上，第534页。

⑤ 她的婚前名字是玛丽-多罗黛·德·哈布斯堡，是第三共和国时期法国王位觊觎者的妻子。她后来创立了圣-西门十字医院，参加了抵抗运动，还成为解放组织在巴黎的参事。

一次世界大战爆发前夕，共和国坚定的拥护者，平民出身的若弗尔（Joffre；又译为霞飞）总司令，选中一名十分虔诚的天主教贵族——卡斯特尔诺将军（le général de Castelnau）①——出任参谋部的第一副参谋长。而这位1914年大冕战役（Grand-Couronnée）中的获胜者，第一次世界大战一结束，面对再次掀起的反教权主义运动时，又变成了拥护天主教的狂热分子。他的宗教信仰让他博得了"穿长靴的修士"的绰号。19世纪的时候，尽管三分之一的贵族军官在成了一门好亲事或者继承了一笔财产之后就退伍了②，但是贵族群体在军队里的人数还是居高不下，甚至比第一次世界大战时还要多出许多。这不仅证明了第二等级的后裔们依然致力于精忠报国，也说明了他们扬名沙场的志愿。他们喜欢某种能给人带来社会地位的职责，与此同时又避免涉足于商业活动。此外，军队对他们的诱惑还在于，即便是在共和体制下，也要遵循从君主时代沿袭下来的行为准则：崇尚传统，维护等级意识，信奉并坚持勇气、忘我的精神和忠诚的品质等，因为这关乎荣誉。

"以前，对于法国，我们可以口出一切恶言，但是为了向它效忠，战死沙场是一件时髦的事"③，让·多尔梅松（Jean d'Ormesson）这么写道。第一次世界大战期间，忠于其传统义务和职责的贵族子弟，全力以赴地支持"同盟国"。他们放下对强烈敌视宗教的共和国的不满，和全体法国人民一道分享爱国热情，颂扬勇气和牺牲精神。如果说这次战争给每一社会群体都带来严重的打击，那么农民群体，尤其是古老的精英群体，遭受了最巨大的人口损失。贵族群体为1918年

---

① 威廉·塞尔曼、让-保罗·贝尔托，见前引书，第535页。
② 威廉·塞尔曼，见前引书，第8页。
③ 让·多尔梅松：《上帝的荣幸》（Au plaisir de Dieu），巴黎：伽利玛出版社，1974年，第21页。

世界大战的胜利付出了一份沉重的代价。克里斯蒂昂·德·巴尔蒂亚估算，大约10000名贵族人士入伍参战，其中有2000名至2500名战亡。这一人数占了贵族人口的5%至6%。① 因此，相对于整个法国民族3%的阵亡比例，贵族群体的死亡比例是后者的两倍。艾丽丝·布拉瓦尔认可了这一估算的数字。她给出了两方面的解释。② 首先，入伍的贵族参加的是风险系数最高的部队，特别是骑兵部队：轻骑兵团、龙骑兵团、骑兵队都是派遣至前沿阵线的部队，在战争初期这些兵团就遭受了重创。其次，当战争进入阵地战阶段，他们并入的战斗分队在全国范围内，牺牲人数是最多的。此外，大多数入伍参战的贵族都是军官。而在战争期间，相对于士兵18%的阵亡比例，军官的阵亡比例是22%。③ 第一次世界大战给贵族家族留下的创伤堪与献祭相称：战争的屠杀加速了某些门第的陨灭。还有，投入战斗、战争肆虐地区遭受的破坏，20世纪30年代初期法国的经济金融危机达到顶点后造成的影响，这一切给贵族家族的家产和生活都造成了损失。1932年成立的法国贵族协会暴露了一部分豪门世家遇到的困境。他们对在物质和精神上的互助原则的支持，以及对个人主义和家庭观念的退步的抵制，正如他们维护传统和群体价值的决心一样，表明他们意识到某种在身份地位上的弱化的危险。也许这一意识受到了从沙俄死里逃生到巴黎、一无所有的俄国贵族境遇的刺激。他们在适应一种全新的生活的同时，通过建立一些互助的圈

---

① 克里斯蒂昂·德·巴尔蒂亚：《1789年至今的法国贵族史》，第二卷，《从第二帝国至十九世纪末期的法国贵族》(*Les Nobles du Second Empire à la fin du XXème siècle*)，巴黎：阿尔班·米歇尔出版社，1991年，第365页。
② 艾丽丝·布拉瓦尔，见前引书《1900—1939年巴黎的上层社会：贵族模式的延续》中的一文《战争考验下的贵族》("L'aristocratie à l'épreuve de la guerre")，第183—226页。
③ 斯戴芬·奥托安–胡左（Stéphane Audoin-Rouzeau）、安奈特·贝盖（Annette Becker）：《14—18年战争回忆》(*14—18, retouver la guerre*)，巴黎：伽利玛出版社，2000年，第31页。

子。保留他们的文化和社交模式。

第二次世界大战期间,一部分法国贵族,正如大多数的经济、金融精英一样,在贝当元帅的政权下,至少在其执政的前期,见证了某种针对大革命之后法国社会发生的变化的反扑。然而,某些贵族人士,无惧在家族内部造成一定的分裂,加入了抵抗运动。2001年出版的《1939—1962年备忘录:投入战斗的贵族人士和他们的战友》(*Mémorial 1939-1962. L'engagement des membres de la noblesse et de leurs alliés*),2007年在皮埃尔·德·隆格玛尔(Pierre de Longuemar)的倡议和法国贵族协会的支持下,增订再版。这一备忘录通过牺牲的贵族战士强调了贵族阶层在第二次大战期间做出的贡献。根据清查的数据,大约800名贵族参加了"二战",而其中有三分之二阵亡。如果我们把这一比例和法国军队中的阵亡比例(阵亡人数大约20万人,占阵亡和战争中由于各种因素失踪人数总和的三分之一)相比,那么从阵亡比例而言,贵族群体的死亡人数看起来比全体人口的要高出两倍。① 而抵抗运动战士,尤其是第一批战士,就来自贵族群体,而在被关进集中营里的,同样也有名门子弟:由于参加抵抗运动和解放法国的功绩而受到最隆重嘉奖的解放勋章获得者中,74名是贵族出身,大概占全体战士人数的7%(1038人)。② 克劳德-伊莎贝尔·布赫洛的论文《抵抗运动中的法国贵族》("Nobles français en résistance"),则指出在自由法国组织的队伍中,包括在该组织最高级别的成员中,贵族成员所占的比例就大于其他群体的成员比例。在1943年11月10日改组过后的法国解放委员会的16位委员中,就有两位贵族:内政部的埃马纽埃尔·达斯蒂耶(Emmanuel d'Astier)和司法部的弗朗

---

① 皮埃尔·德·隆格玛尔:《1939—1962年备忘录:投入战斗的贵族人士和他们的战友》中的《序言》,2007年,第18页。
② 同上,第22页。

索瓦·德·芒东（François de Menthon）。①

2008年，法国贵族协会为了庆祝成立75周年，呼吁它的成员书写法国历史上引领各个领域风骚的贵族人士的命运或功绩。这一号召最终促成了一部厚达八百页的巨著的出版，里面一共收录了61篇文章。②其中必不可少的关于戎马生涯的章节强调了1789年的大革命完全没有中断贵族群体履行这一它为之而存在的职责。例如，有一篇文章叙述了佩尔蒂埃家族（la famille de Pelletier），这一家族有两个支系，分别为格拉蒂尼（Glatigny）支系和沃尔蒙支系（Woillemont），从路易十四起至今这两支总共出了十一代的军官。另外一些文章则通过某些个别的人物命运展示了贵族阶层的从军传统。在卡斯特尔菲达多战场上阵亡的宗室侍卫保罗·德·帕尔瑟沃（Paul de Parcevaux），代表了1860年布列塔尼和旺代地区的法国贵族，他们响应教皇庇护十四世发出的号召，保卫在维克多－埃马纽埃尔二世（Victor-Emmanuel）威胁之下的教皇国。拉蒂格将军（le général de Lartige），尽管他的名字没有出现在任何一场决定性的战役中，却代表了成千上万的将士，他们"以实力和勇气、忠贞和奉献精神，成为法国军队的中坚力量，为国牺牲，却不太关心政权的更替，因为民族长存"③。

在长达多个世纪的时间里，某些名门世家在持续不断地参加了发生在欧洲战场上的冲突之后，在它们的每一代人当中，仍然至少有一名

---

① 克劳德－伊莎贝尔·布赫洛：《抵抗运动中的法国贵族》，详见《抵抗运动和北欧人民研讨会会刊》（Actes du colloque La résistance et les Européens du Nord），1994年11月23—25日，布鲁塞尔：第二次世界大战历史研究中心（Centre d'études et de recherches historiques de la Seconde Guerre mondiale），1996年，第111—131页。
② 《七十五年簿记》（Le livre des soixante-quinze ans），《法国贵族协会简报特刊》（Bulletin spécial de l'ANF），2008年9月，共两卷。
③ 同上，第一卷，第199页。

职业军人。他们把他们的骑士准则转变成爱国情感和民族热忱,而且在他们视如己任的义务上,从未退缩。接受在一个国家、一个社会和一个民族中生存,就必须有能力自我保护和面对死亡。贵族群体对于军中行话和幽默的喜爱表明了他们对戎马生涯的酷爱①,而这种热情至今依然是存在。20 世纪末期,在陆军军官的编制里,贵族军官还占有 2% 的比例;在仍被称为皇家海军的法国海军里,他们的比例则为 10%。②

作为公民的贵族

19 世纪初,当法国议会活动开始走上正轨的时候,巴朗特男爵(baron de Barante)就警告过:"贵族必须在公民身份和遗老遗少之间做出抉择。"③ 他们选择了第一种身份。尽管失去了他们原先的法律地位,但是他们不仅幸存下来,还重新融入社会中。与此同时,他们还保住了他们的身份。他们的土地根基曾经是他们在政治、经济

---

① 名门世家里流传着许多军官食堂里的话语,这些建议同样说明了贵族对于军队的偏好,例如:"对于选择入伍从军的年轻人的几点建议:要想成功,就必须独树一帜、与众不同。因此:
如果你拥有名声,那么参加步兵吧,你将是独一无二的;
如果你很聪明,那么参加骑兵吧,你将是独一无二的;
如果你修养良好,那么参加炮兵吧,你将是独一无二的;
如果你很正派,那么参加工程兵吧,你将是独一无二的;
如果你喜欢女人,那么参加殖民军吧,你将是独一无二的;
如果你很稳重,那么参加空军吧,你将是独一无二的;
如果你精通算术,那么参加后勤部吧,你将是独一无二的;
如果你拥护共和政体,那么参加海军吧,你将是独一无二的。"
② 克里斯蒂昂·德·巴尔蒂亚:《1789 年至今的法国贵族史》,第二卷,见前引书,第 527 页。
③ 《巴朗特男爵回忆录(1782—1866)》(*Souvenirs du baron de Barante 1782—1866*),巴黎:卡尔曼 – 列维出版社(Calmann-Lévy),1890—1901 年,共八卷,第二卷,第 96 页。参见苏珊娜·弗耶特(Suzanne Fiette)的著作《启蒙时代至美好年代的法国贵族》(*La Noblesse française des Lumières à la Belle Époque*),巴黎:佩林出版社,1997 年,第 14 页。

和社会等方面的影响力的基础。1815 年至 1848 年间实施的纳选举税的选举制度则加强了他们的影响力。因为这一制度优待拥有地产的公民，也就是说通过授予土地所有者选举权，给予大地主在议会里代表农民的职责。由于当时法国人口中大多数是农民，所以在推行纳选举税的君主政体下，大地主对土地的拥有让他们可以实施立法权。即便在 1830 年以后，一部分贵族，即喜欢阅读路易·德·伯纳德（Louis de Bonald）① 和约瑟夫·德·迈斯特（Joseph de Masitre）② 的贵族，出于对神圣王权和流亡的王室的忠诚，决定从国家的政治生活中隐退，但依然有许多贵族坚持投身于政治活动。在法国议会的人员编制中，1821 年贵族所占比例为 58%，1846 年为 35%，1869 年仍有三分之一。而在地方的议会中，他们的身影也非常活跃，因为在整个 19 世纪，他们的比例不断上升：1840 年，每六名地方议员中就有一名是贵族；到了第二帝国末期，差不多十名议员中就有三位贵族。③ 1871 年的议会选举则标志着贵族代表在议会中的人数达到顶峰，从而证实了贵族阶层依然保留着重要影响力的观点：议会里的 225 名代表出身贵族，相当于 675 位当选议员的三分之一。④ 19 世纪 70 年代成了"公爵的共和国"时代。长期以来，贵族一直享有极高的社会声望和雄厚的土地财富，而这又有助于维持他们在村里的地位，就像他们"还将长久地拥有他们在教堂里的位置一样——让只能坐在第二排的

---

① 路易·德·伯纳德（1754—1840），法国保皇派哲学家和政治家，尽管他的许多哲学见解和政治思想比较保守，但是很有远见。他被视为社会学的先驱之一。——译注
② 约瑟夫·德·迈斯特（1753—1821）：法国哲学家、作家、外交家，法国大革命爆发后，挺身为等级社会和君主制度辩护，和路易·德·伯纳德是好友。——译注
③ 居伊·理查尔，见前引书，第 104 页。
④ 让·贝卡吕（Jean Bécarud）：《贵族和议会代表：1871 年至 1968 年的贵族议员》（*Noblesse et repré sentation parlementaire: les députés nobles de 1871 à 1968*)，《法国政治学杂志》（*Revue française de science politique*)，第 123—125 期，1973 年，第 976 页。

杰出市民常常感到恼怒的首排座位"①。对于拥护共和政体的人士而言，1885年的议会选举依旧是一个严肃的警报：保守的右派不仅确立了一份意见一致的选举名单——这份名单集合了波拿巴王朝的拥护者、波旁王朝长期的拥护者和奥尔良党人——并且他们当选的议员增加了两倍。直到1914年，拥护共和政体的多数派从未占有优势，贵族代表在议会里依然十分活跃，因为即使贵族一如既往地维护传统的社会准则，但是在布朗热事件失败和保皇党人归顺第三共和国后，拥君思想减弱，他们当中的许多人士便成了共和党人。

当豪门贵胄谋求通过选举而就任的职位时，他们受益于一些优势，这些优势又是他们当中的某些人士为了捍卫他们出任公职的合理性而强调的：在当地有代代相传的府邸，而且世代为官。以"一系列高高在上的社会头衔和早在他们之前就已开始的职责"为名，他们认为传承人的身份不仅使他们成为传统概念上为国效力的最佳接班人，还要求他们必须用自身的经验继续为地方或者为国家的集体利益做出贡献。克劳德-伊莎贝尔·布赫洛所研究的弗朗什-孔泰地区②的贵族，就为这种表明他们是地方精英的志向提供了某一典型的例证。19世纪期间，贵族群体通过大力振兴和土地相关的产业，重新构筑了他们的财富。为了巩固他们在乡下社群中的领导角色，他们采用了多种手段：长期出任镇长或村长的职务；进行各种巨大的投入，开发所在的乡村；慷慨援助贫苦大众。通常而言，城堡里的贵族始终是地方生活中的关键人物。作为民选代表，他可以在国家和民众之间、巴黎和外省之间扮演斡旋人的角色。他优先考虑的是维护农民的利益，而这不仅有助于加强他在地方社会经济上的主导地位，还有助于维持城堡和

---

① 达尼埃尔·阿列维（Danièle Halévy）：《公爵的共和国》（*La République des ducs*），巴黎：格拉塞出版社，1937年，第370页。
② 弗朗什-孔泰：法国东部的一个大区。——译注

第五章　忠于职守的阶层

村子之间保护人和拥护者的关系。19世纪，这种友好的交换方式并非只在弗朗什-孔泰地区常见，也多见于其他众多地区，比如诺曼底和安茹，这两个地区的贵族们把精力尤其倾注在他们的田庄上。无论在哪儿，这一交换都倚赖于豪门世家在同一个地方的历史、声名和财富。这也正是布列塔尼的罗昂-夏博（Rohan-Chabot）家族的情形。第十一代罗昂公爵阿兰（Alain），在他对家族从6世纪起就居住在其中的若瑟兰城堡进行重大修缮的时候，也投入政治生活中。从1876年至1914年的整整38年间，他一直都是普洛埃梅勒（Ploërmel）选区的议员。

我的曾祖父被称为莱昂的亲王，这得名于他的父亲（卒于1893年），后者和他的兄弟一起加入了由志愿者组成的莫尔比昂省的法国国民别动队。而我的曾祖父则是一名上尉，并在普鲁士士兵围攻巴黎期间参加了在布藏瓦尔的战斗。这一段和士兵们一起度过的峥嵘岁月肯定唤醒了他的政治意识。此外，由于这一段经历，他对普通大众不仅有了一种极高的敬意，对他们也有了一定的亲密感。他还一直自豪于这段岁月，因为他既履行了保家卫国的职责，又结识了在这之前他没有机会接触到的其他人士。当时，他继承了一大笔财产。他的母亲，是一个富有的大地主的独生女，带过来的嫁妆非常丰厚，为他修复若瑟兰城堡提供了很大的帮助。他本人也娶了一位继承了一大笔财产的女子。1876年，他以保皇党人的身份，击败一名共和党人，当选为议员。在"公爵共和国"时代，他拥护麦克马洪元帅[①]。因此，在第三共和国的头几年里，他见证了保皇派和共和派的正面冲突。1877年，议会解散之后，他又重新当选为议员，直到1914年过世。很快就站稳脚跟的第三

---

① 法国第三共和国第二任总统，典型的保皇派。——译注

共和国尽管在社会政策方面守旧落后，但对教权主义越来越敌视。我的曾祖父，由于缺乏拥护法国王位的权势，便以个人的力量和信仰捍卫教权。他参加关于宗教组织的辩论；对于时任法国总理的朱尔·费里（Jules Ferry）的殖民扩张政策，他公开以异见者的身份坚决反对。在社会改革上，他投入的战斗之一是在普洛埃梅勒和蓬蒂维（Pontivy）之间铺设铁路。因为布列塔尼地区的见解落后，而且当选的议员很多都是保守的保皇派，所以共和派对布列塔尼并没有什么好感。在铁路发展计划上，第三共和国对于通达布列塔尼的线路也就没有任何热情。我的曾祖父像一头狮子般奋勇力争。在关于社会发展之上，他的思想既守旧又进步。①

继他之后，他的儿子在同一选区也当选为议员，直至1916年在索姆河战役②中阵亡。他的曾孙子若瑟兰，如今的罗昂公爵，从国立行政学院毕业之后，1965年以27岁的年纪当选为若瑟兰市的市长，1982年当选为众议员，1983年当选为参议员。他出任市长长达32年，众议员16年，参议员28年。此外，从1998年起，他还连续6年担任布列塔尼地区议会主席。其他拥有显赫姓氏的贵族，在继承了一笔财产或结了一门亲事之后，会前往某个他们没有土地根基的地区，但他们有时也同样参与当地的政治，并取得政绩。第十一代特雷莫耶公爵（Trémoïlle）路易的经历便是如此。1892年，在迎娶了海伦娜·比耶－维尔（Hélène Pillet-Will）之后，他把家安在吉伦特省（Gironde），因为他的妻子给他带来了波尔多地区的葡萄酒名庄之一：玛歌酒庄（Château Margaux）。他先成为玛歌市议会的议员，并

---

① 和第十四代罗昂公爵若瑟兰（1938—　）的访谈，2012年2月14日。
② 索姆河战役：第一次世界大战期间，规模最大的一次会战。——译注

于1904年成为玛歌市的市长，几年之后，他又成为众议员。1906年，他当选为波尔多第四区的议员，并于1910年和1914年重新当选。作为左派的共和党人，他致力于维护他所在地区的利益：波尔多的葡萄种植、阿尔卡雄（Arcachon）的牡蛎养殖、朗德（Lande）的林业。

有一政坛常青树的例子尤其引人注目，那就是若弗鲁瓦·德·蒙达朗贝尔（Geoffroy de Montalembert）。他出身于普瓦图地区的古老贵族世家，是夏尔·德·蒙达朗贝尔（Charles de Montalembert）的小侄子。前者先后出任了七月王朝上议院的议员、第二共和国制宪会议的代表、立法委员（直到1857年），并以捍卫宗教自由和教学自由的斗士称号而闻名。若弗鲁瓦的父亲，朱尔·德·蒙达朗贝尔（Jules de Montalembert），曾经是位于法国北部的阿纳普市的市长；从1881年起，他在当地拥有一座家庭府邸，之后在长达44年的时间里，他一直担任当地的省议员；1889年至1906年，他还当选为国民议会议员。而若弗鲁瓦先是接任他的父亲，成为阿纳普市市长。后来，由于他更喜欢诺曼底——他在当地经营一处农庄——他又成为艾尔姆努维尔市的市长，并在长达68年的时间里一直担任此职。从1936年至1993年，他还先后当选为滨海塞纳省的众议员和参议员。而从1977年至1993年，他一直是资格最老的参议员。他尤其长久的从政经历对于他而言，是被贵族精神培养出来的"志向"或"传承"[①]，而这种教育曾经鼓舞他的先辈们发扬家族的道德准则。他的祖先，夏尔·德·蒙达朗贝尔对于贵族群体的兴趣只在于把它视为一个奉献的

---

① 大卫·贝拉米（David Bellamy）：《若弗鲁瓦·德·蒙达朗贝尔（1898—1993）和贵族传承的政治介入》（"Geoffroy de Montle mbert (1898—1993) ou le réinvestissement politique d'un héritage arictocratique"），见上述吕蒂文·邦迪尼和阿尔诺·博贝罗主编的著作，第303—314页。同时详见大卫·贝拉米的《若弗鲁瓦·德·蒙达朗贝尔（1898—1993）：一位从政的贵族》（*Geoffroy de Montalembert (1898—1993). Un aristrocrate en politique*），雷恩：法国大学出版社，2006年。

阶层和一个文化的阶层。① 本着同一精神，若弗鲁瓦认为他投身政治的这一行动从属于"社会责任"或"名流的责任"。他说道："如果你是一个显贵，那么你要为他人、为国家服务，你要尽忠报国，这也就是为什么我希望成为显贵的代表。"② 另外一个体现了这种家族传承和这种服务于社会的志向的杰出人物是马恩省的众议员夏尔－阿梅代·德·库尔松（Charles-Amédée de Courson）。他以一些激烈的介入活动而著称，以至于被媒体称为"国民议会的秃鹫斗士"③。他独立的精神、对于政府财务的观察入微、关于大众利益的意识，以及他由于反对多余的开支而面对一切考验时的强硬态度，都为他赢得了整个政界的尊重。作为高等经济商学院（ESSEC）入学考试的第一名考生和国立行政学院的毕业生，1986年当他接替他的父亲成为瓦诺莱达姆市（Vanault-les-Dames）的市长和马恩省（Marne）的省议会议员时，他在政坛崭露头角。实际上，他的父亲艾马尔·德·库尔松（Aymard de Courson），从1953年至1985年一直担任瓦诺莱达姆市的市长，并且从1958年至1986年一直当选为省议员。而他的外祖父雷奥奈尔·德·穆斯蒂耶（Léonel de Moustier），从1928年至1940年连续当选为杜省（Doubs）的省议员，是反对贝当元帅主政的80名国会议员之一，并且是其中唯一的右派议员。后来，他参加了抵抗运动，并死于集中营里。

---

① 弗朗索瓦丝·梅罗尼奥（Françoise Mélono）：《一位"世纪之子"的欧式教育：年轻时代谋求政治地位的蒙达朗贝尔》（'L'Éducation européenne d'un 'enfant du siècle': le jeune Montalembert à la recherche d'une position politique'），详见安托万·德·莫（A. de Meaux）和欧仁尼·德·蒙达朗贝尔（E. de Montalembert）主编的《夏尔·德·蒙达朗贝尔：宗教、政治、自由》（Charles de Montalembert. L'Église, la politque, la liberté），巴黎：法国国家科学研究院出版社，2012年，第105—106页。
② 和若弗鲁瓦·德·蒙达朗贝尔的访谈，1993年1月18日，见大卫·贝拉米的前引书，第307页。
③ 《世界报》，2013年7月23日。

宫廷贵族的盛大舞会

在某个国民议会选区里,有两个名门世族特别引人注目,那便是生活在萨尔特省的吕亚尔城堡里的吕亚尔家族(la famille du Luart)和在热尔省的马尔桑城堡(château de Marsan)安家落户的孟德斯鸠·弗藏萨克家族(famille de Montesquiou Fezensac)。吕亚尔侯爵罗兰,24岁时成为吕亚尔市市长,后来连续13年当选为萨尔特省的省议员,1977年成为参议员,并且从2004年以后一直出任参议院的副议长。他实际上沿袭了他的叔叔拉迪斯拉·德·吕亚尔(Ladislas du Luart)的从政轨迹。后者从1968年至1977年一直任参议员,此外还长期出任吕亚尔市长。他备受选民的赏识,因为他注重解决当地的问题。至于埃梅里·德·孟德斯鸠·弗藏萨克(Aimèry de Montesquiou Fezensac)——2013年,国家最高行政法院(le Conseil d'État)的一项判决授予他在姓氏上添加另一名号达尔达尼央(d'Artagnan)的权力,盖出于他是路易十四时代著名的火枪队队长的后代,而且是公认的血缘关系最近的后代——从1976年以来他一直是马尔桑市的市长,并在出任了两届热尔省的国民议会议员和随后的欧洲议会的议员后,从1998年起又连续当选为热尔省的参议员。他的父亲皮埃尔·德·孟德斯鸠·弗藏萨克（Pierre de Montesquiou Fezensac）,同样也是马尔桑市的市长,并且从1958年开始当选为热尔省的国民议会议员,直至离世。总而言之,由于法国各地的名门贵族都接受了由功绩而非出身决定的新的等级制度,所以势不可当的民主步伐从未与他们势不两立。也正是在这一情形下,他们才能保住自身在地方的权势地位和社会影响力。

在参与公共事务方面,贵族的政治活动并不局限于议员的职务,他们也活跃在高层的政府部门内部。当然,众多研究指出,第三共和国时代,随着竞岗选拔机制的确立,在共和国政府的人员编制里,他们的人数逐渐减少。但是这一数字的下降是相对的。高级别的政府职务,从逻辑上而言,是向国王效力的延伸,所以第二等级的后裔们认为置身于这样的职务之上,比从事贸易或金融更体面、更尊贵。外交职务尤其吸引他们,因为在第一次世界大战之前,除了法国和瑞士以外,欧洲的其他国家依然拥护君主政体。贵族们的教育赋予了他们进入外交生涯的优势:精通宫廷礼仪、熟悉社交习俗,并与国外大量仍然身居要职的贵族们有着友好的关系,甚至是姻亲关系。因此,第二帝国时代,外交部是政府重要部门里贵族人数最多的地方:"为拿破仑三世效力的全权内阁大臣中,70%是贵族,或者类似于贵族出身";而且,"在27位官至大使级别的外交官中,18位拥有贵族头衔（67%）"[①]。1901年,在外交系统,

---

① 伊夫·布吕雷（Yves Bruley）:《帝国时代的外交部》（*Le Quai d'Orsay impérial*）,巴黎:佩东出版社（A. Pedone）,2012年,第338页。

四分之一的高级官职仍然由贵族人士把持。① 两次世界大战期间，贵族的比例不仅在外交部的整个人员编制中几乎没有下降（1904年至1914年间，在竞岗进入外交部或使领馆工作的候选人当中，有26%是贵族出身；1919年至1930年间，比例为24%），而且在高层职位上还上升了：从1900年至1914年，贵族阶层输送了20%的外交高级官员、大使和全权内阁部长；从1918年至1939年，则输送了28%。② 与此同时，随着其他重要政府部门的设立，贵族群体在其中也赢得了他们的位置。譬如，1901年的时候，在审计法院中，有五分之一的法官来自贵族群体。③ 另外一个例子则是，从1892年至1946年，在财政部的稽查官中，20%的官员"表面上拥有贵族的符号"（表示贵族称号的前置词或城堡）。④ 如今，贵族子弟出现在类似巴黎综合工科学校（Polytechnique）、国立行政学院和巴黎高等师范学校（École normale supérieure）等著名高校的入学名单上，这不仅证明了他们不仅适应竞岗考核、绩优录取，也说明了他们将继续活跃在政府高层的决策圈内。

贵族和人道主义

自从中世纪以来，在贵族阶层和教会之间，建立起了一种有机的

---

① 克里斯托弗·夏尔，见前引书，第238页。
② 伊莎贝尔·达斯克（Isabelle Dasque）：《第一次世界大战后的法国外交》（"La Diplomatie française au lendemain de la Grande Guerre"），《二十世纪》杂志（*Vingtième siècle*），第99期，2008年7—9月，第34页。
③ 克里斯托弗·夏尔，见前引书，第238页。
④ 娜塔莉·卡雷·德·玛尔伯格（Nathalie Carré de Malberg）：《财务智囊团：1918—1946年的财务稽查官（人员、行业、职业生涯）》（*Le Grand État-Major financier: les inspecteurs des Finances 1918—1946. Les hommes, le métier, les carrières*），巴黎：法国经济和金融史委员会出版社（Comité pour l'histoire économique et financières de la France），2011年，第62页。

紧密联系。而这种关系又建立在福音教义、信奉上帝和仁爱之上。对一出生就拥有的特权的感恩，必不可少的、制衡财富的道义责任，尊重私人财产的良知戒律——意味着对贫苦大众的关注和对全体的共同利益的认识——都决定了贵族阶层在人道上的责任和义务。正如对于土地的热爱一样，信仰上帝、爱自己的同类，都和贵族的身份密不可分。在贵族的身上，谦恭和骄傲并驾齐驱。安茹的勒内（René d'Anjou）的小孙女、阿郎松公爵夫人（duchesse d'Alençon）、洛林有福的玛格丽特（la bienheureuse Marguerite de Lorraine）就以"侍奉上帝，就是治理"为座右铭。整个君主时代，以王室成员为榜样，贵族阶层资助了众多的教会组织和慈善机构。

  18世纪，尽管大贵族对于弱者和穷人还是很慷慨大方，但他们似乎背叛了他们的精神使命。他们沉湎于丰富多彩的思想当中，他们博才多学、满腹诗书，开展某种取悦于人的高雅艺术，并打造精微雅致的举止和语言。没有比当时更典雅、更光彩夺目的社交界了，然而时人流行的是对宗教的蔑视。相信上帝是造物主和救世主在当时显得滑稽可笑。渴望进步和新思想的大贵族以他们的掌声，支持作家勇敢地反抗宗教和宣传无神论。1778年出生的拉图尔·杜班侯爵夫人（Madame de la Tour du Pin）写道："我年轻的岁月见证的一切，本该损毁我的精神、腐蚀我的内心、使我堕落并摧毁我身上所有的道德观和宗教观。"[①] 大革命造成的创伤对贵族阶层有多大的警醒，我们再怎么强调都不为过：从历史上说，它不仅是一个和君主制度联系在一起的社会体系，也是和教会联系在一起的体系。因此，法国的贵族阶层，在自由派一代的高雅和无神论之后——他们迷恋启蒙思想的准

[①] 拉图尔·杜班侯爵夫人：《回忆录》（*Mémoires*），巴黎：法国水星出版社（Mercure de France），1989年，第36页。

则，但同时又留恋他们的特权——是宗教上的回归、忏悔和虔诚。众多自传体文本不仅表现了贵族们这种态度上的变化，也揭示了他们当时是多么愿意接受某种强调过失义务和赎罪补过的教义，尽管这样的教义推行的标准和职责是基督徒式的生活，即追求富足的精神生活和从事慈善活动。这一切可以从墓碑上依稀可辨的碑文中看出。这样的墓碑有时会被遗弃在墓园里，正如遗落在波皮昂城堡（Popian）——如今埃尔省（Héraut）一个小村镇的镇政府——里的那块一样：

> 尊贵的玛丽-特蕾斯·达泽玛尔·苏贝（Marie-Thérèse d'Azémar Soubès）夫人，波比昂大人、尊贵的诺埃尔·玛丽·达泽玛尔（Noël Marie d'Azémar）的遗孀，1807年10月8日逝世，享年约77岁。当她可敬的丈夫和家人遭遇厄运时，她坚强而虔诚。她遁世隐居，注重孩子们的教育，展示出高贵的心灵。请为她祈祷吧。

现在，在许多名门贵胄一如既往地生活在其中的家族城堡里，备受世代祖先们敬重推崇的小礼拜堂依然很神圣。19世纪的时候，贵族们毕恭毕敬地修缮了这些小礼拜堂，但往往也附上一些新哥特风格的装饰。通常，它们展示出贵族符号和宗教符号在象征意义上的联结，所以特别常见的便是百合花：既象征圣洁的圣母玛利亚，又象征对法国君主制的缅怀。有的时候，城堡里的小礼拜堂饰有描述圣家庭，或者出资兴造或修缮它的家庭的彩绘玻璃窗。是否拥有一座祝圣的礼拜堂，即用于做弥撒的礼拜堂——特别是在家族的周年纪念或洗礼的时候——如今成为区分世袭城堡主的府邸和新城堡主的府邸的一个要素之一。而这其中的缘由被某个受访者的奚落之语点破："如果他很有钱，那么他更愿意要一座家庭影院：商业化的欧洲取代了基督教的欧洲……"

法律地位的丧失，促使法国贵族阶层为了延续下去而不断强化他们的社会责任感，而这一责任感又是建立在一个概念之上，即只有帮助他人才能合理地获得所有古老家族所向往的尊重。另外，还有他们和社会和解的愿望。19世纪期间，对于那些自认为对上帝负有责任的贵族而言，福音派的仁慈和投身于社会慈善事业成为一种准则。在他们关注的事务中，排在首位的是慈善赞助：向所在教区的教堂捐献或捐赠，资助天主教会学校、庇护所，提供医院的床位，为洗衣房供水……第三共和国时代，激进派领导的针对宗教团体和学校的反对教权主义政治运动，以及后来由于导致激烈冲突——发生在教会包括动产和不动产在内的财产盘点期间——的政教分离，激发了贵族阶层捍卫他们的信仰和支持教会机构的决心。

　　　　　我的曾祖父[①]和孔布倡导的政教分离政治[②]作斗争，因为他觉得这是对一切传统的挑战。在他的县里，他重新买下了那些被暴力驱除的宗教组织腾出来的学校，并在里面安置了一些有教学权的天主教团体。正是这样，我发现我继承了一笔我也许会错过的学校资产。同样，我的曾祖父、我的祖父、我的祖母在许多年间一直支付这些学校的地产税。这并不新奇：就像在法国的其他地方一样，在布列塔尼，还有很多家族为了帮助教会而采取了这样的行动。此外，我的曾祖父还激烈反对把带耶稣像的十字架从法庭里撤走。在若瑟兰，当他被告知必须把带耶稣像的十字架从治

---

① 第十一代罗昂公爵阿兰（Alain, 11ᵉ duc de Rohan，1844—1914），1876年至1914年莫尔比昂地区的省议员。
② 1902年，激进的共和者成为法国大选的胜利者，随后他们实施了一系列集中反对教权主义的政策。当时的议会议长埃米尔·孔布（Émile Combes）拒不承认大部分的宗教团体，而且还拒绝他们从事教学活动。——译注

安法院移除时，他就组织了一次盛大的游行活动。他很有舞台感。若瑟兰所有的民众都被召集了起来。教堂里响起了丧钟。他披上象征法国的蓝、白、红三色披肩，戴上他的众议员的徽章，郑重地前往法院迎接带耶稣像的十字架。他摘下十字架，然后在一条长龙的尾随下，把它移至市政厅。耶稣的这一十字架一直挂在市政厅，直到我当选市长。我一直反对把耶稣塑像换到另一个地方。①

从上述的这种介入活动到对教会的援助，乡村慈善机构（L'Œuvre des campagnes）是其中最引人注目的见证。1857年，当时的教士阶层和贵族阶层决定，努力恢复农村民众的基督教信仰。在他们的这一共同决定下，乡村慈善机构成立了。该机构不仅极力鼓励贵族家庭以有别于参加主日弥撒的其他方式从事宗教活动；还鼓励他们每年要在城堡里住上一段很长的时间，以此拉近他们和神甫之间的关系；或者鼓励他们通过物质和精神上的支持援助教会，并选择一种朴素节俭的生活方式。1905年，在"教务专约"废止之际，它的声誉达到了顶点。在援助农村地区的教士阶层的慈善组织中乡村慈善机构名列前茅，它的活动延伸到了法国所有的乡村。大部分的主教教堂都发表了对它的赞誉。在成立了150年之后，这一机构依然十分活跃：它一如既往地以接受弥撒献仪、捐助或遗赠的方式筹集资金，并把筹集到的资金全部发放给乡下地区，或如今半乡下地区的神职人员。此外，从它成立之初就活跃在其中的家族从未中断过对它的扶持。贵族群体这一活动的长久性证明了土地对于他们的重要性：既是家族记忆必不可少的载体，又是他们和地方数百年关系的火热熔炉。与此同时，乡村慈善机

---

① 和第十四罗昂公爵（1938—　）的访谈，2012年2月14日。若瑟兰·德·罗昂（Josselin de Rohan），从1965年至2000年，担任莫尔比昂省若瑟兰市的市长。

构还见证了他们对于传统的忠贞不渝,即竭诚为信仰服务,而这一传统又建立在骑士精神之上:贵族为集体的付出必须大于他们的权益,这不仅仅意味着在战场上浴血奋战,也意味着帮助同类,并把自身的财富和能力用于为公众谋取福利之上。乡村慈善机构在贵族群体中成功推广的这项世俗的神圣使命,我们可以称为19世纪部分第二等级后裔的"入教"形式之一。他们觉得应该补偿他们的祖先在18世纪犯下的错误。在这种依然强烈的情感的推动下,他们不仅坚决抛弃了上一代人模糊的宗教情感甚至是他们的怀疑论,而且颂扬忘我无私的精神,成为最古老的天主教民族中最积极捍卫宗教遗产的人士。

如今,遵循天主教使命的志向促使众多贵族人士投身于慈善活动,并以他们的专业能力支持各式各样的慈善组织。全国工商就业联合机构(Unédic)前主席、手机零售和互联网企业的董事长若弗鲁瓦·胡·德·贝奇厄(Geoffroy Roux de Bézieux),创立了支持"青少年教养所"(Les Orphelins d'Auteuil)的企业领导人组织,成为"天主教济贫组织名副其实的要冲"[①]。2003年,洛朗·德·谢里塞(Laurent de Cherisey)和克里斯蒂昂·德·布瓦勒东(Christian de Boiredon)成立了"希望通讯员协会"(Reporters d'espoir)。该协会的宗旨是,在新闻媒介中推广能为主要的大众利益问题"带来解决办法"的信息或创意。此外,支持残障人士互助团体的西蒙·德·昔兰尼协会(Simone de Cyrène),也由洛朗·德·谢里塞负责。而为伤残人士和他们的家人提供服务的基金会:残疾人士基督教办事处(Office chrétien des personnes handicapés),它的管理人则是菲利普·德·拉沙佩勒(Philippe de La Chapelle)。全球最大的资产管理集

---

① 马克·波德里耶(Marc Baudriller):《天主教会:它们的权势、它们的准则和它们崭新的影响力》(*Les réseaux cathos. Leur pourvoir, leurs valeurs, leur nouvelle influence*),巴黎:罗伯特·拉丰出版社,2001年,第254—255页。

团安盛保险集团（Axa）的前任不动产资产管理人贝尔特朗·德·费多（Bertrand de Feydeau），2002年的时候成为巴黎主教府经济处的处长。他监管了贝纳当神学院（Collège des Bernadins）的修缮工程，并且在天主教系统组织了一次大型的文艺赞助活动。现在，他负责主持贝纳当基金会（la Fondation des Bernadins）的工作。所有这些贵族人士的义举，说明了他们身上依然有着一股基本的信仰：没有慷慨的付出，尤其是无偿的时间付出，财富将一无是处。贵族对慈善事业的这种参与依然是他们这一社会群体的重要特征，以至于引起了某些自称是"参加宗教活动的非宗教人士"①的效仿。这些人士希望通过赞助天主教的慈善机构，尤其是进入慈善组织马耳他骑士团（l'Ordre de Malte），或获得教宗格利高里一世（Saint-Grégoire-le-Grand）骑士团勋章，让他们的姓氏裹上一层岁月的光泽，并找到一块进入上流社会的跳板。

贵族们，即使在他们没有时间或财力从事同样引人注目的慈善活动时，他们当中的大多数人还是会一如既往地表明他们的信念：一个社会失去了对上帝的信仰，也会失去对人类的信仰。许多贵族人士不仅仍然经常去望弥撒，而且十分注重那些记录家里大事件的宗教仪式。譬如，他们准备婚礼时的细致入微，是其他群体无可比拟的。这可以从放置在教堂凳子上的小册子的水准看出来：小册子能让参加婚礼的宾客理解仪式中的经文，以及便于他们参加合唱。合唱一般由家族里的某一成员或朋友领唱。由于贵族群体里仍有很多教会人士，所以他们在举行结婚典礼或洗礼，甚至是葬礼的时候，并不缺乏神甫。然而，现在除了在巴黎和一些大城市之外，神甫主持葬礼成了一种奢侈，因为在法国各地，日益常见的是葬礼上少了神甫的身

---

① 马克·波德里耶：《天主教会：它们的权势、它们的准则和它们崭新的影响力》，第277页。

影，这便导致了第二次梵蒂冈大公会议所鼓吹的平等的流产。如果说这次会议取消了宗教仪式的等级，却远远没有降低宗教活动中由于信教者生活的地区不同和他们的财富多寡而出现的不平等。另外，在许多贵族家庭里，孩子们都参加童子军运动。最后，贵族群体对于教会的忠心表现在贵族子弟加入神职人员的队伍。1988年，在布里萨克城堡举办了一次协会年轻人的周末活动，法国贵族协会的宗教顾问泽维尔·德·塔拉贡（Xavier de Tarragon）在活动上发言，声称他在非宗教人士以及为数不少的教士身上，嗅到"对于第二等级出身的神甫的羡慕、嫉妒，有时甚至是敌意和残留的偏见"。但是，他补充道："同样很多时候，一些人感到很惊讶，一个人既能属于贵族这一阶层，又能接受物质上的清贫和一切性质的舍弃，而这样的舍弃与当代教会的生活密不可分。"如今，在巴黎、克雷泰伊（Créteil）、南特（Nanterre）和圣·丹尼（Saint-Denis）主教教区的行政年鉴中，登记有2219名神甫，其中有85名是贵族出身，而且单单巴黎这一主教教区就有60名贵族神甫。也就是说，在我们统计、探讨的神甫人数里，贵族的比例大约为4%，即比贵族群体在法国人口中所占的比例（0.2%）还要多出20倍。如今，出身贵族的神甫人数还在继续增长。

贵族持之以恒地投身于军队、政治、行政或者教会而造福于大众的这一表现，有两种解释。第一种解释是贵族不仅拥护尽忠职守这一传统，还有志于一如既往地参与权力运作，尽管代价是随着君主、帝王、共和国政权的更迭，在政治上做出妥协。在封建君主时代，许多显赫的家族就追求他们利益的最大化，不断调整他们在政治上宣誓效忠的对象。帝国时代，他们的动力主要是经济上的。许多旧时的贵族代表和篡位者沆瀣一气，以此换得他们财产的返还和在军队或政府部门中的职位。此外，他们对"精忠报国"这一概念的灵活运用，以及他们为适应政权更迭而采取的务实态度，都受制于他们想保持秩序和稳定的愿望。支持雾月政变后产生的政权意味着以国家、等级和军队为重。这也就是为什么尽管拿破仑象征的是为大革命加冕，但是在他的辅臣和内侍里，有不少出身于古老的名门世族：例如弗朗索瓦·约瑟夫·德·梅西–阿尔让多（François-Joseph de Mercy-Argenteau）、后来的穆迟公爵（duc de Mouchy）朱思特·德·诺阿耶（Juste de Noailles）、夏尔–费利克斯·德·舒瓦瑟尔·普拉兰（Charles-Félix de Choiseul Praslin）、后来的罗昂公爵（duc de Rohan）和贝藏松大主教奥古斯都·德·罗昂–夏博（Auguste de Rohan-Chabot）、艾梅–夏尔·德·贡托–比隆（Aimé-Charles de Gontaut-Biron）、艾玛尔–弗朗索瓦·德·尼古拉（Aymard-François de Nicolaÿ），甚至还有昂吉安公爵（duc d'Enghien）的密友蒂亚尔伯爵（comte de Thiard）……而皇后约瑟芬（Joséphine）的内侍有皮埃尔·德·奥布森·德拉弗亚德（Pierre d'Aubusson de la Feuillade）和杜泽尔公爵夫人（duchesse de Tourzel）的女婿贝阿恩（Béarn）的亚历山大–莱昂·德·加拉尔（Alexandre-Léon de Galard）。皇太后的内侍则是马克–安托万·德·博蒙（Marc-Antoine de Beaumont）和科塞公爵（duc de Cossé）。此外，约瑟芬·博阿尔内（Joséphine de Beauharnais）皇后还有宫廷女官，比如拉罗什富科–利昂古尔公爵（duc de La Rochefoucauld-Liancourt）的儿媳妇亚历山大–弗朗索瓦·德·拉罗什富科伯爵夫人（comtesse Alexandre-François de La Rochefoucauld）、古庸–马蒂侬（Goüyon-Matignon）家族的女儿蒙莫朗西公爵夫人（duchesse de Montmorency）、蒙莫朗西家族的女儿莫特玛尔侯爵夫人（marquise de Mortemart）、埃德蒙·德·塔列朗–佩里戈尔伯爵夫人（comtesse Edmond de Talleyrand-Périgord）……后来，普鲁旺斯伯爵的前第一侍卫皮埃尔·德·孟德斯鸠·弗藏萨克（Pierre de Montesquiou Fezensac）接替塔列朗，成为大内侍；而他出身于鲁瓦家族（Louvois）的夫人，则是皇太子"罗马王"(Roi de Rome)的家庭女教师,著名的"鸠嬷嬷"(Maman Quiou)。

19世纪期间,在很多大贵族的人生轨迹里,都充满了各种投机的选择。如果这样的选择是他们出于保持稳定的社会地位这一首要考虑而被迫做出的,那么这也表明了一种政治上的精明圆融。第一帝国时代担任各种高官显职的塞居尔伯爵(Comte de Ségur),在复辟王朝时代,摇身变成法国贵族院的议员。罗昂公爵的弟弟费尔南·德·罗昂-夏博(Fernand de Rohan-Chabot)——他后来也成为公爵——加入了帝国的军队,先后参加了1809年攻打奥地利的战役、1812年莫斯科之战、1813年德累斯顿战役和后来的俄罗斯战争,最后成为贝里公爵的副官。但是,到了1815年,他追随公爵逃至根特。① 博尼法斯·德·卡斯泰兰(Boniface de Castellane),改旗易帜的专业人士,曾效力于从第一帝国时代至第二帝国时代的所有政权。1804年,时年16岁的他入伍参军。1807年,作为穆桐将军(général Mouton)的副官,他被派往意大利。后来,他又追随穆桐将军出征西班牙,并参加了艾斯林会战、瓦格拉姆战役,以及攻打俄国的战争。1824年波旁王朝复辟时期,在昂古莱姆公爵(le duc d'Angloulême)的指挥下远征西班牙时,他负责领导一支骑兵大队。到了七月王朝的时候,他不仅成为法国贵族院的议员,还在军队里担任多个统帅和督察的职务。最后,他被提名为参议员,而且拿破仑三世还提拔他为元帅。政治上精明圆融的另外一个例子是安托万-阿杰诺尔(Antoine-Agénor),第十代格拉蒙公爵。作为阿格拉蕾·德·波利尼亚克(Aglaé de Polignac)的孙子,他和尚博尔伯爵(le comte Chambord)一起长大,二人同时在爱丁堡的荷里路德宫(château d'Holyrood)的礼拜

---

① 1815年拿破仑从流亡的厄尔巴岛回到巴黎,因此曾于1814年正式宣布实行君主立宪制的路易十八逃往比利时根特。——译注

堂领圣体。但后来他听从了拿破仑三世的朋友、他的舅舅阿尔弗雷德·德·奥赛伯爵（le comte Alfred de d'Orsey）的劝说，不再排斥帝国政体。因此，他从1850年开始，他向路易－拿破仑·波拿巴宣示效忠，先后成为第二帝国时代的法国大使和外交部部长，而他的夫人则和皇后欧仁尼·德·蒙蒂若（Eugénie de Montijo）成为朋友。

如果说19世纪贵族在政治上的见风使舵是某种积极的随机应变，那么这同时也说明了某种想要出人头地的雄心，而这样的抱负又引起了第二种解释：在晋升高官显爵的志向下，贵族阶层必须把功绩和才华等优点纳入他们的价值体系之中，因为这对于他们的正统地位而言必不可少。贵族对于个人功绩这一概念的吸收，常常被描述成对于资产阶级关于奋斗的道德准则的附和，甚至是他们资产阶级化的表现。实际上，贵族身份的这种调整，即把贵族关于荣誉与骁勇善战的准则和资产阶级关于奋斗与能力的价值融合在一起，早在18世纪末期就已经开始了。① 此外，上述的理解过早地忽略了延续、忠诚、创新等概念和强调个人能力并不冲突。贵族的教育一直以来都建立在某一双重的原则之上：传承的责任和对比的义务，即必须达到前人的高度的义务。在骑士时代，假使一个贵族的领地来自于封建世袭制，那么不论是骑士的马刺、还是宝剑，他都不会一出生就拥有。骑士，是一种头衔：贵族子弟必须在宫中学习礼仪、接受骑士训练以及完成了骑士见习之后，才能获得这一头衔，而且它一般是对某一勇猛行为的嘉奖。如果说对于荣誉这一概念的反复灌输是贵族教育中的精髓，那只是因为家族名望的存在只能建立在个人功名的累加之上。

---

① 关于18世纪下半叶贵族阶层对于能力这一概念的整合，详见居伊·肖希南－诺加雷的精彩分析（见前引书，第53—64页）。

第六章

从身份的丧失到投身于金融活动

De la dérogeance aux affaires

视钱财如粪土，抑或觊觎金钱

中世纪以后，炫耀浮夸之风开始在贵族阶层蔓延。他们注重表现出身的高贵，并通过服饰、生活环境等和农民及市民区别开来。到了中世纪末期，宫廷的社交生活便建立在某种铺张浪费的方式之上，即排斥节约，提倡长年累月的负债。直到君主时代末期，在大贵族中，入不敷出地生活还是一种习气。贵族们不会去关注开销之事，他们更喜欢吹嘘他们的债务，对于市民阶层的想法根本不屑一顾。然而，大革命的打击使他们变得低调谨慎，也剥离了之前的浮夸矫饰。铺张浪费不再是他们的身份标识之一。到了19世纪，他们不仅对于尊严有了新的见解，对于节约也有了意识。在这个齐奏资产阶级价值凯歌的时代，他们学会小心谨慎地打理他们的资产。最后，他们挥霍浪费的本能让位于保存和积累的思维。

不过，在整个19世纪，贵族们依然注重保持他们的与众不同。他们不仅用先人的丰功伟绩和碧血丹心来强调祖先尊贵地位的合理性，而且还努力和当时的暴发户划清界限，因为他们觉得后者的豪奢是一种威胁。经济地位的下降使他们觉得羞辱，于是他们试图和同时代的新贵一较高下，而这又让他们有了自我堕落的感觉。因此，当新贵们模仿贵族的言行举止或危及乃至侵入他们的保留空间时，他们便同仇敌忾，尽管观念的不一、生活排场的差距也把他们分为互不往来的等级：拥护波旁王朝嫡系的正统派和支持奥尔良王朝的贵族、宗教上的怀疑派和教会中严格坚守道德原则的中流砥柱、与大企业家或大金融家联姻的骄奢的大贵族或"社会名流"、外省保守而传统的古老贵族世家……即便在现在，即使贵族们由于必须维护他们的地位而重视阔绰和排场，他们还是认为在日常生活中，"姓氏就足以说明身份，无须张灯结彩、大肆铺张"（男，1934年）。他们拒绝一切象征新贵的符号，排斥从"让门房看起来很讲究"的小奢华到他们觉得恶俗至极的炫富露财，例如，炫目的奢华或者现在所说的"金光闪闪"的卖弄。"这是一个暴发户"成了最侮辱人的言语（男，1950年）。实际上，没有比过犹不及①更让人降低身份的了：而这往往可以从车子的牌子或款式、会客厅的装潢、衣着服饰看出。关于衣服饰物，关键在于要和场合相得益彰。举例而言，就是在6人的晚宴和12人的晚宴上，不能以同样的穿着打扮示人。

事实是，和其他人一样，贵族也关注钱财，只不过他们遵循不同的原则。而这样的原则也成为他们与众不同的美德，那便是"质素的贵气"②：重点在于看上去清贫素朴，即使那近乎矫饰造作。尽管他们

---

① 原文为英文 too much。
② 皮埃尔·布迪厄，见前引书，第325页。

并没有戒除铺张浪费,尤其是在休闲娱乐方面,而这又以围猎为甚,然而他们把日常生活中的节俭视为最主要的美德之一。出于对新贵的抵制,他们保持一种低调的、扎根于时间长河里的奢华。他们不仅不关心这种奢华产生的效果,还抵制流行时尚的诱惑力或吸引力。贵族给自己规定的原则是尽可能地追求节俭和素朴。他们这种朴素的本能,一方面是由主张基督徒审慎、含蓄的宗教促成的,另一方面是因为他们担心重新勾起大革命期间激化的要求平权的愤怒。此外,这也表明了他们对于民主所要求的节制的认同,当然这里面有政治和社会演变所带来的束缚。19世纪期间,正如贵族阶层对于传统习俗的热爱一样,节制、朴素成了他们的一个文化特征。生于1875年的加布里埃尔·德·拉罗什富科伯爵(comte Gabriel de La Rochefoucauld)在他未发表的传记中,描述了他的叔公弗雷德里克·德·拉罗什富科(Frédéric de La Rochefoucauld)——利昂古尔侯爵(Marquis de Liancourt)、复辟时代和七月王朝时期夏尔省的众议员。这位贵族如果待在他位于都兰(Touraine)①的城堡里,就常常身穿一条罩衫。而当他出行时,乘坐的是火车三等车厢。即便在今天,贵族们豪奢的举止和他们精打细算的习惯并不相互排斥。他们的这种习惯出于各种考虑,而每个家族的想法又不尽相同,但其中必然榜上有名的是:税收和各种费用的增加,特别是由于拥有大量的地产而背上沉重的税负,这导致他们厉行节约。不过从表面看来,贵族精打细算的习惯是某种教养的结果。他们往往不喜欢乘坐出租车,他们喜欢坐经济舱出行或者买一辆二手车;在饮食上,他们对一定程度上的粗茶淡饭甘之如饴;在衣饰上则以素朴为上,这表现为日常身着一件"经常穿的猎装",也就是说有点旧了的外套,以及在参加鸡尾酒会时一身稍显过时但经典的礼服上,尽管唯

---

① 都兰:法国历史上的一个行省。——译注

一佩戴的首饰可以增色。不过，这样的首饰往往镶着一颗失去了光泽的古旧的宝石，当然宝石的价值逃不过行家的眼睛。

尽管豪门世家的等级取决于他们的历史和他们的名望，然而财富一直是造成贵族群体破裂的因素。唯有稳定的经济基础才能保证上层社会的生活排场。与此同时，一个家族的声望也总是依附于它的经济地位。贵族在财力上的不足会导致他们不是降格到比他们地位低的其他社会精英之中，就是失去他们的权势。因此，在继往开来的愿望下，也就是说在延续贵族群体社交生活模式的想法下，给子孙后代留下足够的财富成为一种职责。然而，如果说贵族们一直觉得花钱对于维持地位必不可少，那么长期以来他们却认为赚钱和他们的地位不相配。

中世纪以来，贵族树立起来的形象是生活在其财富之上而非其劳作之上。违背这一禁忌而投入第三等级专门从事的实业或商业活动，将会导致贵族失去其资格，也就是说丧失他的贵族特权。这种远离商业行为、满足于封建地租的职责大概不仅使得贵族阶层压抑了他们开创事业的精神，也在很大程度上促使他们把进步的创新思想让给了资产阶级。此外，这还为某种历史学说提供了依据。在该学说的观照下，法国大革命作为进步力量，它的胜利合情合理：对于现代资本主义而言进步力量是必需的，而法国社会的封建制度却阻碍了进步力量。不过，18 世纪以后，思想开明而活跃的贵族不仅对技术进步满怀激情，而且早已站到了经济精英的队伍里。① 某些贵族成为当时尖端产业的领军人物，譬如开创矿业企业，经营冶金工厂、纺织工厂或

---

① 关于这一论题，详见居伊·理查尔所著的两部重要著作：《18 世纪的贵族企业家》(*Noblesse d'affaires au XVIII siècle*)，巴黎：阿尔芒·科林出版社，1974 年，1997 年；《1815 年至 1917 年欧洲的商界》，阿尔芒·科林出版社，2000 年，尤其是第 78—118 页。同时详见居伊·肖希南-诺加雷的前引书中的《贵族和资本主义》("Noblesse et capitalisme") 一章，第 119—161 页。

者化工企业，从事海上贸易、军火买卖、船舶制造、海事保险，乃至在路易十五时代投身于制造业和金融领域。此外，贵族这一阶层并非由不可变动的成员组成。它只不过是在不知不觉中慢慢失去了它的流动性，成为后来唯有通过出生才能跻身其中的封闭社会等级。君主时代，贵族们组成一个群体，当然这个群体也分为三六九等，但它是一个开放的、流动的群体，并且始终适应时代的发展。那是一个出入自由的阶层。封建王朝意识到社会的流动性是精英政治的前提，所以它通过多种方式的封勋授爵促进这一阶层的更新换代，尤其是通过加封司法或行政部门的官爵的方式。18世纪下半叶，实业和商业活动受到重视，甚至成功的企业家也可以被封爵授勋：波尔多、南特和鲁昂的大商人都获得了封爵文书。① 英王詹姆斯二世（Jacques Ⅱ Stuart）退位后，追随他及斯图亚特王朝的英国贵族流亡至法国。在法国，他们不仅用心传扬他们历史悠久的血统，还推动思想意识的发展。以他们为研究对象的历史学家帕特里克·克拉克·德·德洛芒坦指出，在必要的情形下，他们对于失去贵族资格这一概念是多么无所谓。因此，他们热衷于各种各样的商业行为，特别是海上贸易和实业活动。他们毫不局促不安，还把18世纪下半叶的一些法国贵族引领到他们的道路之上。法国大革命则彻底瓦解了贵族丧失其资格的概念。七月王朝以后，贵族人士大量出现在银行和保险公司的董事会中。在整个19世纪期间，尽管尚博尔伯爵（comte de Chambord）有所保留，贵族们还是加入了现代资本家的世界里。

君主时代，如果说只有大贵族——他们比一般的乡绅更不畏惧新事物，也更富有——在经济领域闯荡、开拓，那么在整个贵族阶层中，更常见的是和家境殷实的女子通婚的现象。尽管这样的女子并没

---

① 居伊·肖希南–诺加雷，见前引书，第57—58页。

有贵族头衔，但是她们坐拥大笔继承而来的财产。事实是，虽说贵族总是急于声明他们对于和门第低下的家庭联姻的恐惧，因为他们认为这是对他们显赫的姓氏和纯正的血统的玷污；然而，避免家产四分五裂的义务，以及害怕丧失贵族资格的心理，长期以来都迫使他们在对金钱的不屑上保持沉默，从而接受门不当户不对的联姻。贵族阶层在婚姻上的这种务实态度，在法国特殊的男性长子继承体制下很有优势，而这一嫡长子继承制受到了《罗马法》和规定了王位继承的撒利克法典的双重影响。这两个体系的法典都推崇父系血统，也就是说男性的子嗣。因此，不同于日耳曼社会的长子或长女继承贵族头衔的制度，法国豪门世家的世系只计算父系的家世，也就是说只历数辈分，不历数所有的贵族先祖。1666年以后，路易十四下诏大规模普查贵族，强制性规定只能有一个父辈直系尊亲属的贵族。这就明确了上述贵族谱系的造册方式。所以，显然一位出身高贵的女孩不愿意由于和平民通婚而失去她历史久远的贵族身份。相反，为了重整已经有点衰败的家业，名门世家的子嗣可以高枕无忧地迎娶富裕的乡绅、出手大方的农场主或家产雄厚的珠宝商的女儿；和平民女子通婚不会影响家族的贵族资格，而婚姻却能为女方带来贵族身份。因此，在各种各样的联姻后，血统依旧纯正的家族很罕见。高高在上的豪门世家，为了应付必不可少的宫廷生活的巨大花销，对于金钱十分上心，所以他们主要争取的是结一门带来财富的好亲事，即用一出生就拥有的身份特权去交换金钱，从而维持他们的地位。由此一来，路易十四富可敌国的财政总长安托万·克罗扎（Antoine Crozat）的女儿和孙女们分别嫁入了埃夫勒家族（Evreux）、拉图尔·多维涅家族（La Tour d'Auvergne）、蒙莫朗西－拉瓦尔家族（Montmorency-Laval）、德布罗意家族、贝蒂纳家族（Béthune）、拉图尔·杜班家族（La Tour du Pin）、贡托·比隆家族（Gontaut-

Biron)、舒瓦瑟尔家族（Choiseul）。

19世纪，法国大革命对贵族财富的冲击和嫡长子继承权的取消造成了贵族的家产四分五裂，这不仅进一步激发了贵族通过联姻以弥补家产损失的策略，也推动了财富和贵族血统相互吸引、相互靠拢的现象。那时候，大贵族家庭纷纷向企业主、银行家、大商号人家的女儿敞开大门。1817年，克利科的遗孀（Veuve Clicquot，又译为凯歌夫人）[①]，芭布-尼科尔·彭萨尔丹（Barbe-Nicole Ponsardin），把她的女儿克莱芒蒂娜（Clémentine）嫁给了舍维涅伯爵（comte de Chevigné）。她的外孙女，玛丽-克莱芒蒂娜·德·舍维涅（Marie-Clémentine de Chevigné）嫁给了莫特玛尔伯爵（comte de Mortemart）。她的曾孙女，安娜·德·罗什舒瓦尔·德·莫特玛尔（Anne de Rochechouart de Mortemart）则嫁给了第十二代于泽公爵（duc d'Uzès）。此外，她还有两个女儿分别成了吕内公爵夫人（duchesse de Luynes）和布里萨克公爵夫人。如此一来，凯歌夫人就成了现在的于泽公爵、布里萨克公爵和吕内公爵的先祖。同样是在1817年，塔鲁艾侯爵（Marquis de Talhouët）迎娶了法国的大地主之一安托万·鲁瓦（Antoine Roy）的女儿阿莱克桑德里娜·鲁瓦（Alexandrine Roy）。他们的儿子塔鲁艾-鲁瓦，成为塔鲁艾家族鲁瓦这一分支的始祖，他的其中一位后裔便是吕德（Lude）城堡的主人路易-让·德·尼古拉伯爵（Comte Louis-Jean de Nicolaÿ），即如今萨尔特省（Sarthe）众议院的副议长。1822年，大富翁加布里埃尔-朱利安·乌弗拉尔（Gabriel-Julien Ouvrard）把他的女儿伊丽莎白嫁给了当时巴黎的总督路易-维克多·德·莫特玛尔伯爵（Comte Louis-Victor de Mortemart）。他发家

[①] 凯歌夫人，即"香槟之母"，著名的凯歌香槟（Veuve Clicquot Ponsardin，VCP）品牌的缔造者。——译注

致富的手法主要有收购国有资产、倒卖殖民地食品、取得针对旺代暴乱期间他遭受损毁的造纸厂的各种赔偿，以及帝国时期和复辟时代从事的金融活动。他送给他女儿一百万法郎的嫁妆，其中包括瑞米亚克城堡（château de Jumilhac）和著名的罗曼尼康帝（Romanée-Conti）葡萄酒庄。而新郎为这门亲事只带来四十万法郎。至于勒克勒索（le Creusot）① 的大实业家的财富，则为众多豪门世家的"土地施肥"：亨利·施耐德（Henri Schneider），施耐德电气王国创始人的儿子，分别于1887年、1896年、1901年把他的三个女儿康斯坦丝（Constance）、泽莉（Zélie）、玛德莱娜（Madeleine）许配给了沙波奈侯爵（marquis de Chaponay）、加奈伯爵（comte de Ganay）、朱耶涅侯爵（marquis de Juigné）。他的儿子则在1894年迎娶了安托瓦内特·德·圣索沃（Antoinette de Saint-Sauveur）。同样，我们还可以列举的例子有最高行政法院的前院长、德布罗意公爵的儿子、阿梅代亲王（prince Amédée），他1875年迎娶了"糖业大王"的女儿玛丽·赛（Marie Say）。他的妻子的姐姐则已经嫁给了布里萨克侯爵（marquis de Brissac）。此外，还有勒博蒂家族（les Lebaudy）和富有的弗里什·德·费尔家族（les Frisch de Fels）的联姻。弗里什·德·费尔家族19世纪末期才获封罗马伯爵爵号，它后来还和布瓦士兰家族（les Boisgelin）、拉罗什富科家族联姻。最后，还有索米耶家族（les Sommier）和沃盖家族（les Vogüé）的联姻。其他的豪门贵胄，则在忙于重振他们的财力的同时，力求找到家境富裕的犹太女子为妻。1846年，布勒特伊侯爵（marquis de Breteuil）和拿破仑三世的大臣、大金融家阿什尔·福尔德（Achille Fould）的女儿夏洛特-艾美莉·福尔德（Charlotte-Amélie Fould）成婚。1878年，第十一代格拉

---

① 勒克勒索：工业中心，位于法国勃艮第大区索恩-卢瓦尔省。——译注

蒙公爵（duc de Gramont）阿热诺尔（Agénor）迎娶了罗斯柴尔德家族法兰克福支系下的梅耶·卡尔·德·罗斯柴尔德男爵（baron Mayer Carl de Rothschild）的女儿玛格丽特·德·罗斯柴尔德（Marguerite de Rothschild）。1882年，罗斯柴尔德男爵还把他的二女儿贝尔特（Berthe）许配给了第三代瓦格拉姆亲王（prince de Wagram）亚历山大。

1870年以后，法国名门世家和美国富家女子联姻的纪元开启了。1874年，舒瓦瑟尔·普拉兰公爵（duc de Choiseul Praslin）娶了伊丽莎白·福布斯（Élisabeth Forbes），他的新婚妻子给他带来了一百万美元的嫁妆。1888年，德卡兹公爵（duc Decazes）和缝纫机的发明人列查克·梅里特·胜家（Issac Merrit Singer）的女儿伊莎贝尔－布兰奇·胜家（Isabelle-Blanche Singer）成亲。他妻子的妹妹维娜蕾塔（Winaretta Singer）则于1893年嫁给了查理十世（Charles X）[①]的大臣的儿子埃德蒙·德·波利尼亚克亲王（prince Edmond de Polignac）。1890年，巴黎著名的沙龙女王格雷菲勒伯爵夫人（comtesse Greffulhe）的长兄卡拉芒－智美亲王（prince de Caraman-Chimay）娶了底特律某个绰号为"腌猪肉大王"的实业家的女儿克莱拉·沃德（Clara Ward）。1895年，伯尼·德·卡斯泰兰（Boni de Castellane）和美国铁路缔造者的女儿安娜·古尔德（Anne Gould）举行了婚礼。在上述的法国贵胄和美国富家女子的婚姻中，有一些的结局很糟糕。1897年，卡拉芒－智美夫妇离婚。从离婚到再婚，克莱拉·沃德不仅为报纸的法律专栏和社会专栏提供了诸多题材，而且某位罗伯特·德·孟德斯鸠（Robert de Montesquiou）背地里大肆诋毁和辱骂她，辛辣地把她讽刺为"丑恶的美国佬，浓妆艳抹，像一辆俗艳的汽车"[②]。

[①] 查理十世：法国波旁王朝的末代国王，路易十五之孙。——译注
[②] 卡米耶·伯尼（Camille Peugny）：《社会地位的丧失》（Le déclassement），巴黎：格拉塞出版社，2009年，第105页。

至于卡斯泰兰夫妇，法国当时最著名的夫妇，自从 1905 年之后，伴随着他们的离异，俩人之间各种戏剧性的片段占据了美好时代的报刊。第一次世界大战结束之后，猎取嫁妆的法国贵族把他们的追逐领域扩展到整个美洲大陆。南美洲"来路不明的"女孩，在美好年代，名门世家还认为不可交往。然而，到了"疯狂年代"，即 20 世纪 20 年代末期，她们便加入了纽约第五大道亿万富翁的女儿们在巴黎的队伍里。

即使大权贵和大资本家往往成为完美组合，但是名门大户同样一如既往地表达他们的不满，尤其是在财富凌驾于出身之上的时候。18 世纪的时候，他们嘲讽出手大方的农场主的财大气粗。复辟时代，他们则揶揄平民出身的人士惹人注目的成功，因为后者在帝国的历史进程中攫取了荣誉和财富。第一次世界大战之后，他们讥讽那些在度假胜地开着豪华汽车招摇过市的富豪。如今，对于这片"出生的烂泥沼"——圣西门（Saint-Simon）看到里面冒出暴发户——贵族们的尖刻言论犹如以往一样，出卖了他们一成不变、虚无的梦想：阻止某种对他们不利的演变。

维护地位

1912 年，加布里埃尔·德·拉罗什富科伯爵（le Comte Gabriel de la Rochefoucauld）写道："如果没有钱，身份地位很容易滑落；此外，财富犹如一头既躁动不安又捉摸不透的野兽，如果我们不看管，就会出现最可怕的灾难。"[①] 这是因为他意识到只要财富一崩塌，伴随

---

① 加布里埃尔·德·拉罗什富科伯爵（1875—1942）书信，写于 1913 年 10 月 10 日，收件人不详，私人档案。

着社会地位的跌落，很快就会出现身份沦落的污迹。对于某个一直高高在上、古老的名门世家的后裔而言，家道中落非常可怕，因为这被认为是背叛了对于父母、对于列祖列宗的义务。研究"失去社会地位的贵族"的社会学家卡米耶·伯尼（Camille Peugny）写道："没有比某一久远的家系受到质疑而倍感失去社会地位的压力更沉重的事了。"①对于贵族而言，社会地位的下降不仅仅意味着跌落到社会边缘、失去强有力的保护，还意味着中断和上层社会紧密联系的家族历史。

当我上高二的时候，班上的数学老师比较"有革命思想"。开学那一天，他对我说："哎呀，德·××先生，他们没砍掉你的头啊？"但是到了学年末的时候，我们已经成了世界上最好的伙伴。我总是负责实话实说：你是贵族？是的。你家有一座城堡？是的。你父亲拥有爵位？是的。你也有一个贵族头衔？是的……其他同学则低下头，满脸通红，无话可说。如果一个人有担当，那么他就不会有那么多的不安。不过，如果家里财力不支，而他人眼里的你却依旧富有，你会觉得很困窘，因为在拥有一座城堡的同时，你有的更多是债务。也就是说，如果在现实和他人看到的表象之间存在差距，这会令人感到十分苦涩。（男，1974年）

物质方面的困窘有着一种惊人的破坏效果。诚然，有些人即使身处贫寒，也依旧保持尊贵，但是从物质的角度而言，一贫如洗还保持尊贵很难超过一代人。拿破仑深知这一点，这也就是

---

① 卡米耶·伯尼：《社会地位的丧失》，巴黎：格拉塞出版社，2009年，第105页。

为什么他推行了长子世袭财产的法令。一个人如果深陷在严重的财政问题之中,那么他不会再有时间关心家族的历史,并懂得祖传物品的重要性。我可怜的堂兄弟们有一些贵重的家具,可是他们像打水漂一样地卖掉。他们别无选择,无论如何都要卖掉它们,所以只能任由当地的一些古董商坑蒙拐骗,后者以极其低的价格买下他们的家具,然而一年以后这些家具就会出现在纽约的苏富比拍卖会上。不过,即便有些家族由于经济、社会地位和文化方面的落败而备受打击,但是他们的下一代人会接管家族事务。他们首先会重振财力,因为这会带来一定的行动余地。之后,他们就会重新架起家族历史和传统的桥梁。(男,1971年)

别忘了孟德斯鸠说过贵族的特征之一是名誉攸关。[①] 名誉攸关,这既是指在艰难环境中有高贵的表现,譬如在战场上,也指生活中维持一定的排场。从社会和经济的角度而言,保持上层地位很重要。留住一座城堡,就必须有付出,所以这并不是保持身份的最佳途径。还有其他方式可以维护地位:优秀的学业、巴黎的一套漂亮的公寓、一座名不见经传的别墅……如今,包括贵族在内,大家都感兴趣的是成功。金钱决定一切,即便大家从来不这么说。(男,1932年)

即使豪门世家早就知道家业衰败比家业中兴要更容易,也更快,但他们大概从来不像现在一样苦恼于害怕失去社会地位和被世人遗

---

① "过去,法国人,尤其是贵族,除了名誉攸关,几乎不奉行其他法则:名誉支配了他们的生活和行为举止。名誉问题是如此严重,以至于当事关名誉时,人们连最细末的规定都不能逃避,但我不会说人们不能触犯名誉,虽说没有比死更残酷的惩罚了。"(孟德斯鸠:《波斯人信札》,第90页)

忘。两个要素增加了他们对家道中落的恐惧。首先是在法国,由于豪门世家的衰落屡见不鲜,所以关于他们社会地位逐代恶化的论题无处不在。① 其次是富人分离化和独立化的现象,即"上层社会的隔离"② 现象不断加强。从空间、社会关系和文化角度而言,就是最富有的圈子和其他社会群体之间的距离越来越远。因此,豪门贵胄对于"社会地位升降机"③ 的恐惧,伴随着遭受驱逐出保护地带的苦恼,因为这一地带聚集着越来越多的富人。他们的这种担忧不仅使他们"意识到困难,也迫使他们把握时代的步伐,从而在善于自我调整的同时奔向关键所在",但这恐怕也会使他们远离他们这一群体传统的价值观。

我们家属于那一类别无选择的家族。我们不得不从一出生就必须面对现实,也就是说既要传承,又要活在当下。我的曾祖母的座右铭是"宁可灭亡,也不愿屈服"。然而,对于企业而言,是"宁可屈服,也不要灭亡":这就是武士和企业领导的区别。那些成功地保持昔日风貌的家族,便是那些积极融入当代社会的家族。为了延续下去,豪门贵胄就必须进入凡尘世界,而不是超脱其外。如果您还是以二百年前的眼光或方式生活,那么您就会被排除在当下的世界之外。我们的生活可以超然自得,但是如此一来,我们就无法把手中的接力棒传下去。(男,1974年)

---

① 卡米耶·伯尼,见前引书第 11 页及《从摇篮开始的命运:不平等的现象和社会地位的复制》(*Le destin au berceau. Inégalités et reproduction sociale*),巴黎:瑟伊出版社,2013 年,第 29 页。
② 埃里克·莫兰 (Éric Maurin):《法国的隔离带:关于社会分裂的调查》(*Le guetto français. Enquête sur le séparatisme social*),巴黎:瑟伊出版社,2004 年,第 13 页。
③ 菲利普·吉贝尔 (Philippe Guibert)、阿兰·迈尔杰 (Alain Mergier):《社会升降机:社会底层研究》(*Le Descenseur social. Enquête sur les milieux populaires*),巴黎:让-饶勒斯/普隆基金出版社 (Fondation Jean-Jaurès /Plon),2006 年。

正如法国贵族协会主席努埃尔·德-圣-普尔让写过的一样，贵族教育的目标是：在争取优越地位的竞赛中和"在历史的碰撞"中，保持"在风口浪尖的舵手位置"[①]。虽然贵族们宣称，他们拒绝认同关于财富的主流表述，即把财富颂扬成为衡量成功的主要标准，并倾向于把它树立成为至高无上的准则。但是，他们清楚地意识到当今的社会是由资本和技术打造出来的，所以他们不得不承认财富在社会关系中的主导地位。他们希望看到他们的子女进入以巴黎高等商学院（HEC）为首的著名商学校，因为这些高校确切的目标就是为经济领域培养未来的领袖，而这又意味着以经济实力赢得社会地位的前景。因此，加入学业或名校竞争的游戏，以此获得职业成功的原动力，对于豪门贵胄而言是非此不可的。从小小的年纪开始，父母们就让他们学习外语，以便他们有能力在一个国际化的空间里走动，并受益于全球化带来的丰富多彩的文化。父母们鼓励他们，去欧洲或美国最好的院校深造。这里面也包括名门小姐在内，因为女孩子们受教育只是为了成为"点缀沙龙的鲜花"（女，1942年）的年代已经过去了。此外，成为一名好学生如今还不足以获得某一职位，所以名门世家尤其关注他们在"社会上的锻炼"。现在，他们着眼于这一锻炼给他们带来某种"长久的、不容置疑的、极其宝贵的应变能力"，这主要是因为这样的应变力能帮助他们解决根深蒂固的家庭准则和常见的职场社交模式之间的冲突。

　　超乎人们的想象，这样的应变力事实上和传统的贵族教育是相吻合的。以永续长存的志向作为基本原则，贵族教育要求既要注重血统的延续，又要注重财富和社会地位的稳定、持久，以实现始终立足于社会上层的目标。这也就是为什么从一出生业已是社会精英

[①] 《法国贵族协会简报》，2012年7月。

的豪门贵胄在自我成长和自我塑造的过程中，总是努力在种种选拔中脱颖而出，并努力接近那些才华横溢的人士和名利场。如果说19世纪期间，贵族阶层居然对工作赚钱有了兴趣，那么这种兴趣也是依附在永续长存的想法之上：从不劳而食、坐吃年金的社会向高级管理人员的社会过渡期间，贵族阶层自我调整以适应主要是由高薪人士组成的上层社会。① 一些深思熟虑、能力出众、幸运的贵族在职场里获得了惊人的成功。他们变得非常富有，而且在高收入的增长趋势不断发展的情况下，他们还可能变得更加富有。实际上，集中了全国一半财富的10%的法国人，自从1980年以来，他们的财富和影响力就不断增加，并由此加深了最高收入和最低收入之间的鸿沟。② 如今，这些人成为金融势力集团中的一分子。这一势力集团又汇聚了来自各行各业的财富，有的财富是以闪电般的速度堆积起来的，例如企业家、足球运动员或媒体明星的财富，有的则是继承来的果实，譬如布依格集团的马丁·布依格（Martin Bouygues）、阿卡戴尔集团的阿诺·阿卡戴尔（Arnaud Lagardère）、达索集团的塞尔日·达索（Serge Dassault）、达能集团的弗朗克·李布（Franck Riboud）、欧尚集团的杰拉德·穆里耶兹（Gérard Mulliez）、波洛莱集团的文森特·波洛莱（Vincent Bolloré）、欧莱雅集团的莉莉安·贝当古（Liliane Bettencourt）。如果某一豪门贵胄成为这些富豪之一，那么他几乎没有机会逃脱从极左到极右的民粹派对于他的谴责，而在经济危机下民粹主义的受众是越来越多。对于豪门贵胄而言，大量涌动的金钱还包含着另外一种风险，即社会的杂音。在维护自身身份的要求下，他不能对于他所在群体的传统价值视而不

---

① 托马·皮克提，见前引书，第435—438页。
② 详见蒂埃里·贝克（Thierry Pech）的作品《富人的时代：对于社会分裂的剖析》（*Le Temps des riches. Anatomie d'une sécession*），巴黎：瑟伊出版社，2011年。

见，然而在工作中他必须和当今商业世界的征服者打交道。当下社会，广义上的竞争力和成功与否的判定将从薪水、分红、股票期权等财富收益方面识别，而不再以史上关于卓越的标准为依据。由于每一个想扩大关系圈、雄心勃勃的贵族企业家都期待社会碰撞，所以来自社会的杂音的风险也就更大了，何况各行各业的融合又促进了社会的碰撞。为了拥有决策者的耳朵、享有特别通行证和进入"有助于获得某种渠道或门路的圈子"（男，1934年），"打点关系"或者"打点门路"，也就是说交际应酬，尤其是生意场和官场上的交际应酬，实际上必不可少。正因为如此，职业上功成名就的贵族最终难免要和不认同他们价值观的"土豪"经常来往。他们会在某些上流社会的活动上，以及冬季运动胜地或者海边度假地等声名远播的"富豪出入地"遇见后者。而在巴黎的富家子弟的联谊舞会上，或者在培养尖子生的私立学校中，譬如圣让·德·帕西学校（Saint-Jean de Passy）、圣十字·德·诺伊学校（Sainte-Croix-de-Neuilly）、圣路易·德·贡扎格中学（Saint-Louis-de-Gonzague，通称为富兰克林中学）、斯坦尼斯拉斯中学（collège Stanislas）或者圣玛丽学校（Sainte-Marie），名门世家的孩子和富豪的子弟常常结伴而行。

我们的孩子不再像我们一样地立身处世，这让我的先生忧虑不安。2月份时租住在山里的木屋别墅中，7月份时则在世界的另一端和家人共度一个礼拜，他们觉得这样的生活很自然。对于我们来说，参加冬季的娱乐运动非常费劲……我们在圣路易·德·贡扎格中学（富兰克林中学）读书的长孙去年对我们说："我不能上你们那儿，因为一个朋友邀请我去科西嘉度假，他父亲有一架飞机。"回来后，他对我们说："假期棒极了，因为他父亲给我们每个人租了一辆水上摩托艇。"我觉得我先生快发怒了,然而我们的孩子们并不觉得这有什么不对。我的儿媳缓颊说:"他是那么兴高采烈。"我和我先生灰心到了极点。在他们和我们这一代人之间横亘着一条鸿沟。我的儿子有一份很好的工作,但他的薪水可不像安盛集团董事长及总裁亨利·德·卡斯特里(Henri de Castries)的一样。我的孙子因而觉得生活不富裕!然而,在饭桌上,他都不会起身去拿一下装面包的篮子……(女,1942年)

在巴黎,即便是在贵族曾经占优势的社交圈子里,财富也最终取代了出身,譬如新联盟俱乐部(Nouveau Cercle de l'Union)。这一俱乐部是由农业俱乐部(Cercle agricole)①、皇家街俱乐部(Cercle de la rue Royale)、艺术联盟俱乐部(Cercle de l'Union artistique)和联盟俱乐部(Cercle de l'Union)逐步合并而成的。自从1979年以来,它和行际盟友俱乐部(le Cercle Interallié)②共享同一个地址:圣·奥诺雷街33号(33, rue du Faubourg-Saint-Honoré)。如今,根据一条把事业的成功置于出身和教育之上的入会标准,它向一些"完全隐形的超级富豪"敞开了大门。

豪门贵胄进入纸醉金迷的社交场所,生意人士和他们之间有了默契和一致,尽管在过去他们把自身高贵的出身和社会学上的成功对立起来。两者共享同样的倾向,即构筑严密的组织、选择特定

---

① 农业俱乐部,又称为"甜薯俱乐部",因为频繁出入这一俱乐部的人士往往是一些乡绅(原文为英语 gentlemen farmers)。
② 行际盟友俱乐部,全称为行际盟友联盟俱乐部(Cercle de l'Union interalliée),成立于1917年,是跨行业性质的俱乐部,如今会员超过3100名,主要是大企业家、政界显要、外交官、法官、律师等。——译注

的生活方式或行为举止，从而限制鱼龙混杂。这一切都催生了某种关于富人的话题：他们的"物以类聚，人以群分"，他们隐蔽的联盟和他们在社会中的再造重生。如今，经过皮埃尔·布迪厄进行了理论上的阐述后，这个话题很流行。继承布迪厄理论的追随者不知疲倦地反复强调这一话题，煽动阶级斗争。同时，由于新闻媒介无论是从读者观众、还是从发行量上都有所受益，所以它们对老生常谈的话题也推波助澜，譬如汇聚富豪名流的严密网络、俱乐部、富家子弟的联谊舞会或者"富人区"——以上塞纳河诺伊（Neuilly-sur-Seine）为起点，途经巴黎十六区的"蒙莫朗西别墅带"（Villa Montmorency），最后到巴黎八区的"黄金三角地"——这样的话题无论是显示了大众对富人的兴趣，还是为了维持穷人对富豪的仇恨，对贵族群体都产生了另外一种结果：由于在大众舆论中有钱人和社会精英的区别变得模糊，贵族与众不同的社会差异也就被消解了。此外，关于他们的话题也意味着豪门贵胄传说中的"含蓄持重"消失殆尽。以前，贵族们明显意识到他们从属于界限分明的社交圈子，所以在社交方面必须"严格挑选"，而他们的这种谨慎态度在群体的思维塑造中也发挥了重要作用。第二次世界大战结束后的几十年间，界限分明的社交圈子依然十分明显：

> 20世纪50年代的圣玛丽中学，有许多富家子弟的联谊舞会，譬如银行家子女的联谊舞会、企业家①子女的联谊舞会、贵族子女的联谊舞会和普通人的联谊舞会。这些联谊舞会的圈子没有任何交集。（女，1942年）

---

① 包括从生产纸品的克莱尔枫丹（Clairefontaine）到德鲁贝（Lainière de Roubaix）毛毯厂的企业主。

当人们看到某些豪门贵胄和一些来路不明甚至是可疑的生意人士为伍时，贵族传统而古老的自我隔绝和封闭，实际上已成为历史，因为以前他们的父母不仅不会接待这些人，还会小心地和这些被他们高傲而冷漠地形容为"来路不明的外国阔佬"保持距离。另外，当婚姻方面的传统约束消失后，社会学上的毛细效应达到了顶峰。在一个社会中，如果女孩子在憧憬拥有和男孩子同样的职务或职位时，又可以像男孩子一样拥有大学学历，那么异性间的交往受到家庭地位的束缚必然就要少得多。

如今女孩和男孩一样，读同样的书，离开他们的城市前往别处。18岁以后，他们就自由得像空气一般，而且他们就职的地方也不尽一样。在我那个年代，除了一年当中去一趟海边或冬季运动度假胜地之外，我们从不去夜店。尽管我们为四个儿子举办了一些相亲性质的联谊舞会，但他们当中没有一个人在这些舞会上找到他们的妻子……如今的年轻人不在乎另一半的身世，除了某些完整保存传统的天主教家庭之外，这些家族处在一切的边缘，而且只以童子军为婚嫁对象。我让我的儿子们参加贵族子弟的童子军直到16岁为止，但是相对于童子军女队长，他们更喜欢超模。这对于后代而言也不错……（女，1950年）

现在，如果我收到一份门当户对的结婚请帖，结婚的双方来自同一阶层，我就会感叹："啊，这可是一门双赢的亲事，这样的亲事如今已经很罕见了。"30年以前，我大概不会这么想……贵族间不再通婚在当前很时兴。在欧洲的皇室里，年青一代的结婚对象可以是任何人，而这在他们祖父母那一代是不可想象的。凯特很漂亮，修养也很好，但是无论如何，只要一想到未来的英国国王迎娶了空姐和空少生的女儿就令人很震惊,更何况凯特王妃的父母后来还开了一家"娱乐派对用具"商店,而且俩人的祖辈都是矿工。伊丽莎白女王大概差点气得脑溢血吧……至于信仰天主教的西班牙国王,他找到的正统王后是一名官方意义上不信教的无神论离婚妇女,而且这个王后的母亲是一名参加工会活动的护士,祖父则是一名出租车司机。如果英国和西班牙的王位继承人在履行属于他们的职责中找到快乐,那就很好。如果他们迎娶一名做好本职工作的制作椅子的女工,并得到她的支持,这也许比迎娶让他们郁郁寡欢的嫡亲堂姐妹或表姐妹要好……(男,1971 年)

如同皇室一样,门不当、户不对的婚姻概念已经不通用了,所以贵族阶层的结婚范围明显扩大。如今,很多豪门贵胄的婚姻不仅已经脱离了他们自身的阶层,也脱离了大资本家的圈子(19 世纪期间,大资本家——"共和国下的权贵"或者"姓氏有连字符的权贵"——在生活方式上向贵族阶层靠拢,在主要的价值准则上也与贵族阶层达成一致,尽管他们之间的细微差异逃不过一双训练有素的眼睛)。

为了振兴家业,贵族阶层长久以来一直和家财雄厚的有产阶级联姻。声名显赫的家族的血统往往是最混杂的:贵族家庭越是高高在上,它们的血统中含有的平民成分就越多,家族的势力越往下走,它们的血统就越纯正。如果某位新贵功成名就,而且举止高雅端庄,那么比起凡尔赛宫里那些被圈养的贵族或者"城堡深处"的贵族,他更受到上层社会的待见。然而不同之处在于:以前,如果豪门贵胄迎娶的是家世单薄的富家女子,那么这样的女子——我对她们的尊敬并不比对她们的丈夫少,有时候还

要甚于后者——总是力求自我提升，以求达到夫家的高度，从而融入其中。如今再也不是这样了……（男，1932年）

如今，如果选择的配偶来自另一个群体，举办一场从文化、价值观，尤其是宗教角度而言，名副其实的门不当、户不对的婚姻，那么家长的反应要温和得多，然而，从前"这可是尖言恶语"。（女，1942年）

好友夫妻在他们的儿子结婚前一年邀请我吃晚餐。他们对我说："我们的儿子和某个女孩的关系很密切，他也许很快就会娶她，我们对此并不开心。"他们还向我诉苦："他们的身份地位完全不匹配。"他们的儿子结婚一年后，他们给我传递的是完全不同的论调："她有一份很出色的工作，她非常聪明，这真是太令人惊讶了……"这一措辞的改变首先可以从情理方面得到解释：诚如政治一样，在某种时候，外交语言十分必要。其次，我的这对朋友夫妻，他们家尽管不像拉罗什富科那样的大家族，但还是很不错，也很富裕，所以他们对年轻媳妇十分出色的工作也就很在意。对于贵族而言，金钱一直是最基本的动力：他们越是高高在上，对金钱也就越重视。（男，1932年）

如果他们的孩子娶了一个"钱袋子"或者一块"金锭"，许多贵族就自我安慰地想到还有更糟糕的：选择了不能为自己的姓氏或身份带来任何改变的配偶。

每当我看到朋友们为我们的孩子安排婚姻——为了保全面子，父母们绞尽脑汁，并努力证明a+b，然而一切都不同了，而且这也很好——我就会想我们的世界正在分崩离析。（女，1942年）

然而，尽管贵族缄口不言他们对于伴随门不当、户不对的婚姻的不安，但这样的情感还是很强烈，更不用说如果夫妻间出现不和，社会地位的不同就会使矛盾变得更尖锐和严重。

我的某位堂兄几年前娶了一位美发师的女儿。这位美发师事业很成功，他成了约翰尼·哈里戴（Johnny Halliday）[①]的私人理发师。但是，没有人受得了他的女儿。我堂兄的朋友们也一直不明白他对她的感觉，因为她长得奇丑无比。她应该有些不为人所知的才能……当然，他的父亲有钱，因为他自己的小理发店经营得有声有色。幸亏这家店面，也只是由于这家店面，他才有钱，但是从这点上说我的堂兄娶了一个"钱袋子"，那就……一切都变得很糟糕。她没有打声招呼就搬走了。她利用她丈夫出差的机会，不仅把家里搬得一干二净，还尽可能地指责他的不是。一切都失去了控制，变成了仇恨和血泪。在她的家人的鼓动下，她变得卑鄙无耻，因为他们想让她的丈夫尽可能地吐出一大笔钱。她想当然地以为拥有一长串的姓氏和两个代表贵族的赘词的人一定很有钱……如果我的堂兄娶了一位同一阶层的女孩，也许就不会变得如此的卑劣不堪。

在配偶双方身世相当、学历相当的情况下，贵族间的嫁娶依然是梦想中的联姻，因为这样的婚姻是稳定的因素。

不同身份、地位的男女结为夫妇，这很好，但是还应该记住一些标准。尽管夫妻两人的信仰相同、国家相同、社会地位相

---

① 约翰尼·哈里戴（1940— ）：法国当代摇滚巨星。——译注

同、教育相同，生活依然不简单。无论如何，在日常生活里你们还是会有矛盾的争端。此外，要想有50年的长久婚姻，就必须做出自己的一份贡献。（女，1942年）

名门世家的父母清楚地知道，妻子在孩子的教育、传统价值的延续以及因袭社会习俗方面，都扮演着关键的角色。因此，他们也知道"一桩从社会学角度来看的杂交婚姻"对于后代的不利影响：脱离传统文化（尤其是在社交方式和理财方面）以及社会地位的丧失。

对于贵族而言，选择高收入的职业也伴随着另一种风险：和鲁莽的甚至是腐败的金融人物的狼狈为奸。四个金融大案中反复出现的贵族名字就证明了这一点。这四个为新闻媒体提供了精彩题材的案子分别是：麦道夫诈骗案、贝当古事件、阿莫里·德·哈考特（Amaury d'Harcourt）案件，以及瑞士联合银行（USB）策划的逃税案。在第一个案件中，涉案的蒂埃里·马贡（Thierry Magon）在事件揭露后就自杀了。他是国际咨询投资基金（Access International Advisors）的老板，这一基金就是所谓的"把全部基金投入另一个母基金"的投资机构，它的功用在于向欧洲最富有的古老家族销售麦道夫投资证券公司的金融产品。也许是因为史上显赫的姓氏不仅能作为某种参考，也能激发人们的信任感——这样的姓氏"在中高级工作岗位上有助益，但在低级别的工种上却变得令人难堪"——所以伯纳德·麦道夫（Bernard Madoff）在指望利用权贵们广泛的人际关系的想法下，另外还招聘了几个贵族作为合作对象：于格·德·拉罗什富科（Hugues de La Rochefoucauld）、居伊·德·拉图尔班·维尔克罗兹（Guy de La Tour du Pin Verclause）和米歇尔·德·尤格斯拉维亲王（prince Michel de Yougoslavie）。后来，在一桩金融丑闻中，媒体还提到尤格斯拉维亲王的姐姐艾莱娜（Hélène），因为她的前夫蒂埃里·高贝尔（Thierry Gaubert）牵涉其中。在涉及贝当古家族内部数亿资产的司法大戏中，我们遇到的人物有摄影师弗朗索瓦–玛丽·巴尼耶（François-Marie Banier）的同性伴侣马丁·德·奥热维尔（Matin d'Orgeval），一名肆无忌惮的花花公子。此外，这一骇人听闻的案件中的主演之一还包括莉莉亚娜·贝当古的财产管理人帕特里斯·德·迈斯特（Patrice de Maistre）：他出生于1948年，娶了伯纳德·阿诺特（Bernard Arnault）①的第一任夫人为妻。他被指控利用当事人的弱点进行舞弊欺诈，并秘密转移政治献金给某一政党。他是这一事件中第一位受到拘禁的人士；2012年，他被临时关押在波尔多附近的格拉迪尼昂监狱（Prison de Gradignan）；2012年6月18日，在支付了一笔高达四百万欧元的保释金后，他获得自由，但依然处在司法监督之下。莉莉亚娜·贝当古夫人的男管家的录音揭露他曾向前者开口要钱为自己买一艘船。对于约瑟夫·德·迈斯特（Joseph de Maistre）②的后人而言，这是一件多么耻辱的事啊！如果开口要钱是为了修缮家族城堡的屋顶，那也许还更为人所理解……帕特里斯·德·迈斯特从未申请加入《上流社会名人录》中。这是因为相对于他所有的兄弟姐妹，他觉得自己比较次要吗？还是因为他希望尽可能少地提供个人信息？或者是因为他认为他拥有的社交关系足够多，可以不用出现在最著名的名人录中？不过，他倒是在1996年的时候加入了骑师俱乐部，而这要难得多。另外，有些人还觉得很惊讶，因为这一案件之后，骑师俱乐部的主席尽管从原则上说是维护贵族传统价值，但并没有催促他主动退出俱乐部……至于对欧洲排名第一的资产管理银行瑞士联合银行启动的司法程序，是因为这家银行

---

① 伯纳德·阿诺特（1949—   ）：路易·威登集团的缔造者。——译注
② 约瑟夫·德·迈斯特（1753—1821）：法国18世纪末、19世纪初著名政治家、哲学家、历史学家。——译注

被怀疑向富豪纳税人兜售有价证券，从而不仅帮助他们把个人资产秘密存放在瑞士，还帮助他们掩盖在税收上的舞弊行为。受到指控"非法推销有价证券共犯、洗钱和掩盖不法行为"的三位人士中，有两位是贵族：瑞士联合银行法国里尔支行的前任行长埃尔维·德·阿吕安（Hervé d'Halluin）和2003年至2010年出任瑞士联合银行法国分行总经理的帕特里克·德·法耶（Patrick de Fayet）。①

另一性质的案件是，哈考特家族长子支系的哈考特侯爵的二儿子哈考特子爵阿莫里（Amaury, vicomte d'Harcourt）2011年被判处8年徒刑，原因是他在2008年协助蒙彼利埃的一位富豪让-米歇尔·比索内（Jean-Michel Bissonnet）谋杀了后者的妻子贝尔纳黛特（Bernadette）。这位法国最显赫的名门世家之一的后人，本应该可以扔掉园丁用来谋杀的手枪。在2008年至2011年对哈考特展开刑事审判的四年时间里，全国的新闻媒介对"哈考特子爵非常丰富的人生"一直津津乐道。由于他先后在约讷省参加过抵抗运动，在拉特尔将军的部队里服过兵役，并在德国时严重负伤，后来他还开过重型卡车、做过淘金者，之后又成为一家砖厂的厂长、传统音乐的出品人、非洲开胃调料八角的进口商、勃艮第的野猪养殖户、一家野生动物园的创办人、洛泽尔省某一村落遗址的修缮者②，所以他又被称为"多重身份的子爵"。为了激起公众的猎奇心，新闻记者用一篇又一篇的文章，不厌其烦地强调这位"北欧海盗和十字军战士"的后人主要在"寻花问柳而非除掉背叛了丈夫的妻子之上"的禀赋，以及他以"一种震撼人心的决心"③挥霍他的那一份家产的能力。只要是事关各种丑闻，公众的猎奇心总是很强烈，尤其是当丑闻玷污了某一显赫家族的门楣

---

① 《世界报》，2013年4月19日。
② 《费加罗报》，2010年9月29日。
③ 同上，2013年11月7日。

时，这样的心理就更加强烈。

在报刊头条连载的金融大戏中反复出现的贵族姓氏，只会让那些贬毁贵族群体的人士感到兴奋，因为他们总是迫不及待地对那些造成"这一阶层终结"的人物进行冷嘲热讽。那么，糅合了荣誉感、忠诚和为了共同利益而无私奉献的精神在内的骑士符号，即贵族群体立为旗帜，而且舆论也常常以之作为贵族标签的骑士符号，如今有了何种变化？而且，贵族惯常对于过快获得的、徒有其表的财富的蔑视又还剩下什么？对于上述那些丑闻中不幸被提到的家族，幸亏拥有同一姓氏的其他家人还能以他们对于传统准则矢志不渝的坚持以及诸多的荣誉，成为家族的代表人物。比方说，迈斯特家族1973年出生的泽维尔，作为世界上最优秀的竖琴演奏家，他是那些唯独以自己的名字就能让演奏厅座无虚席的艺术家之一，也是第一个在23岁时就加入久负盛名的维也纳交响乐团的法国人。至于哈考特家族，它也并不缺乏代表人物，他们以自身在家庭生活或公众生活中的模范作用扮演起传扬名门世家准则的角色，特别是当他们在军队和政府高层出任要职的时候。然而，历史的嘲弄是，在对哈考特子爵的起诉期间，同一支系下的另一名成员克劳德·德·哈考特（Claude d'Harcourt）（毕业于国立行政学院的省长，曾经担任过监狱管理局的局长）曾被媒体反复强调。

无论如何，这些对于政界有时具有毁灭性后果的焦点事件，损坏了贵族的形象。此外，这些事件还将进一步增强一切精英都狼狈为奸的论点。他们拉帮结派，凌驾于法律之上，并运用他们的影响力维护他们的利益。现在，无论是极左派还是极右派都一再重申这样的论题。如今，贵族群体是不是在赢得财力的同时，失去了基本的道德准则，犹如君主制度末期时的情形一般？大革命初期，大量印刷的反贵族传单就控诉大贵族是道德败坏的典型，而且就像皮埃尔·拉鲁斯

(Pierre Larousse)后来写下的一样,是"最令人触目惊心的腐败的例证"①。那么,这些传单对名门贵胄身上美德缺失的强调是否有道理?事实是,从摄政时期②到大革命的爆发,大贵族道德品行是严重堕落,到了君主时代末期,他们的腐败达到了不可思议的程度。拿破仑的元帅和后来的皇家仪式总管的儿子塞居尔伯爵(comte de Ségur)就公开表示:"我们不但漫不经心地享受旧制度赠送给我们的利益,也享受新的社会风尚为我们带来的自由。"③居伊·肖希南-诺加雷就此得出的结论也就不难理解了:启蒙时代,贵族以财富为主导的处世行为的变化,导致了原有的等级社会被"伙伴关系"的社会取而代之,在这样的社会中,"社会上的三教九流都混杂在一起,身份特性因而变得模糊不清"④。在当前的能力竞争中,执意要获得成功的贵族就必须迎接挑战,把以法国贵族协会为首的社会群体所维护的传统道德准则和商业世界规定的成功标准统一起来。

> 我们应该教育年轻人向世界敞开心胸、融入现代生活;鼓励他们活在当下,但是又要接受他们历史传承的本原:历史的遗产是一块基石、一根支柱,是近在眼前的渊源。它一直是一种力量,一种知道我们来自何方、我们又是何人的抚慰人心的力量。(女,1943年)

---

① 见"贵族"词条,《十九世纪百科大辞典》(*Grand Dictionnaire universel du XIXe siècle*),1874年,第11卷,第1037页。
② 即1715年至1723年期间奥尔良公爵的摄政。——译注
③ 塞居尔伯爵(Comte de Ségur):《杂忆录》(*Mémoires ou souvenirs et anecdotes*),巴黎:阿莱克西·埃姆里书局(Alexis-Eymery libraire-éditeur),1824年,第29页。关于贵族道德上的这种堕落,详见让·德·维格力(Jean de Viguerie)的文章《贵族》("Noblesse"),《启蒙时代史辞典:1715—1789》(*Histoire et Dictionnaire du temps des Lumières 1715-1789*),巴黎:罗伯特·拉丰出版社,1995年,第1132—1135页。
④ 居伊·肖希南-诺加雷,见前引书,第178页。

困难的是必须同时活在当下，否则你就不会还悬在峭壁之上。你松开吊缆，那么一切将结束。一定要牢牢抓住（原文为英语：grip）当代社会。但是，我们同时又是我们自身，因为我们懂得以一种不同的、有距离的眼光自审，而这种有距离的审视是别人没有的。（男，1971年）

为了避免他们融入新的精英群体的同时又不和他们悠久的价值准则彻底地分离，也为了避免他们不"跌入不良阵营之中"（男，1971年），明智审慎的豪门贵胄在他们的职业生活和私人生活之间小心翼翼地竖起了一道密不透风的边界。在这道边界的里面，他们努力忠于贵族教育所规定的基本职责：建立一个稳定、平等的家庭；承认家族教育是最重要的；无论是在个人精神品质的提升还是个人职业的成功之上实现自我；拥护证明贵族合法地位的种种准则，其中排在首列的便是顽强勇敢、荣誉感、信守承诺，以及严肃而认真的责任感。正是因为这独一无二的价值体系，他们才能一如既往地宣称他们的优势，也才能成为某种"参照""强有力的榜样"，也就是说才能保持某种纯粹而牢固的威望，但又与所谓的权力截然不同。

第七章

当下的贵族法则

Le code aristocratique aujourd'hui

借助托克维尔的观点,勒内·雷蒙(René Rémond)把贵族群体描述成为"由才华横溢的新人涌入而不断更新的一群思想开明的杰出人物"[①]。难道贵族注定只是一支重新组合变化中的精英中的一部分?诚然,在20世纪期间,贵族群体的生活方式和行为举止在很大程度上已经失去了他们的独特性。豪门贵胄不仅降低了生活排场,还重新整合他们的财富,譬如卖掉他们的城堡,或者在保留他们的私人府邸的情况下把府邸分隔成几套公寓。而工作对于他们来说——无论是男性、还是女性——都是一

---

① 勒内·雷蒙:《托克维尔和贵族》("Tocqueville et la noblesse"),见"罗马研讨会论文集"(1985年11月21—23日)《19世纪的欧洲贵族》(*Les Noblesses européennes au XIXe siècle*),罗马/米兰:罗马法国学院/米兰大学,1988年,第15页。

种义务、一种需要。孩子们也打小起就送去学校。无论是在教育上、精神上，还是在家庭生活上，价值标准的废除都打破了传统的理念。现在，任何一种生活方式和思维方式都被认为是合情合理的；短暂的快餐文化和对于革新永不满足的热情则降低了历史遗产的重要性；而历史教学的弱化又可能造成民族历史传承的中断。所以，年青一代的贵族子弟怎么会感受不到某种苦恼呢？而这种苦恼又促使他们出于随大溜的想法而刻意掩盖家族的历史。

　　××夫妇，一对非常迷人的小夫妻，两个人的家世相同，都是百分之百的贵族。然而，在他们的结婚请帖上，他们坚决不同意印上任何贵族头衔……当我妹妹在2013年结婚的时候，也是同一回事。她并非反对贵族，但是她一直拒绝参加为贵族子女举行的相亲联谊舞会。她的大部分朋友都不是贵族。她嫁给了一位家世完全不同的男生。这个男生很有风度，修养很好，也很聪明，而且让她眼下觉得很幸福，这已经很不错了。我妹妹是××医院的助产士，她"活得很真实"，根据新闻报道，她曾经领导了助产士的罢工。结婚的时候，她制作了两份请帖：一份请帖上印着"××侯爵和侯爵夫人、××伯爵和伯爵夫人向您宣布他们的女儿、孙女的婚礼"；另一份请帖则十分现代，由她的一个"设计师"女友完成，上面就简单地写着"××先生和女士"。我的父母很明智，也很冷静，他们理解也接受这份请帖，我也理解我的妹妹。她的朋友们知道她是"××家的女儿"，但是她不想在她的姓氏上加上一长串令她尴尬的头衔。如今，她开心极了，因为她丈夫的姓氏只是一个简单的名称。（男，1971年）

　　不过，对于很多贵族而言，个人的决定或选择依然受到传统的伦理准则的影响或制约。这样的准则是贵族群体与众不同的诉求。而且，贵族阶层长期以来稳定的、不变的社会地位，也促使他们去维护它。此外，它还以基督教的某一理念为支撑。在这样的理念下，社会精英有义务发挥表率作用。真正的贵族，是那些来自古老领主家族的骑士贵族。从中世纪起，他们就已经建立起了一揽子的道德标准。在完成漫长的见习经历之后，青年贵族才能获封骑士的称号、兵器和盔甲，而这意味着拥护某种道德准则。这种准则建立在一系列的品质之上：顽强坚韧、勇猛无畏、崇尚英雄、矢志不渝、诚实、正直、忠诚、信守诺言、慷慨大义、尽忠报国、坚定捍卫个人荣誉、拒绝平庸、"驯化鲁莽"[①] 的威严气势、热爱自由的天性、高贵的精神……

这种勾画出理想贵族模式的骑士道德标准，是由扎根于基督教信仰中的思维方式、行为方式和生活方式经过长期的发展而形成的。它超越了它萌芽时的环境，因为即便在今天，它难道不是一如既往地构成任何一个人的精神宝库吗？而且，无论这个人有何种社会地位，接受怎样的文化熏陶，都能在其中满足他对于理想的渴求。对现代教育的质疑更让我们坚定了这个观点。质疑指出，半个世纪以来传统道德标准和信誉的弱化造成了灾难性的后果。而标志性的声音则来自哲学家吕克·费里（Luc Ferry）。在他的文章和访谈中，他不断声讨日益增加的粗野态度和行为，并不厌其烦地反复强调这是自我主义的涌现和奉献精神的缺失造成的。另外，没有人会否认：如果说学校举步维艰，那是因为孩子们的不良教养让学校里的教学变得困难重重。面对越来越多的父母在孩子素养上的漫不经心和听之任之，到处都冒出痛惋的声音，因为作为每一个人的第一生态区系的家庭已经不再教导孩

---

① 让-玛丽·阿柏斯多里岱（Jean-Marie Apostolidès）：《英雄主义和牺牲情怀：感性的发展史》(Hé-roïsme et Victimisatioon. Une histoire de la sensibilité)，巴黎：雄鹿出版社（Le Cerf），2011 年，第 26 页。

子的言行或培育他们的修养了。国民教育部部长鼓励道德教育回归学校，不仅旨在向孩子们灌输主要的道德标准，即品德和责任，也向他们灌输作为社会生活基准的行为规范，比如对权威的尊重和最基本的礼节。国民教育加强对传统道德准则的关注还表现在：从 2009 年起，法国开始参加每年 11 月 13 日的国际友好日。这一节日的宗旨在于恢复友好这一理念的价值，因为在如今这个竞争取代了合作互助、自私取代了对于他人的关心的社会里，友好往往被贬低为失败者的品质。总而言之，当下令人信服的看法是：个人自由被定义成破坏社会契约的模式。

如此一来，我们能说贵族的道德规范已经过时了吗？这种建立在荣誉感之上的准则既是对自我的尊重，也是良知的表达。逾越了一定界限，贵族将辜负他的姓氏，而这又会引起某种屈辱的情感。贵族精神一再教导的是荣辱感，但这种情感始终是有助于教化的，因为荣辱之心是道德良知的开端。贵族精神还传授生活法则，这样的法则不管贵族的家世如何，都能引导他们上进。因此，在树立起一个自我严格要求的形象的同时——精神和道德上的美好情操又加强了这一形象——贵族的道德规范难道不是还有代表性吗？

英雄模式

在关于可以进入先贤祠——共和国的宗祠——的杰出人物的争论过程中，历史学家、政治符号学专家和哲学家莫娜·奥祖夫在她 2013 年 12 月 16 日发表于《世界报》的一篇文章中指出：在一个越来越整齐划一的社会中，决定和承认伟大变得"前所未有地困难"，"民主时代的倾向是否认各种形式的权威，唾弃伟大。结果是我们今后必须用小人物取代大人物，用日常生活里的常规取代重大时刻，并且只能把像我们一样的人物放入先贤祠里。人们让我们提防崇拜之情，并抑制这种情感，只能有节制地感受它"。贵族身份和这种促使英雄坠落的平等主义背道而驰。贵族身份要求杰出人物以他们代表性的品质卓然而立。他们的这一身份又和贵族文化、骑士精神中根深蒂固的建功立业、英雄主义等概念密不可分。此外，它还以某一典范或榜样作为参照。这在如今却备受唾弃，因为榜样被认为是高高在上的，它也因而是歧视性的。而贵族对榜样的效仿，可以从定期发表在《法国贵族协会简报》上的传记作品中看出。这些作品是由协会里的会员撰写的，他们想表现出名门子弟所代表的道德传承和精神遗产。所以，他们在作品里阐述了豪门贵胄在多个世纪里发展起来的众多才华和本领，尤其强调了他们的卓越品德。

法国贵族协会在其成立75周年之际出版的著作中，就以对阿维尼翁的教皇、乌尔班五世（Urbain V）纪尧姆·德·格里莫（Guillaume de Grimord）的回忆作为开篇。乌尔班五世在洛泽尔（Lozère）的故居，如今依然属于他弟弟的后人，即罗布斯班侯爵（Marquis de Laubespin）。在随后的章节中，作品叙述了一些贵族出身的宗教名人，譬如帮助亨利四世皈依天主教的雅克·杜·佩龙（Jacques du Perron）、19世纪波旁王朝中富有影响力的德洛-布雷泽主教阁下（Mgr de Dreux-Brézé）、探险家和传教士夏尔·德·福柯（Charles de Foucauld）、古生物学家和神学家皮埃尔·泰拉尔·德·夏尔丹（Pierre Teilhard de Chardin）。作品的另一章，则在围绕传统的兵役展开的同时，追述了一些伟大的贵族将士的命运，比方说拉·帕里斯元帅（maréchal de La Palice）。他的命运不仅和意大利战争[①]的历

[①] 意大利战争：1494—1559年发生的一系列战争的总称。战争的起因是意大利的邻国图谋瓜分意大利，后来演变成为争夺欧洲霸权的战争。——译注

史息息相关，还印证了他的军事才华和他对于国王的效忠。此外，这部作品还记载了贵族参加法国殖民地的扩张活动：与探险家卡弗利耶·德·拉萨尔（Cavelier de La Salle）同一时代的路易–亨利（Louis Henri），博日家族的骑士（Chevalier de Baugy），在"新法兰西"（la "Nouvelle France"）[①] 与易洛魁人（Iroquois：北美的印第安人）作战；布尔蒙（Bourmont）和伊斯利公爵（duc d'Isly）比若（Bugeaud），俩人都在阿尔及利亚赢得了他们的元帅权杖；在殖民军队中担任中将的伊夫·德·布瓦布瓦塞尔（Yves de Boisboissel），在法国驻摩洛哥总驻扎官利奥泰元帅（maréchal Lyautey）手下效力长达11年。而作品对"大革命"——贵族记忆中重要的里程碑——的追忆，例如革命法庭、断头台和财产充公，都成为表现贵族向国王、教会效忠的志向或使命的背景。作品同样记叙了19世纪贵族起来反对宗教迫害的往事，例如布克斯·德·卡森（Boux de Casson）在受命解散、驱逐某些宗教团体的时候，彰显了他在良知上的诉求（"我尊重佛教的庙宇，也尊重伊斯兰教的清真寺，我不会践踏我信仰的宗教的神殿"），抗命的后果便是获得了六个月的牢狱之灾和一次停职处分。[②] 最后，作品里提到的其他人物，则强调了两次世界大战让名门世家子弟在捐躯报国的同时，终于有机会充分发挥他们的责任感、忘我的精神和基督教的信仰，尽管这很悲怆。

这种类型的文字，和克里斯蒂昂·德·巴尔蒂亚在他的著作《法国贵族史》中的大量描绘属于同一风格，它们都可以列入传统的贵族回忆录之列。《墓畔回忆录》（*Mémoires d'outre-tombe*）大概是这些作品中，无论是从文学质量还是从颂扬贵族的

[①] 法国在北美的殖民地。——译注
[②] 《1904—2004：排教事件一百周年》（"1904-2004. Centenaire d'un épisode des expulsions des congrégations"），《法国贵族协会简报》，第259期，2004年10月，第31页。

精神传承上最完美的代表。在这部作品中,即便是某一家道中落的家族,它的道德标准、行事准则或责任感都成为贵族优越感的标志。年轻的弗朗索瓦-勒内·德·夏多布里昂(François-René de Chateaubriand)无论是身处孔堡(Combourg)阴森的城堡内,还是在雷恩(Rennes)和巴黎,都渴望保持他的荣誉感。他颂扬荣誉感,称之为"飞扬的灵魂,能让内心在堕落的环境下保持纯洁;某种几近毁灭性的、却又鼓舞人的信念,犹如年轻人在爱情的号令下完成壮举或付出牺牲所需的取之不尽的源泉"①。无论是在夏多布里昂的笔下,还是在法国贵族协会成员的笔下,他们的回忆录都强调了贵族教育的三大功能。首先,是荣誉感的灌输,这一意识在贵族阶层是如此深入,以至于要以决斗的规则去捍卫它。其次,培养个人保持一定的行为准则,如同"天生"的举止一般,尽管这样的准则不是由他自己制定的,而是由他所在的社会群体规定的。最后,是向一出生就同时享有优越的社会地位及世袭名望的个人,明确他要用行动表现出和他的地位和声名相匹配的义务,而他的行动又必须遵循某一道德准则。此外,贵族回忆录在讴歌家族杰出代表的同时,也强调在这些家族成员的壮举中所包含的意义,即超越了他们建功立业的时代的意义。这些功名显赫的先人,不仅规定了行为准则和理念,还激起了光耀门楣的情感,而这样的情感是贵族伦理的核心。君主时代的授勋封爵诏书说明了这一点。这些文书总是把爵位受益人的个人才华和家族的光环和祖先的功勋联系在一起。首位获得爵位的王公贵族,在作为某个"个人品德、才华和功勋受到权威认可的个

---

① 弗朗索瓦-勒内·德·夏多布里昂:《墓畔回忆录》,巴黎:伽利玛出版社,"七星丛书",1951年,第一卷,第58页。

体"①的同时，又是一系列先祖的后人，"他不但可以为他们立谱造册，也能以自己本人的声名为他们锦上添花"，即把个人的功绩和家族的名望结合在一起。

通过著述来保护祖先的历史，尤其是那些著名的、有代表性的祖先的丰功伟绩，所有名门世家的这一愿望都遵循着同样的逻辑。在呈现挂在墙上的祖先画像生命历程的同时，著述作品旨在提供一些富有活力并充满强烈象征意义的典范。这些典范要么是以个人的能力和功绩获得爵位的祖宗，要么是家道中落或家族面临严峻考验时，凭着顽强的意志力，成功渡过难关、重振家业的先祖。因此，传统的贵族回忆录的目标是，在模范的祖先和后人之间激起某种竞争意识。豪门贵胄被赋予的职责是"达到前人的高度"，从而避免家族的衰落。家道中落总是令人不安，因为正如弗朗索瓦·德·拉罗什富科所说"对于那些不懂得维护家族名声的人，显赫的姓氏不会抬高他们的身价，反而会让他们声名扫地"②。通过赞美祖先的崇高、雄心壮志、果敢无畏、英勇刚毅和斗争精神，贵族回忆录致力于加强前人和后人之间命运共同体的意识，并激励子孙后代继承先辈的事业。

> 如果我们维护和历史的特殊关系，维护家族归属感以及和传统的联系，那么我们就能留住某一有着多种表现方式的文化：历史的意义、生活的艺术以及对精美事物和高尚行为的热爱。（男，1971年）

---

① 克里斯托弗·勒旺塔尔（Christophe Levantal）：《近代王公贵族和他们的世俗领地：1519—1790》[*Ducs et pairs et duchés-pairies laïques à l'époque moderne (1519—1790)*]，巴黎：梅宗讷夫和拉罗兹出版社（Mqisonneuve & Larose），1996年，第215页。
② 弗朗索瓦·德·拉罗什富科（François de La Rochefoucauld）：《箴言集》（*Réflexions ou sentences et maximes morales*），见《拉罗什富科全集》（*Œuvres complètes*），巴黎：伽利玛出版社，"七星丛书"，1964年，第415页。

历史传承下来的典范在当今的社会中是否还有意义？托克维尔曾经指出，荣誉感、英勇无畏的热忱和热爱自由对于民主自身的两大弊端有非常强的抵御力。民主下的两大弊端，一是因循守旧，而这又是由思想的大一统和对一切雄心壮志的怀疑造成的；二是人们对于物质享受的热衷使其忘记了精神上的更高追求，而代之以平庸的梦想或狭隘的抱负。相反，以祖先的辉煌成就作为榜样，则表明了对于懦弱无能的拒绝、保持与世俗琐事的距离，以及对独立精神的维护，这样的精神否认一切形式的驯服。祖先的光辉灿烂宣示的信仰是：生命如果不奋战到底、不无私付出，那么它就一文不值。这一起源于骑士精神的理想，可以实践于世俗的生活中。所以，它为什么不能作为解决当代难题的一剂良方呢？本着克尽职守（无论在哪个时代，都要在社会上有所作为）的精神，一个名为"战斗法国贵族协会"（ANF Entreprendre）的团体在 2011 年成立了。它旨在表明贵族阶层通过寻求创新以迎战当今的经济局势的决心。它鼓励成员交换他们的经验和分享各自的社交网络，以便帮助团体中的每一个人扩大他的职业关系和圈子。对于高呼抵御金融危机和经济危机造成的气馁和息惰情绪的人士，法国贵族协会广泛地向他们表示敬意。例如，协会主席诺埃尔·德·圣-普尔让在 2012 年 7 月的《简报》上，就对《向悲惨三十年说不》（*Non aux 30 douloureuses*）一书称赞不绝。这本著作的作者是奥古斯丁·德·罗曼内（Augustin de Romanet），长期以来，他的家族在协会内就一直很活跃。他毕业于国立行政学院，曾经担任过信托局（Caisse des dépôts et consignations）局长，现在是巴黎戴高乐机场的执行总裁。他在著作中不仅阐述了如何重新看待"令人窒息的当下"，也提出了一些救赎之路，而摆在这样的道路面前的是：要像在金融市场上一样，在政治生活中"重新找回一种远见"。在《简报》中，诺埃尔·德·圣-普尔让强调了罗曼内大力抵制"衰退论"

的"激励人心的强烈意志",还着重指出他在"理据充分地扭转悲观氛围"上,所表现出来的决心。

维护传统价值准则而不与世沉浮的例子还有很多。譬如,奥古斯丁·丢米耶尔(Augustin d'Humières)——一位古典文学教师,在一所教区中学教授拉丁语和希腊语长达 15 年,挺身维护古代语言和古典文学的教学。为了维护拉丁语教学的权益,无论是在课堂上,还是在媒体的争论中,他都坚持不懈地抗争。他反对那些自称思想开明的现代精英人士,后者更愿意看到他们的孩子学习中文。他还要求这些拉丁语教学的敌对者"做出解释",为什么他们建立在对古典文化抛弃之上的学校,如今变得前所未有地不平等和精英化。2012 年 6 月 14 日他向《费加罗文学周刊》的一位记者表述道:"其实现在的状况更有利于古代语言的教学工作,因为那些想把拉丁语踩在脚下的人反而使拉丁语的教学成为必要":对于没有掌握法语的绝大多数学生而言,拉丁语不仅能让他们了解词语或者句子的历史,还能向他们展示这些字句并不是一些武断而随意的发音。

在 21 世纪,人们对贵族的向往和归属唯有在贵族自身发挥出典范的作用的前提下才显得合情合理,就像那些一直在位的皇室的存在一样。即便是在平等时代,贵族依然有吸引力,但唯一的条件是他们既不能在超群卓越的志向上有所懈怠,也不能放松对骑士的道德准则和英雄行为的坚持。当今的社会并没有放弃创造充满骑士和公主的儿童故事。事实上,我们的社会一直都在追求荣耀和大公无私的精神。在家庭生活和社会生活中,努力将代表性的举止行为树立为榜样或典范,不仅是任何一种精神权威的依据,也是在抵制平均主义的迷思上最可靠的路径。而这正是谚语"是贵族就得有贵族样"的含义所在。它要求豪门贵胄遵循往日祖先赖以封爵授勋的品德功绩,从而为家族姓氏增光添彩。如果说如今法国人不信任他们的领导人,那正是因为法国的领导人忘记了，为了激起民众的信心和尊敬，他们首先应该在生活的方方面面——在公众领域，犹如在私生活里一样——以身作则。这一原则必不可少，何况媒体随时会损毁一切名誉。而贵族则可以依靠缅怀某个祖先的骁勇善战、某位祖母的善行以及某一亲人有教益的人格品质，以之作为高尚操行的指导和行为的动力。

财富的用之有度

长期以来，富人受到的谴责是，在攫取财富的同时，还攫取了权力。法国历史上众多标志性的起义也正源于此。1830年的七月革命和1848年的二月革命，起因都是反对过于狭隘的纳税选举制度，该制度把投票权只留给一小撮富足的地主。1848年，男性普选权的宣布不仅符合民主政治的原则，还打击了土地所有者的财富在国民经济中的比重并削弱了地主的影响力，虽说这一影响力早已受到了突飞猛进的工业的迎头痛击。19世纪下半叶，工业的迅速发展带来了对工人群体的剥削。于是，工人们通过罢工以及和社会各方的契约关系，积极抗争，不仅控诉财富的构成损害了他们的利益，还促进资本主义关系的调整。

如果说财富在过去往往是仇恨的根源，那么现在两个前所未有的现象则影响了人们对财富的印象。首先是法国和其他地方的富豪数量的迅速增加以及他们的财富与日俱增，然而中产阶级不仅财富不再增长，而且还发现他们的生活条件不断恶化，甚至到了有些人哭喊变成小资的程度。[①] 凯捷顾问管理有限公司（Capgemini）和加拿大皇家

---

① 雅克·德·圣–维克多（Jacques de Saint-Victor）：《务必拯救小资产阶级》（*Il faut sauver le petit-bourgeois*），巴黎：法国大学出版社，2009年。

银行全球资产管理公司（RBC Gestion de patrimoine）每年发表的财富报告都对准世界各地的超级富豪。从波斯湾到巴西，尤其是伴随着亚洲国家实力的上升，超级富豪的人数不断增加。超级富豪数量的上升同时又与他们财富的增长成正比：2013 年，统计的新增富豪人数为一百万人，他们的累加财富则激增了 10%。在法国，正如法国统计局 2013 年关于家庭收入和财产的研究报告指出的一样，自从 2004 年以来，超级富豪的收入和资产大幅度增加。此外，经过 2008 年和 2009 年的经济减缓现象之后，2010 年又显示了富豪财富的稳定反弹。2013 年，《挑战》（*Challenges*）杂志在对前 500 名法国富豪进行排列之后，得出的结论是他们的总资产（3300 亿美元）在一年的时间里几乎增长了 25%：自从 1996 年发起 "500 强富豪"排行榜以来，他们的财富从未达到这样高的数值。在十年的时间里，这一数字增至四倍多，然而国内生产总值只增加了一倍。这 3300 亿欧元的行业财富相当于国内生产总值的 16%，或者相当于法国人财产的 10%，即十分之一的财富掌握在十万分之一的人的手中。这引起了那些控诉财富高度集中的人士的深思。与此同时，这也引起了他们对于贫富不均加剧的思考。2014 年，上述杂志在它的富豪排行榜中强调，这前五百位法国富豪的资产在一年的时间里又增长了 15% 以上……

奢侈品行业的蓬勃发展以及艺术品市场不断刷新纪录，见证了这一巨额财富的增长。公开表示迅速成长的爱马仕，它的利润 2010 年增长 40%，2011 年增长 40.9%，2012 年增长 24.5%，2013 年依然增长了 6.8%。路易·威登集团，国际奢侈品行业的佼佼者，它的净利润 2011 年上升 34%，2012 年上升 12%，并于 2013 年保持稳定增长。2011 年 2 月 2 日，法国奢侈品行业协会（Comité Colbert）主席伊丽莎白·彭索尔·代·波尔特（Élisabeth Ponsolle des Portes）在《论坛报》（*La Tribune*）上得意扬扬地表示："大约 25% 甚至更高的增长率在奢侈品行业并不少见。"法国奢侈品行业协会联合了75家久负盛名的法国商号，它们的股票市值达到了历史最高水平。那些"骇人听闻、伤风败俗的"（男，1950年）超级大富豪，骄奢无度，每一分每一秒都要求新鲜感。他们不计成本地追求新的快感和刺激来排遣无聊，因为只要事关成功指数，那么没有任何事物是过于昂贵的。

如今，关于财富的第二种现象则加剧了人们的仇富心理：财富不再是资本的逐渐累积，也不再是劳动的成果。19世纪，生产的提高和社会成果紧密联系。资本家的身份建立在他创造了工业财富的理念之上。现在则相反，由于资本的金融化以及资本不再以生产投资的指数计算，财富似乎产生于金融人士和资本炒家之间的一局扑克牌，代价是不合理的利润和分红。于是真正的断裂出现了。大革命宣告了出身特权的结束，同时又肯定了拥有能力的个人的诞生，这是19世纪的资本家为了维护他的合法地位而提出的诉求。然而，在21世纪初期，人们如何能认可执迷于短期收益的金融家的才干呢？何况他们还把世界引向了深渊。所以，对于超级富豪们出格的言行激起的愤怒和引起的社会分裂的风险，为什么要惊讶呢？在法国，只要我们团结互助的体制长久地维持下去，社会分裂的风险就能相应地延缓。然而，新闻媒体不仅津津乐道于富豪们在钱财上的挥霍无度，还兴致勃勃地指出从今以后财富与道德、知识和文化素养相脱节。

尼古拉·萨科齐总统雄心勃勃，希望"祛除"法国人在金钱关系上的"羞怯心理"，结束他们面对财富收获时的口是心非，并展示出新型的卓越品质，尽管这恬不知耻地回避了传统的社会精英。即便法国人不能原谅他在举止行为上的众多失误——过于通俗的语言、缺乏必要的修养、在教皇面前发送短信、在履行总统职责上的漫不经心、出于选举目的而大肆宣传和报道私人生活，等等——他2012年败选的主要原因之一还是在于他喜欢结交富豪以及令人不舒服的花钱方式。法国人没有炫耀个人资产的习惯。萨科齐的落败不就是贵族行为准则对于咄咄逼人的财富和物质享受取得的胜利吗？受访问的人士似乎就是这么认为的，他们特地明确表示：

> 贵族从来就不是"新贵"，因为他们对于富足一直都有心理准备。（男，1974 年）

> 我们受到家族谱系的保护：我们不需要摆谱炫阔。（女，1942 年）

尽管贵族长期以来对于暴发户的蔑视如今已经逐渐消失，但是他们之间的差异一直存在。

> 我年轻的时候，大家不会谈论财富。现在，大家都在说这个话题，而且这也更自然：我们必须敬重财富，因为我们需要它。在过去的二十年间，一切都发生了变化。通过努力工作取得成功的新贵，越来越受到人们的尊敬。但是，很遗憾我们还是生活在一个非常物质至上的社会里。如果您知道您来自哪里，而且您又拥有价值观，那么您对财富的态度就会被认为既健康又稳重。如果豪门贵胄可以促进当下金融体制的规范化，那就太好了，因为这一体制已变得很疯狂也很危险。

> 如果我们能够关注其他事物，而不是当下的生活环境或职业处境，那么我们将更容易成为一个精神独立的人。能够说出"这一切都很好，但是生活在别处"是一种空前少有的奢侈。我们的观点与现实有些脱节，我们拥有独立的思想，在对事件和

个体的判断之上又有一定的距离。我们饶有兴趣地观看那些在激烈的竞争中狂热地向上攀爬的人士。我们拥有其他标准,而这样的标准让我们看得更高、更远。财富不是衡量一切的标尺:它是一种标尺,但不是绝对的标准。我们遵循某种形式的正直、优雅以及对于物质的轻视。即便是在生意场上,我们也不会像马拉喀什①的地毯商那样讨价还价。

  我的女儿,当她还在聚集了众多自以为是的新贵子弟的拉图尔学校②上学的时候,非常仰慕那些400平方米的超大公寓、加长型的轿车和在迈阿密的别墅……我们对她说道,这些人很有钱,对于他们而言这很好,但这并不意味着他们的修养必然也很好。

  这些言论都强调了第二等级的后裔尤其以有别于财富的方式,凸显他们的特点:他们与众不同的地方不在于他们的财富,而在于他们所沿袭的行为举止上。此外,上述的言论也暗示了世代出身富有的阶层能赋予人多么谨慎而低调的优点。实际上,这样的出身避免了身份符号的改变。而身份改变必然伴随着个人从社会的某一阶层向另一阶层的跨越。社会地位的转变免不了要显露出来,因为相关生活方式的变化无疑会揭示出这一转变。这也就是为什么从迷恋贵族的富有市民③到笨拙地模仿伊丽莎白女王的玛格丽特·撒切尔夫人都备受挖苦。对于新贵来说,一切的困难都在于做到富不露财。这需要机智和技巧,因为展示过度总是很吓人、很粗鲁:只要一炫耀,财富就失去了身份提升所带来的光彩,并使得提高社会地位的

---

① 马拉喀什:摩洛哥西南部的历史古城,该地区的手工艺品、手工地毯久负盛名。——译注
② 即位于巴黎16区拉图尔街16号的拉图尔学院。
③ 即莫里哀戏剧《贵人迷》中的主人公汝尔丹。——译注

努力变得喧嚣嘈杂。对于一出生就位于金字塔顶端并有能力维持这一地位的人士而言，这一切都很简单：他们的日常生活不会出现变化，他们不需要证明任何东西，他们的成功一目了然。此外，只要他们接受了一定的教育，即公正无私、慷慨大度、分享观念和相对超脱于钱财得失的态度的教育，那么他们就懂得规划他们的财富。对于炫示社会地位的骄奢浮夸，他们代之以世袭的优美高雅，这不仅反映出祖先的富足和血统的高贵，也反映出个人的教养和文化。因此，对于坐拥财富的胜利，贵族往往报之以真正的高尚，即低调审慎和相对的朴实无华。

当今的世界，在对于经济或金融的信心崩溃而导致的困惑下，人们在精神上渴望并决定把金钱标准恢复到合理的地位，注重存在而非对财富的拥有，正如教皇弗朗索瓦一世强调的一样（教皇不断重申此观点，以至于人们指责他具有马克思主义的思想①）。贵族阶层在历史上建立起来的骑士伦理反对金钱至上，鼓励勤俭节约。自从弗朗索瓦·奥朗德出任共和国总统后，不断装出受害者模样的富豪群体，为了向大众妥协或者迫于形势和压力而拥护贵族的精神准则。这无论从精神上还是象征意义上说，大概对他们都有益。众多的统计调查指出，如果说他们的形象恶劣，那么事实上这首先要归咎于他们财富的起源以及他们令人不快的、粗俗的炫富摆阔。他们的财富是资金运作的结果，而在这一过程中利润和生产行为脱钩。与此同时，严重而持久的经济危机不仅让他们远离穷苦大众，更加剧了从社会变化中看到

---

① 他抨击自由市场经济、金融投机和更广泛意义上的自由主义经济，尤其是抨击"涓滴理论"（théorie du ruissellement，又译为利益均沾理论——译注）。根据这一理论，一切由自由市场带来的经济增长，也会让穷人受益。他的言论一出，舆论一片哗然，这促使他在意大利日报《新闻报》（*La Stampa*）2013 年 12 月 15 日的一次访谈中，表明他的立场，否认自己是马克思主义者。第二天，《费加罗报》又刊登了这一访谈。

机遇的人士和备受这种变化威胁的团体之间的距离。人们无法理解，如果富豪们不做出他们那一份努力，他们的形象如何能改变。只要他们继续声称谋略总是胜于正直、大公无私和忘我的精神，那么他们的形象只会不断恶化。

为了争取一副更好的形象，并与号召我们助人为乐的时代主旋律保持一致，富豪们掀起了资本主义的高风亮节活动。他们效仿纽约那些期望拥有个人慈善基金会（原文为英文 charity）的富豪，把慈善活动作为他们最喜欢的运动。在法国从事慈善活动的人士里，古老的企业家族的后人或者名门贵胄并不多。慈善人士当中的大多数是建立了自身资产的企业家或高层管理人员，而这一批人也越来越年轻。[1] 在促进社会进步的真诚愿望的推动下，以及在力求抚慰生活中的沉重打击的同时，他们懂得并小心翼翼地使他们的慈善捐赠不会让他们的资产缩水。2003 年 8 月 1 日的法律设立的税务措施具有很强的激励作用：这些措施开创了一种真正的慈善捐助经济，并鼓励富豪们积极参与。在税务政策的激励下，富豪们的身边聚集了一些法学家或税务专家，这些人帮助他们合法避税，譬如借助于临时捐赠。该程序把某一项资产（有价证券或者不动产）产生的收益转让给某个基金组织，就可以让转让方享受税收减免，因为在转让期间，该笔资产不包括在应税财富中。对于新贵来说，慈善捐助是在社会上获得成功的一个标准。他们谋划的目标是提升他们的名声，并为他们的成功加冕。为了把他们的善举转化成热爱社会的行为，他们注意把野心隐藏在一项高

---

[1] 萨宾娜·罗兹耶（Sabine Rozier）、奥迪尔·德·劳伦（Odile de Laurens）：《法国的慈善捐助：参与社会进步事业》(*La Philanthrophie à la française. L'engagement au service du progrès social*)，巴黎：法国基金会和基金组织中心/法国基金会瞭望台（Centre Français des Fonds et Fondations/Observatoire de la Fondation de France），2012 年，第 7 页。

贵的、吸引人的、大公无私的事业背后。

树立财富的高大形象最稳妥也最令人高兴的方式依然是文化赞助。19 世纪的法国，作为社会公益的文化赞助和作为社交的沙龙活动，隶属于贵族的双重传统，而文化赞助在这一时代也已成为确立成功地位的两种方式之一。因此，在第三共和国时代，工业界和金融界的人士效仿名门贵族，支持音乐艺术创作。[①] 音乐艺术赞助的先锋，格雷菲勒伯爵夫人（Comtesse Greffulhe），于 1890 年成立了法国大型音乐会协会（Société des grandes auditions musicales de France），因为对她而言，支持音乐艺术的创作，属于大范围的慈善活动。在她的协会的资助下，柏辽兹、瓦格纳、巴赫、勋伯格的作品得以在法国首演。20 世纪的头十年，她资助了俄罗斯芭蕾舞蹈团。在随后的十年间，她又大力支持巴黎交响乐团的活动。普鲁斯特笔下的人物维尔杜兰夫人（Madame de Verdurin）的原型之一，玛格丽特·德·圣玛索（Marguerite de Saint-Marceau）——圣玛索香槟酒庄继承人的妻子，娘家姓汝尔丹（Jourdain）——从 1875 年至 1927 年间，主持沙龙活动，为许多音乐家铺就了前程。缝纫机发明人胜家的女儿，埃德蒙·德·波利尼亚克亲王夫人（Princesse Edmond de Polignac），则在 20 世纪上半叶赞助了许多法国和国际作曲家。银行家伊萨克·德·卡蒙多（Issac de Camondo），他自己也是收藏家和作曲家，创立了艺术家和歌剧友人协会（Sociétés des artistes et amis de l'Opéra）。他不仅为加布利埃尔·阿斯特吕克（Gabriel Astruc）的音乐会筹集资金，还于 1904 年协助后者成立了音乐协会（Société musicale）。后来，他又创办香榭丽舍大剧院，在 1908 年把他收藏的

[①] 米丽娅姆·施曼（Myriam Chimènes）：《艺术赞助人和音乐家：第三共和国时代巴黎的沙龙和音乐会》（*Mécènes et Musiciens. Du salon au concert à Paris sous la IIIe République*），巴黎：法亚尔出版社，2004 年，详见第 15 页、第 57—128 页及第 233—234 页。

马赛尔·普鲁斯特,法国最著名的作家之一,意识流文学的先驱。他的作品《追忆似水年华》细腻地描绘了贵族生活的方方面面,是20世纪最重要的文学作品之一

一批画作都捐赠给了卢浮宫。

如今，文化赞助能带来前所未有的双重优势。首先，它能满足"诱惑"的欲求；其次，它能保证知名度。事实是，文化在如今的社会中占据着越来越重要的地位。对于那些新来的慈善家而言，博物馆和历史名胜古迹意味着一个理想的资助对象，因为这些建筑的修缮工程日益增多。另一个受到他们青睐的行动领域则是当代艺术。自从20世纪90年代中期以来，在国际艺术市场上，当代艺术故弄玄虚地树立起了它的霸权，并在很大程度上造成了它的病态发展。其实，它有一个巨大的优势：在颠覆关于美的标准的同时，当代艺术不仅不再是文化的标志，也不再是典雅优美的保证，从而将有文化修养和没有文化修养的人士置于同一地位。正如曾经担任纽约大都会艺术博物馆馆长长达三十年的菲利普·德·蒙特贝洛（Phillippe de Montebello）指出的一样："观赏克劳德·洛兰（Claude Lorrain）[①]或者普桑（Poussin）[②]的一幅画，人们必须对历史、神话、圣经和画作创作的背景有一些认知。然而，如今的收藏家，属于新晋的富豪，是一些没有接受过这类型教育的人士。所以，对于他们来说，买一幅罗斯科（Rothko）[③]的画作或者一件当代艺术品要简单得多，这不会向他们提出任何图像上的问题。由于他们对古典绘画一无所知，所以他们对古典绘画也不感兴趣。"艺术价值和美学价值都不重要，重要的是，"让邻居或竞争对手目瞪口呆"[④]。此外，法兰西学院院士让·克莱尔（Jean Claire）在他一本

---

① 克劳德·洛兰（1604—1682）：法国17世纪著名的古典主义风景画家。——译注
② 普桑（1594—1665）：法国17世纪古典主义绘画的奠定者。——译注
③ 罗斯科（1903—1970）：著名俄裔美国抽象派画家。——译注
④ 丹妮艾尔·格拉内（Danièle Granet）、凯瑟琳·拉穆尔（Catherine Lamour）：《艺术界大大小小的秘密》（Grands et Petits Secrets du monde de l'Art），巴黎：法亚尔出版社，2010年，第268页。

又一本的著作中揭露出，如今的当代艺术只受到市场准则和营销战略的操纵（他还大力讨伐当代艺术和文化大众化的失控）。它已成为金融财阀"债券证券化"的标的。这种集团为了维持投机机会的上涨，利用一些画廊和拍卖行，因为后者会扮演国际评级机构的角色①。对于那些梦想获得短期利润的人士来说，帮助他们实现愿望的最佳方式是出资为某位艺术家举办一次展览，而且他们也拥有这个艺术家的许多作品：在扮演艺术赞助人的同时，他们让自己拥有的艺术品的品牌价值大幅上涨，从而增加他们的资产。

领导世界头号奢侈品集团，并声称体现了法式生活艺术的伯纳德·阿诺特（Beranrd Arnault）和他的对手弗朗索瓦·皮诺（François Pinault）②在奢侈品领域和当代艺术品市场上展开的竞赛惊心动魄。2000年，弗朗索瓦·皮诺宣布在布洛涅-比杨古（Boulogne-Billancourt）的塞甘岛（L'île de Seguin）上开展他的艺术基金会项目。但行政部门的迟钝拖沓磨尽了他的耐心，他在新闻媒体上大肆曝光了这一问题，后来该项目最终迁到了威尼斯。而他的对手迅速展开了反击。2006年10月2日，伯纳德·阿诺特在揭晓他的路易·威登基金会艺术中心的设计方案时——一组云状的立方物——领略到了胜利。这一基金会由酩悦·轩尼诗-路易·威登集团（LVMH）和其分支机构组成，目标是推广文化艺术，并延续集团从1990年就开始从事的艺术赞助活动。位于布洛涅森林儿童游乐园内的路易·威登基金会艺术中心于2014年落成。根据它的设计师弗兰克·盖里③——设计了蔚为奇观的毕尔巴鄂古根海姆博物馆的大师——的规划，这是一处富

---

① 让·克莱尔：《文化的冬天》（*L'Hiver de la culture*），巴黎：弗拉马里翁出版社，2011年，第65页、第99—102页及第104—105页。
② 弗朗索瓦·皮诺，掌控着世界第三大奢侈品集团开云集团（Kering）。——译注
③ 弗兰克·盖里（1929— ）：美国当代著名的解构主义建筑师。——译注

有"普鲁斯特笔下气氛"的场馆。皮诺和阿诺特的基金会在鼓励当代艺术创作的同时,旨在展出两个亿万富翁的私人收藏。于是,它们在成就家族模式的梦想的同时,也成了展示荣誉的橱窗,并把蒸蒸日上的声誉刻在坚硬的石块之上。此外,它们还延续了昔日贵族的展示体系,把奢侈的花费打造成一种彰显社会优势和巩固身后声名的途径。菲利普·朱利安(Phillipe`Jullian)曾经写过:"一批精美的收藏远远胜于一个虚假的亲王称号。"①对于富人而言,自从文艺复兴以来,接近艺术家、和他们一起筹划庆典、向他们订购艺术作品,是参与艺术创作的一种方式,也是自我展示和发现某种永恒的方式。这正好解释了1995年伯纳德·阿诺特聘用鬼才服装设计师约翰·加利亚诺(John Galliano)为克里斯汀·迪奥的首席设计师,尽管他于2011年又解聘了后者。在挑衅欲望的推动下,加利亚诺设计的时装,既反传统又叛逆,目标是鼓动大众并让国际的新闻媒介行动起来,从而让克里斯汀·迪奥这个品牌重新焕发出生命力,并提高它的营业额。

其实,上述两位商界巨人的竞争体现在传媒领域。两人对于知名度都有着炙热的、抑制不住的欲望。他们所参加的数不胜数的上流社会活动:画展开幕式、时装表演、慈善晚宴等,都说明了这一点。这种服务于饱含权力欲的名流的媒体效应在两次事件期间达到高潮。2006年4月在威尼斯大运河边上,喧哗的葛拉西宫(Palazzo Grassi)美术馆开幕仪式邀请了许多明星。弗朗索瓦·皮诺洗雪了在法国受到冷落的历史。此外,他并不掩饰成为阿涅利王国的缔造者乔瓦尼·阿涅利(Giovanni Agnelli)②的后继之人的骄傲,因为在意大利

---

① 《收藏家》(Les Collectionneurs),巴黎:弗拉马里翁出版社,1996年,第26页。
② 乔瓦尼·阿涅利(1921—2003):阿涅利家族的中流砥柱,在世时把祖父创立的菲亚特汽车集团发展成为一个业务涵盖多行业的超级集团。1983年,他买下深受他喜欢的葛拉西宫,作为艺术和考古展览中心。——译注

人的想象中，阿涅利家族取得了萨伏伊王朝（maison de Savoie）的地位。六个月之前，即2005年9月举行了另一庆典：德尔菲娜·阿诺特（Delphine Arnault）的婚礼。她的婚礼成了媒体特别报道的对象：媒体不仅热衷于把她描述成为"一代人的公主"，还把她婚礼的这一天描绘成一桩皇家大事。在划入世界文化遗产的巴扎大教堂（Cathédrale de Bazas）举行的婚礼仪式，就像在依奎姆酒庄（Château d'Yguem）举办的婚宴一样，每一个细节都不无意义。主持婚礼仪式的布诺瓦·德·斯内蒂神甫（père Benoist de Sinéty），出身贵族；而在教堂第一排并肩就座的是代表共和国的希拉克夫人和一名代表皇室的西班牙公主。奢华的晚餐盛在由艺术家乔伊·德·罗昂－夏博（Joy de Rohan Charbot）设计的盘子中。法国最富有的人阿诺特想要的是一场代表他的集团形象的奢华婚礼。

只要艺术赞助在增强他的社会声誉的同时，又能巩固他的财富地位，伯纳德·阿诺特就会通过举办鸡尾酒会、私人晚宴，或者颂扬他的经济实力和捐赠行为的盛会等，进一步加强他的慈善义举。他注意把商界、政界人士和娱乐界的名流汇聚一堂。事实上，除了君主时代等级制度的后效现象之外，再也没有能让民主政治下的新贵更加恼火的事了。因此，每当法国历史上一些显赫姓氏的后人，甚至是一些以收取出席时髦宴会的酬金而著称的亲王殿下接受了他的邀请，阿诺特就满怀喜悦。不过，他并不天真。他怎么不知道来的只是一些唯利是图的寄生虫呢？对于他而言，最重要的是取得他注入艺术赞助或名望活动中的投资的红利。在扮演某种缓解社会分裂的柔润剂的同时，他如愿以偿，因为这样的角色模糊了标界，让人觉得杰出人物并没有与众不同。然而，在他永不知足地确立自己地位的想法里，他并没有获得贵族随着岁月的增加而积淀下来的另一种特权，即心灵的高贵：唯一真实的善举，是本能地、不事声张地无偿捐赠，没有不可告人的避税或自我宣传的想法。

第三部分

品位的仲裁人

中世纪之后,和"贵族身份"相对应的是一些礼仪、行为举止和原则。这一切催生了贵族传统生活艺术中所特有的奢华、精美和优雅社交。强化王权却损害贵族利益的政治,促进了宫廷生活的产生。诺尔贝尔·埃利亚斯阐述过这对促进日常习俗的文明化起到了多么大的作用。把武力的使用留给王权,同时又对贵族进行绥靖的过程,意味着一整套立身处世法则的制定。这样的法则要求控制情感的冲动、树立模式化的行为举止,以及掌握社交生活的规矩。路易十四把各地贵族宣诏进宫生活,并削弱他们的权力,这使得昔日的骑士只能以文雅的举止或风度划清他们与地位低下的人之间的界限。18世纪,上流社会的生活中心转移到了巴黎。当时,巴黎的沙龙不仅在习俗的进步上发挥了举足轻重的作用,还传播了启蒙思想,并把贵族对于礼仪的热情推到了极致。沙龙致力于交流、阅读、音乐、舞蹈、戏剧和游戏等,同时还在一个优雅的环境里建立起了富有美感的社交形式。在女性的主持下,法国的沙龙活动也开启了两性友好关系的传统。在这一传统里,莫娜·奥祖夫看到了法国特殊的女性主义的根源。与苛刻的女性主义史学截然相反,在法国特殊的女性主义学说里,两性平等的诉求离不开"对体验到的两性差异加以利用,而这样的利用是平和的,甚至是愉快的,因为这是在施展诱惑力和把玩甜蜜的暧昧关系"[①]。

  1790年6月19日,制宪会议决定改革社会习俗,取消贵族和他们的爵号、族徽、家丁的号衣、旌麾、鸽舍、骑士团勋章、奖章,以及"一切封建符号"的时候,这激起了贵族阶层"愤怒的浪潮"[②](相反,一年前的8月4日的夜晚,当贵族特权遭到取消时,他们却表现出来一致的热情)。138名贵族代表,即一半以上的制宪会议成员,发表了一份强烈的抗议。他们也许会承认"权利的平等"是必不可少的,也承认1789年为了弥补某一公正原则而同意做出牺牲,但他们拒绝"地位的平等"。这表明了"身份的符号"在他们的眼里有多么重要。第一

[①] 莫娜·奥祖夫:《一段文学的故事/女性词汇:论法兰西的独特性》(*Récits d'une partie littéraire, Les mots des femmes. Essai sur la singularité française*),巴黎:法亚尔出版社,2006年,第328页。

[②] 皮埃尔·洛桑瓦隆:《平等的社会》(*Société des égaux*),巴黎:瑟伊出版社,2011年,第84—88页。

共和国旨在引入一种新型的人际关系而强制推行的社会习俗试验，尤其是1792年春天生效的"公民"的称谓，以及后来强制使用、并持续到热月①9日的第二人称单数"你"的称谓，都失败了，而这并不奇怪。皮埃尔·洛桑瓦隆（Pierre Rosanvallon）对这一失败做出了解释：这证明了礼仪是"重要的社会关系形态之一"，因为它的宗旨是强调"每个人公认的地位"。贵族阶层并不需要等到大革命才相信标准在与他人的交往中的重要性，以及形式在规则的贯彻中的重要性。君主时代，他们是捍卫缛礼繁仪的先锋，其中又以圣西门为首。他们看到的是对于他们这一群体的精神地位的保障。拿破仑一相信排场仪式对于权力推行的重要性，就决定重新营造一种宫廷的生活，并重新建立起一种优雅的社交关系，从而恢复君主时代的甜美生活。他提名塞居尔侯爵（Marquis de Ségur）为主持皇家仪式的大总管，后者在约瑟芬皇后的协助下，组织大量涌入杜伊勒里宫的王公贵族的活动。这相当于承认了旧式贵族在守护礼仪和良好教养方面扮演着不可取代的角色。

法国大革命让贵族失去了他们令人不安的少数派的身份，然而直到19世纪，他们作为典雅高贵的阶层依然受到认可。这是他们对于大革命平权宣言取得的巨大胜利。而且，从那以后，由于在共和政体下，平等和自由的价值观占上风，社会地位的划分机制也不再像从

---

① 法兰西第一共和国的历法，相当于公历7月的19—20日至8月的17—18日。——译注

前一样由社会品级或者宗教等级决定，所以地位的高低完全由他们自身来决定，他们的胜利也就更加地引人注目了。此外，正如达尼埃尔·阿列维（Danièle Halévy）正确指出的一样：君主流亡国外对于法国的贵族而言是"幸福的时刻"，因为从今以后，"一切荣誉和光荣对于他们而言不仅光彩夺目，还不受拘束地环绕在一个空荡荡的王位周围"①。马克思也认同这一说法，尽管他曾轻蔑地宣称在他生活的时代，贵族已变成了欧洲的舞蹈老师。② 他想到的是否正是法国的王公贵胄？这一评论对于他们而言，尤其中肯。19世纪，法国贵族反对习俗的改革，坚定地帮助巴黎恢复了它作为世界礼仪之都的地位，尽管这一地位受到了法国大革命的摧毁。此外，撰写礼仪手册的作者，往往通过冒用贵族名字的方式，以确保作品大卖。这最终把贵族树立成为品位风度的典范。

---

① 达尼埃尔·阿列维，见前引书，第31页。
② 详见大卫·伊格斯（David Higgs）的引述，《大革命后的法国贵族》（*Nobles, titrés, aristocrates en France après la Révolution*），巴黎：莉阿娜·勒维出版社（Liana Levi），1990年，第295页。

第八章

品位的原则

Les mécanismes de la distinction

如果说贵族把优雅的教养视为最重要的身份标记,那是因为这一标记赋予他们一项最基本的职责:牢记历史。一切良好的行为举止,无论它们是从属于旧时礼节的组成特征,还是属于马赛尔·普鲁斯特细致分析的沙龙社交规矩,都构成了有助于贵族发现同类和识别异类的众多符号。因此,贵族教育在确保他们掌握高贵的言行举止的同时,也赋予了他们在外人中自我分辨的敏锐力。

宫廷社交的传承:对于礼节的迷恋

在贵族的文化中,长期的宫廷生活和高官显爵的地位使得礼仪的观念根深蒂固,而围绕这一观念的是权力和对于外交礼仪的讨论的兴趣。王公贵族喜欢探讨座次的尊卑、礼节的微妙，以及优雅迷人的社交等诸如此类的话题。这些话题在常人看来却空洞无益。19世纪爆发的多次革命，尽管让豪门贵胄从君主政体里独立出来，然而它们并没有终止这一阶层所沿袭的宫廷习俗。法国的皇室生活也一直延续到第二帝国末期。此外，19世纪，法国的波旁家族和后来的奥尔良家族，在欧洲争夺王位的同时，也注重维护宫廷惯例。

从19世纪末期持续到第一次世界大战爆发前夕的美好时代：保皇运动日渐分裂；1880年之后保皇派恢复君主制的愿望也不断减弱；出于务实的想法而归顺共和国则被认为是理性之路；1894年至1926年觊觎王位的奥尔良公爵有时候又因为生活中的丑闻引起流言蜚语。然而，这一切都没有阻止法国的王公显爵继续向王室宣示他们的忠诚。他们沿袭习俗，先是朝觐移居在英国伍德·诺顿庄园（Wood Norton）里的亲王，后来又拜谒从1913年起定居在布鲁塞尔附近的安茹城堡（manoir d'Anjou）内的奥尔良公爵和1926年继承了该座城堡的吉斯公爵（le duc de Guise）。① 贵族们还轮流担任亲王们的随从，因为他们认为这既是一种权利，又是一种职责。对于两次世界大战期间法国王室的社交框架的研究表明，贵族的身影无处不在。② 在20世纪许多年间，王室发生的事件对于贵族而言，依然是激动人心的重大时刻。譬如，1926年在巴黎圣母院举行的奥尔良公爵的葬礼，吉斯公爵夫人出席了葬礼，并在吕内公爵位于伊耶纳广场（Place d'Iéna）③的官邸里接见了那些愿意向她表达敬意的贵族；1931

---

① 吉斯公爵：法国波旁王朝支系派的王室成员，1926年"继位"奥尔良公爵，称为让三世。——译注
② 布鲁诺·高耶（Bruno Goyet）：《巴黎伯爵亨利·德·奥尔良（1908—1999）：虚幻的君王》[*Henri d'Orléans, comte de Paris (1908-1999). Le prince impossible*]，巴黎：奥迪尔·雅各布出版社，2001年，第87—111页。
③ 同上书，第130页。

年，吉斯公爵的长子亨利·奥尔良王子（le prince Henri d'Orléans）和奥尔良－布拉干萨的伊莎贝尔公主（la princesse Isabelle d'Orléans-Bragance）在巴勒莫大教堂（la cathédrale de Palerme）举办的婚礼；1950年，流亡法案的废止；王室子女在德勒的婚礼；1960年在阿尔及利亚阵亡的弗朗索瓦王子（le prince François）的葬礼……除了几个拥护安茹公爵（le duc d'Anjou）的极其正统派的家族之外，法国的贵族一如既往地向巴黎伯爵夫人（comtesse de Paris）表达和她的身份地位匹配的敬意，直到2003年她离开人世。他们敬佩她在家人引起舆论的轩然大波时的沉稳平和，敬佩她坚决"呈现给众人一副光彩四溢的容颜"——这一容颜表明了她的"一切于我都是幸福"的座右铭——以及敬佩她的一举一动完全符合公众"期待在一位王室殿下身上看到的品质"[1]。在达尼埃尔·阿列维（Daniel Halévy）的作品《显贵的终结》（La fin des notables）里，他把法国贵族对于君王的这种忠诚解释为某种努力。他们力图通过接近倒台的王室或者国外的王公显侯带来的骄傲，来弥补他们不再拥有的优势。不过，经常接触皇亲国戚也徒然无益，因为正如马赛尔·普鲁斯特做出的精确注解一样："成为巴黎伯爵[2]（comte de Paris）的朋友并不代表着什么。这些没有得到门禁森严的沙龙接待的'亲王的朋友'，一共有多少呢？王公们清楚地知道他们是亲王陛下，他们不装腔作势、不冒充高雅。另外，他们坚信相对于那些不入流的人士，他们是如此的高高在上，以至于地位在他们之下的人，无论是大爵爷还是资本家，几乎都在同一

---

[1] 吉斯兰·德·迪斯巴赫（Ghislain de Diesbach）：《他人的品味：逸闻趣事》（Le goût d'autrui. Portraits anecdotiques），凡尔赛：罗马大道出版社（Via Romana），2010年，第305页。
[2] 巴黎伯爵（1838—1894）：法国路易·菲利普国王的王储奥尔良公爵费迪南之子，复辟失败后，退隐英国。——译注

级别。"①无论如何,王公们的不拘礼节实际上只是一种礼貌……因为事实是,对于他们而言,恭敬的态度从属于礼仪观或礼法,而非忠义观。一般的名门世家,出于担心和普通的有钱人家混为一谈,十分注重礼节。这也就是为什么两次世界大战期间,在鲜有古老世家的勒芒(le Mans)地区,最拥护旧制度的是那些"历史最短暂、也是最寻常"的贵族家庭。这些家族给人的印象是,"他们非常怀念很可能他们就没有怎么享受过的特权"②。

贵族在对于宫廷生活和世俗惯例的追忆中,把三项原则当成社交生活的基本模式:自我把控、严格遵循礼节和审美追求。让·德·拉布吕耶尔(Jean de La Bruyère)写过:"一个通晓宫廷的人能够掌控他的举止、他的眼神和他的脸色。"③就像在某一沙龙里一样,在"这个地方",社交礼数催生出某种规范化的反应,要求严谨的体态和优雅的肢体表现:极简的肢体表达能让言行显得沉稳、大气。因此,贵族的教育首先是一种苦修,它强加于身的是束缚和限制。它意味着学习某种批判的准则,这样的准则摒弃不拘礼节、自由放任、过于随便以及情绪化等,也就是说一切让人掉价的举止。此外,贵族教育在被制定成某一精准的运作机制下,要求控制本能冲动或抑制一时的心血来潮。贵族懂得"忍耐和自制",也就是说懂得忍耐、克制和过滤他的感受。无论是默不作声,还是保持足以表达出责难的高冷的礼貌,

---

① 马赛尔·普鲁斯特:《追忆似水年华》第二卷《在少女花影下》,巴黎:伽利玛出版社,"七星丛书",1954 年,第 521 页。
② 吉斯兰·德·迪斯巴赫(Ghislain de Diesbach):《错失的教育:1931—1948 年的往事》(*Une éducation manquée. Souvenirs 1931 - 1948*),凡尔赛:罗马大道出版社,2009 年,第 122 页。
③ 让·德·拉布吕耶尔:《品格论》(*Les Caractères*)里的《宫廷》("De la Cour")一文,见《拉布吕耶尔全集》(*Œuvres complètes*),巴黎:伽利玛出版社,"七星丛书",1951 年,第 215 页。

他都能娴熟地运用沉默。遵循"沉默是金"的法则——王室规矩，尤其是勃艮第王室规矩的传承，把这一规则发挥到极致的查理五世则背负了背信弃义的骂名——能让他尽可能地掩饰自身的意图。与此同时，良好的教养让他在日常生活中注重仪表的美感，而这意味着以高雅、精美的形象示人。

> 我从未见过我的祖父和外祖父不刮胡子的时候。即使是生病住院，他们在会客时依然穿戴整齐。其中的一位教会我每天中午进餐时必须用银制餐具，而且餐桌的摆放要完美无缺。（男，1974年）

一切散漫的仪态都要摒绝。一个"*不知道如何摆放双手和手提包或者叉腿而坐的*"（男，1934年）女人，会立马被判断是"外人"，也就是说她不属于圈内人士。关于上层社会，吉尔·德勒兹（Gilles Deleuze）写道："没有哪一个社会阶层在如此有限的空间内，能以如此迅疾的速度发出或汇聚这么多的符号。"[①]事实是，在贵族的教育下，保持优雅高贵的思维在社交生活的方方面面都行之有效。一位豪门贵胄，如果他拥有良好的教养，那么他就懂得坐有坐相、吃有吃相，懂得举止得体地致谢、表达他的敬意或问候，也懂得牢记某位见过面的人或者回礼。在任何场合，他都应该坚强和克制，也就是说有分寸感。既不自怜自弃，也绝不自怨自艾，因为保持快乐也是一种礼貌。总之，在任何情形下，他都善于应变，在任何环境下也要落落大方。

---

① 吉尔·德勒兹（Gilles Deleuze）：《普鲁斯特与符号》（*Proust et les signes*），巴黎：法国大学出版社，1979，第12页。

礼貌，指的是身处不同环境的能力。在一个同学家里，我的言行举止不同于我在某一位公爵家里的表现。我记得我的祖父对我说过："我们去夏洛莱（Charolais）①的农户家里走一圈，我先提醒你，你无权回绝任何一道饭菜。"在每一户农家，我每次都不得不添菜，并吃完所有的菜。两天里，我的体重涨了两公斤，但是必须大吃特吃。（男，1974年）

此外，对于一位"有良好修养的"贵族而言，语言框架必不可少，因为这一框架能筛检他的遣词造句和用语。过去，传统的贵族教育注重凸显法语语言的精妙入微。重视语言的端正得体便是这一教育的遗留物，而1908年成立的槲寄生协会（La société du Gui）则证明了贵族对于语言的关注。该协会汇集了一批年轻人，他们当中的一些人已经完成了扎实的高等学业，尤其是在高等政治学院或巴黎综合工科学校的学业。此外，他们当中的大多数人都是要加入骑师俱乐部的，即巴黎最尊贵的圈子。他们每年的一月至六月，每个月聚餐一次，探讨各种各样的话题。第一次世界大战中断了他们的聚会，三分之一的会员在此期间阵亡，其中包括一名匹莫丹（Pimodan）家族的成员、一名拉罗什富科家族的成员、一名沙瓦尼亚克（Chavagnac）家族的成员、一名格拉蒙家族的成员、一名科钦家族的成员……1920年，协会的聚会重新恢复。聚会上发表的演说在表达拥护对于一切良好的社交习惯的同时，还赞美精神文明，并颂扬对于精美、优雅的语言的热爱。②总之，一位教养良好的贵族在沙龙的会话中能亦雅亦俗，也就是说能谈论一切话题，以便每个人都有话可说。他既懂得让

---

① 夏洛莱：位于法国中西部的省份，以其出产的牛肉闻名。——译注
② 《槲寄生协会晚餐演讲打字集：1920年6月—1923年6月》(Receuil dactylographié des discours des dîners du Gui, juin 1920-juin 1923)，私密文档。

谈话继续下去，又懂得转换话题。任何话题，他都不做深入讨论，以避免尴尬和无聊：一切话题都似蜻蜓点水，一带而过。在必须给人以好感的要求下，话题要轻松，回答要得体，话题的转换要令人愉快，对于细枝末节的叙述要吸引人，要巧妙地赋予玩笑话严肃感，然而即使是最严肃的话题，谈论起来也要有某种随意性。

要说良好的教养，那么步入某一沙龙一直是最好的检验。贵族以高傲的姿态、稳健的步伐和吻手礼著称（吻手礼从19世纪末期才开始，这一习惯借鉴了中世纪的骑士向他的贵夫人表达敬意时的姿势）。他懂得稳重地向每个人介绍自己，既不笨拙，也没有那种显得小气的矜持。实际上，良好的教养既是含蓄和文雅的组合，也是庄严持重和率性而为的矛盾组合。它把激起人的敬意的端庄稳重与冲淡庄重呆板色调的亲和优雅结合在一起。

识别力

正如昔日精妙的宫廷礼仪一般，处世之道，或者从更广泛的意义上说，一切行为举止的惯例和准则只有一个目标：区分人群。学习处世之道，不仅要求注重细节——因为这有助于细致入微且直观地感知他人——还能促进某种下意识的明辨力和判断力。豪门贵胄大概是在察人观相上最有经验的社会群体，也是最善于发现愚行蠢语或趣味上的失误的社会群体。他们目光犀利，密切注视仪态、举止和言语中显示出精通或者不精通规范的一切细节。他们很快就能注意到那些不懂得根据场合和谈话对象恰当地调整自身言行的笨拙人士。他们对于社交原则的熟悉，常常和某种训练有素的敏锐联系在一起。而这种敏锐是在养成理解他人的习惯的教养下形成的。而且，在这一教养的要求之下，严谨慎重必不可少。因此，贵族对于社交原则的谙熟不仅有助于他们精确地领会对于他们而言很重要的蛛丝马迹——尽管其他人对于同样的迹象无动于衷——也有助于他们犀利地判断各种品行操守，并迅速分出高低贵贱。如此一来，社交礼仪的目的不在于激发出整齐划一的行为举止，而是成为某一凸显距离的机制。它适用于人群的识别判断。它让那些"拥有处世之道"的人能够聚到一起，结成同一个圈子，同时让那些对处世之道的一知半解的外人露出马脚。餐桌摆设是为了美观，然而餐具的放置、杯子的选择、餐巾的巧妙折叠——如今通常的做法是，把一块面包塞在餐巾的折边内，并且在打开餐巾时不能让面包滑落——都依循一定的举止标准。遵守或违反这些准则都是验证某人是否从属于贵族群体的缘由。在语言方面，有些表达会"破坏效果"，譬如对某位向你自我介绍的人士答道"幸会、幸会"。① 据传，已故的巴黎伯爵有一天大概说了"我倍感荣幸"，这没有逃过在场人士的耳朵……如果说贵族教养排斥粗言俗语，致力于舒缓人际关系的优雅话语，那么它并不排斥戏谑。它鼓励机智而狡黠的俏皮话，和脱口而出的某种程度上的狂言骇语。混合着出其不意和尖酸刻薄的风趣之话甚至能像马鞭的答挞一般狠辣。对于法国贵族而言，塞维涅夫人（Madame de Sévigné）② 和圣西门熟练掌握的罗什舒瓦尔·德·莫特玛尔家族（maison de Rochechouart de Mortemart）的莫特玛尔思维，是妙语连珠的答辩艺术的基准：这一思维并不排斥玩笑讽刺，但是从来不会有恶意，因为莫特玛尔家族的成员自我感

---

① 当有人向您自我介绍时，"应该稍微鞠躬一下，同时还要面带友好的笑容。如果是一位男士被引见给一位女士，那么他要一言不发，因为应该由这位女士致友好之语"，摘自吉斯兰·德·迪斯巴赫（Ghislain de Diesbach）的《新式礼仪：良好教养的赞语》（*Nouveau savoir-vivre. Éloge de la bonne éducation*），巴黎：佩林出版社，2014年，第44页。

② 塞维涅夫人（1626—1696）：贵族出身，法国17世纪著名书信作家，其代表作《书简集》生动、风趣，反映了路易十四时代法国的社会风貌。——译注

觉是如此优越，以至于他们不会艳羡任何人，他们只有在面对那些中伤诽谤他们的人的时候，才会冷酷无情。这个家族并没有留下确切的例证，以阐明此种以它的姓氏为名的思维方式，这让普鲁斯特觉得不可思议。因此，人们会认为这个家族的本事是如此巨大，以至于无法用文字记录下来。不过，在其他家族撰写的回忆录中，有许多传给后世的风趣话语和闪烁着智慧的戏言。它们给出了莫特玛尔思维的一个概观，因为这些家族同样致力于轻松的揶揄和机智风趣的语言。

最后，贵族教育还通过某种含有特殊表达方式的行话和所谓的"城堡主"口音表现出来。城堡主的口音又被称为"上层社会的腔调"。这一腔调带有日耳曼的齿音、喉音"r"、长音"a"，以及"一种让人想起瑞士洛桑缓慢的英音似的绵长语调"（男，1931 年）。贵族喜欢语惊四座。他们觉得越是离奇古怪的事物越是趣味横生，就像化装舞会效仿于民间的狂欢节一样，一切背离社交原则的行为对于他们来说，都是凸显他们的自由的方式。那些心照不宣的小把戏和捣蛋，甚至是放肆，并不会让他们不安。巴黎市郊的口音，乃至是粗俗的音调，和他们的"上层社会的口音"糅杂在一起，这使得他们的腔调"既庄重又低俗"（男，1934 年）。让·热内（Jean Genêt）[①]和让·科克托（Jean Cocteau）[②]确切地强调过贵族对于"草莽"的热衷。他们大概在豪门贵胄的身上发现了"名门大户的起家者身上的品质，他们的交流往往是以拳脚相向开始的"（男，1934 年）。贵族们常常以"土豪"的一面为乐，所以他们不会为了几句脱口而出的粗话感到不安，何况他们知

[①] 让·热内（1910—1986），法国作家，主要作品有自传色彩的《鲜花圣母》《玫瑰奇迹》和《小偷日记》。——译注

[②] 让·科克托（1889—1963），法国当代作家、画家、电影导演，其惊人的才华和创造力令他闻名于世。——译注

道把握分寸和话语的边界，也就是说和社交惯例保持一定的距离，是专门留给那些不操心自身社会地位的人士的，那是他们的奢侈享受，他们既可以嘲讽过于谦逊的人，也可以奚落过于端正的态度。他们对社交规则顽固的结构漠不关心，而小资产阶级却对此很迷恋。后者不仅强烈地渴望展示他们对于标准的倾慕，并且深恐"不能穿越那一条通往富裕阶层的狭窄通道"①。

总之，真正的"品位"是什么呢？诚如上面论述的"优雅"一样，它指的是某种素养的养成。这种素养的目标在于把传统礼节的习得变成某种拟态反应。内化的社会约束，转化成自律，看起来"大方""自然"，犹如乐感的习得一般，尽管这实际是在家庭内部系统学习的成果，而这一成果又经过了"演示"和"口授"的提炼，并以父母孜孜不倦的责备为代价（他们不断地唠叨禁令标准）。

> 必须时刻盯着孩子，并向他解释：礼貌是发自内心的尊敬，必要时我们责备他，那是为了他好、为了他人好，也是为了增进社交关系……礼节是一种整体的努力，既沉闷，又严格。（女，1943年）

不过，尽管雅致是掌握修养准则的完美结果，也就是说是"一种可以掩饰未必优美的天性的努力"，但品位还是要更微妙得多。品位是通过某种风度、某种仪态、某种举手投足和谈吐传达出来的，它"一点都不做作、一点都不复杂烦琐，而且极其自然：品位自身就令人肃然起敬"（男，1932年）。一个"有品位的"人，不一定很美，但是能让人立即觉察到他是一个与众不同的人：他步履轻盈，举止恰

---

① 皮埃尔·布迪厄，见前引书，第390页。

当，极有分寸；他欢快活泼，自信得体，有着一种骄傲的神采，令人想起社会地位的久远和居高临下的习惯，不过他对此似乎并不在意。他低调、稳重，但是"懂得保持他的地位"：在简单、纯朴之上，他加入一种高贵而庄重的风采，给人以深刻的印象。此外，无论身处何种境地，他都善于及时应变；他总能和每个人亲切对话，愉快交流；而且，在一切情形下，他都有"救场"的能力。这一切都让他引人注目。事实上，他知道在总是顾及他人、并且不狭隘地抱着规则不放的情况下，任何人都能接受某种威严和沉静，任何人都能容得下一种愉快的距离。

第九章

贵族：礼仪的守护者？

La noblesse, gardienne des usages?

妙丽叶·巴贝里（Muriel Barbery）写过："贵族夫人意味着什么？她将是一位不受低俗侵袭的女士，纵使她身处下流卑贱之中。"① 在赞美贵族的永恒角色、礼仪的守护者上，没有比这更好的表达了。然而，20世纪，贵族固有的优雅在很大程度上受到了侵蚀。除了结婚仪式之外，那些他们专有的、上流社会中重要的礼仪都消失了。此外，社交关系中，偏见的降低和标准的简化，也造成了贵族行为准则中最基本的差别原则的消解。

---

① 妙丽叶·巴贝里：《刺猬的优雅》(*L'Élégqnce du hérisson*)，巴黎：伽利玛出版社，2006年，第28页。

贵族式优雅的溃败

　　18世纪期间，巴黎的贵族们离开他们位于商业日益繁盛的皇家广场（如今的沃日广场，Place des Vosges）——的府邸，搬到左岸定居。在那里，卢浮宫和卢森堡公园之间，则兴建起一些大型的宅邸，为贵族们进一步提升的生活质量提供必不可少的空间。在沉重地打击了王公贵胄的法国大革命之后，"圣日耳曼郊区"在19世纪初诞生了。这是一个真正的贵族村落，汇聚了一批旧制度下的贵族。他们只认可出身的高贵，并在对历史的缅怀中达成一致。尽管巴尔扎克在《朗热公爵夫人》（*La Duchesse de Langeais*）里，言辞激烈地谴责他们生活在封闭的花瓶中，远离一切智力活动，然而他们在保护礼仪和传承教养上的贡献还是得到了一致的认可。在他们的家中，特别是在那些19世纪下半叶由著名建筑师亨利·帕朗（Henrie Parent）和保罗－欧内斯特·桑松（Paul-Ernest Sanson）建造的豪华府邸中，沙龙又恢复了它往日重要的核心功能。美好时代，贵族阶层的每一位女主人，都有属于她的沙龙"日子"。每个人都迫不及待地去做客，或者留下他带有折角的名片，从而告知别人他就在巴黎并等待受邀。贵族的沙龙是模仿的对象：有一套足够大的公寓，以便整治出一间沙龙，是有钱人最大的野心，因为他们渴望通过效仿上层圈子的习俗，以彰显他们社会地位的提高。

　　贵族的沙龙在整个19世纪期间，维持着一种激起专栏作家、小说家和画家兴趣的社会影响力。它继承了君主时代的沙龙的功能：文化、思想以及机智而风趣的对话的场所。人们围坐在一位学者、一位法兰西学院的院士、一位外交家或者一位路过巴黎的外国名人身边交谈。沙龙也是一个权威的地方，人们不仅在里面谈论文学、哲学、宗教、政治，而且也上演着权谋和斗争。19世纪实在没有任何一家可以和若弗兰夫人（Madame de Geoffrin）主持的沙龙媲美。启蒙时

阿尼塞-夏尔-加布里埃尔·勒莫妮埃:《在若弗兰夫人沙龙里诵读伏尔泰的悲剧〈中国孤儿〉》(1812)

代,她的沙龙是巴黎最引人注目、持续时间也最长的沙龙之一。这个沙龙不仅保证了哲学思想的传播,而且对于若弗兰先生领导的法国皇家玻璃制造厂(la manufecture royale de glaces de France)而言,即后来的圣戈班集团(Compagnie de Saint-Gobain),也起到了公关机构的作用。不过,在19世纪,某些沙龙依然被视为法兰西学院的前厅,譬如奥松维尔伯爵夫人(la comtesse d'Haussonville)的沙龙,以及后来的拉罗什富科公爵夫人(la duchesse de La Rochefoucauld)的沙龙。前者婚前姓名是宝琳娜·德·哈考特(Pauline d'Harcourt),婚后成为院士夫人;后者婚前姓名是艾德美·德·费尔(Edmée de Fels),1991年时以百岁高龄辞世,保尔·瓦莱里(Paul Valéry)[①]生

[①] 保尔·瓦莱里(1871—1945):法国著名诗人,象征派大师,代表作有《年轻的命运女神》和《海滨墓园》等。——译注

前是她沙龙里的常客。尽管诋毁沙龙的人把它们描绘成浅薄会话的处所，然而它们仍然是具有政治影响力的地方。德雷福斯事件期间（l'affaire Dreyfus）①，沙龙的活动就很活跃，足以为人所知。德尔卡塞（Delcassé）②的亲人，让·德·蒙特贝洛伯爵夫人（la comtesse Jean de Montebello），以比任何人都了解外交部的秘闻而出名。她主持的沙龙在美好年代，一如既往地延续着贵族阶层对于外交生涯的世袭热情。20世纪30年代，两位富裕人家出身的女士，波尔特伯爵夫人（la comtesse de Portes）和克吕索尔侯爵夫人（la marquise de Crussol）则主持了政治性的沙龙。波尔特伯爵夫人结婚前的姓氏为雷布费尔（Rebuffel），她的娘家是马赛地区从事大宗买卖的批发商。克吕索尔侯爵夫人结婚前则姓贝齐耶（Béziers），她的家族是最早从事罐头食品的生产商之一，并以此致富。在她的帕西（Passy）府上，她广泛招待各种政治构成不同的议员、外交家、律师、学者。她后来不仅成为总理爱德华·达拉第（Édouard Daladier）③的情妇，还为他引见了巴黎上层社会的人物。与此同时，克吕索尔侯爵夫人的重要竞争对手，波尔特伯爵夫人，则为第二次世界大战期间接任达拉第的保罗·雷诺（Paul Reynaud）④出谋划策。

20世纪期间，在两个方面的变化下，贵族失去了它主导巴黎上层社交生活的能力。首先是大型舞会的终结，正如皇家狩猎活动一样。加布里埃尔－路易·普朗盖（Gabriel-Louis Pringué）在他的回忆录中，曾经伤感地追述美好年代的奢华盛会：1906年，离婚前的

---

① 德雷福斯事件：19世纪90年代法国军事当局诬告犹太军官德雷福斯犯有叛国罪，法国右翼势力乘机掀起反犹浪潮，从而造成法国社会分裂为德雷福斯派和反德雷福斯派两个阵营。——译注
② 泰奥菲勒·德尔卡塞（1892—1923）：曾任法兰西第三共和国外交部长。——译注
③ 爱德华·达拉第（1884—1940），法国政治家，曾任法国政府总理。——译注
④ 保罗·雷诺（1878—1966），法国政治家，"二战"期间主张抵抗德国。——译注

博尼·德·卡斯特兰（Boni de Castellane）在玫瑰宫（Palais de Rose）举行的迷人晚会；1912年，分别在沙布里朗侯爵夫人（la marquise de Chabrillan）和克莱蒙－多奈尔伯爵夫人（la comtesse de Clermont-Tonnerre）的家里举行的波斯舞会；1913年，在格拉蒙公爵夫人（la duchesse de Gramont）府上举办的女装晚会；1914年，在雅克·德布罗意亲王夫人（la princesse Jacques de Broglie）家里举行的珠宝晚会……所有的这些盛会都是在豪华壮观的府邸里举行的，府上一队又一队的侍从都身穿东道主颜色的制服。最后一批肖像画家和最早的摄影家用他们的艺术永久地记录下了宴会上的宾客：身穿早期的高级礼服、头戴羽饰、珠光宝气的女士；风度翩翩的男士，则身穿在伦敦缝制的服装。两次世界大战期间，贵族阶层对于社交活动依然表现出明显的兴趣。不过，在交际上，他们变得更加不拘一格，开始接受和其他社会群体的交往；然而，在这之前，他们一直和这些群体保持"距离"。这一开放的态度，促进了新时尚的兴起。1914年以前他们只把自己的裁缝视为供应商，但第一次世界大战之后他们接纳了可可·夏奈尔，而这多亏了她那些"上层社会"的情人，以及这些人执意把她引入朋友圈的勇气。两次世界大战期间，巴黎的王公之一，艾蒂安·德·博蒙伯爵（le comte Étienne de Beaumont），在他位于马斯朗街（rue Masseran）的官邸里举行的宴会上，招待了一群远远不属于贵族圈子的人士：他广交前卫艺术家，并向巴黎的上层社会传播爵士乐。

在大家认为定下了上层社会基调的人士中，南美人的加入，进一步促进了这一多元化、国际化群体的确立，它的运作不再以出身为原则。于是，巴黎的上层社会，获得了"咖啡馆里的社交界"（Café Society）的称呼，即当今的"富豪"（Jet-set）的前身。黑暗的德占时期过后，巴黎的豪门贵胄又重新开始他们的社交活动。1948年，为16区的红十字医院筹款而在玫瑰宫举办的群鸟化装舞会上，贵族们头顶鸟笼般的帽子，或者头戴羽饰及蜂鸟状的头饰，最后一次齐聚一堂。在随后的 20 年间，仍然还有几回标志性的盛大舞会。1951年，卡洛斯·德·贝斯特古（Carlos de Beistegui）为了庆祝他的官邸拉比亚宫（la Palais Labia）翻新工程的竣工，在威尼斯举办了一次辉煌壮大的化装舞会。国际社会的名人显贵都在受邀之列。1956 年，诺瓦耶子爵和子爵夫人（le vicomte et la vicomtesse de Noailles）在他们位于美国广场的公馆，组织了一场艺术家化装舞会，他们要求参加舞会的男士化装成本民族的艺术家或作家，女士们则装扮成艺术家或著名人物。1969 年，雷岱男爵（le baron de Rédé）在朗贝尔宫（l'hôtel de Lambert）举行了东方化装舞会。这次舞会之后，1971 年，由居伊和玛丽-艾琳娜·德·罗斯柴尔德夫妇（Guy et Marie-Hélène de Rothschild）在费里埃城堡（château de Ferrières）举行的普鲁斯特化装舞会，被认为是最后一次令人难忘的舞会。自从 1957 年起，在让·巴杜（Jean Patou）时装品牌的赞助下，根据英式传统，每年轮流在巴黎的加尼耶歌剧院和凡尔赛宫举行一场名门少女成年舞会；舞会上，初入社交场合的名门少女由著名的礼仪大师雅克·卡佐特（Jacques Chazot）引领入场。1968 年的五月风暴前夕，该舞会举办了最后一届。舞会之后，是盛大的庆祝晚会。这样的晚会往往和某一文化活动、某一慈善活动或者某一产品或品牌的促销活动联系在一起，所以它们的首要任务是推广公共关系。此外，在豪门贵府中，除了给孩子们相亲而举行的"联谊舞会"之外，"舞会"一词完全消失了。

20 世纪出现的另一个变化则从根本上改写了豪门贵胄的地位：从珠宝设计到高级时装设计，以及新作品、新式样的宣传和确立过程中，他们都不再扮演主角。如今，奢侈品行业瞄准的是那些以他们的名声就能影响艺术设计或时尚的人群。1947 年，在克里斯蒂昂·迪奥的第一次高级时装发布会上，展出了能凸显女性曲线的色彩艳丽、宛若鲜花的礼裙，"二战"后的沉闷得以一扫而空。当时，法国最古老的家族的姓氏仍然出现在这次发布会的嘉宾名单上。而在巴黎世家（Balenciaga）、巴尔曼（Balmain）、纪梵希（Givenchy）、荷玛（Heim）、雅克·法特（Jaques Fath）、伊尔莎·斯奇培尔莉（Elsa Schiaparelli），或者梅吉·罗夫（Maggy Rouff）的时装发布会上，也同样如此。直到20世纪60年代，巴黎的那些著名时装设计师还是习惯性地向拥有显赫姓氏的名门女子出借礼服。

所有这些著名时装设计师设计的礼服，我都穿过。他们向我出借很多礼服。由于都是一些私人舞会，所以即使鲜有照片出现在报刊中，对于设计师而言，这依然是一种广告：做母亲的注意到那些裙子；做女儿的也许很快就要结一门好亲事了……后来，出现了两种变化：高级礼服越来越不适于穿着，而且穿礼服的场合也越来越少了。20世纪60年代的时候，每个周六都有舞会。1968年以后，优雅考究的时尚大幅度减退。现在，如果我不得不租借一件礼服，那么为了找到一件适合穿着的礼服，我不知道我应该去哪一些品牌店，而且设计师们只在有媒体效应的时候才愿意出借。

此后，犹如卡地亚的蛇形钻饰和爱马仕的箱包一样，高级时装的买家变成那些石油大王，或者那些谙晓一切成功之道的商业人士。而名门世家则专注于其他东西：他们反潮流之道，不仅执着于他们的遗产传承，并且致力于在财富上的不显山、不露水。因此，以普拉达（Prada）和宝格丽（Bulgari）为首的高端奢侈品牌，在广告载体上，更青睐国外资产雄厚的"富豪"，而不是出身名门的贵族。1992年重新在协和广场的克利翁酒店（l'hôtel Crillon）举行的一年一度名门少女成年舞会，在这方面十分具有代表性。到2014年，这一名媛舞会总共举办了22届。尽管舞会声称回归法式的生活艺术传统，实际上却是背向名门贵族，而和好莱坞勾搭在一起。出于广告宣传目的而赞助这一舞会的时装品牌，在名媛的选择上施加压力。它们考虑的是电影明星、当代艺术品收藏家或者亚洲亿万富翁的女儿，因为《人物》杂志的摄影家密切注视她们的一举一动。

在法国，引领时尚的不再是贵族阶层，而是金融界、媒体和演艺界。在这些圈子里，有着大量拥有巨大购买力的名人；他们在参与"美"和"品位"的概念的论争上，果敢坚决，有时甚至会以挑衅的方式参与论争，尤其是当他们声称属于同性恋圈子的时候。这些曝光率极高的新生代评论人士，他们的文艺准则和贵族的传统品位背道而驰。由于他们最主要的愿望是"身处时尚之中"，所以他们更喜欢新品、新式样，而不是与祖屋或者沙龙圣地的格调——画像、古色的家具以及虔诚保留下来的祖先物品——融为一体。在他们的眼里，没有比菲利普·斯塔克（Phillipe Starck）①的民主化设计（推崇的是通透、直线、极简的风格）更漂亮的东西了。如今，这一主流品位的成功表现在：年青一代的贵族，出于紧跟时代风尚的考虑，不仅拥护这些新潮流，而且迫不及待地卖掉家族里的画作和家具。由于市场饱和，他们有时会廉价出售祖传物品，以便购买时尚新品。精明的贵族会把买来的潮流物和旧式物品巧妙地结合在一起，特别是当他们的财力允许他们只接触贵重物品的时候。

现代主义不仅把个人捧上天，还让人类相信个人是万能的，不需要历史。这一思想同样触及贵族阶层。他们对精美的事物和历史的兴趣降低了。他们否认过往。他们更喜欢一幅当代的画

---

① 菲利普·斯塔克（1949— ）：当代法国最负盛名的传奇设计师。——译注

作，而非一幅家人的画像。他们觉得宜家的家具并不是很糟糕。如果他们有些钱，那么买下一套当代艺术品比一些精美的家具还更有兴趣、更内行。（男，1971年）

银器非常耗费时间，因为必须不断擦拭。然而，家里却没有很多帮手……至于18世纪的画像，它们令人厌烦。在地下室里，我就有这样的一幅画。那是我外曾祖母在路易十五时代的一幅画像：尽管这幅肖像画得很漂亮，但无聊极了。18世纪已经过时，让步给了19世纪和20世纪。必须有地方搁置这些18世纪的物件，然而谁又有这样的地方呢？另外，人物画像在一座城堡里、在一个大房子里才有意义，而在一些现代的小公寓里却显得很奇怪。所以，我们清除旧物，这很可惜。如今，生活的空间比以前更狭窄，已经不适合放置某种类型的物件、家具和画作了。最后，年青一代渴望生活在简约的室内。他们购买现代家居，而我们的前辈也是这么做的。（女，1943年）

深受贵族群体喜爱的传统品位溃败的另一个符号是：高端奢华酒店复制法式的生活艺术、魅力或优雅的时代如今一去不复返。巴黎富有历史传说并具有重要地位的豪华酒店，已经接二连三地清理了它们仿摄政时代的红色扶手椅、仿路易十六时代的独脚小圆桌、洛可可风格的大理石面的壁台、桃花新木的梳妆台、带有褶子灯罩的青铜台灯。它们为了遵照国际标准而进行的庞大改造工程往往从物品拍卖开始。这实际上造成了镶金饰物和气派的老式家具的落败。一次酒店物品拍卖会尤其引起了媒体的大幅报道。2008年，拥有皇家蒙索酒店（Royal Monceau）——这家酒店从1928年就开始开门营业了——的商人亚历山大·阿拉尔（Alexandre Allard），在酒店翻修改造、并转售给卡塔尔国家投资基金旗下的酒店集团之前，在酒店现场举办了一场拍卖会。在此拍卖会上，总共有来自酒店 230 间客房和沙龙的 2400 套家具出售。为了把这一家传说中的古老酒店改造成某个"服务于所有类型顾客的超时空处所"，他让人请来了菲利普·斯塔克。在他的眼里，斯塔克"拥有那种罕见的兼具设计理念和商业意识的天赋"①。通过拍卖清除了酒店里的家具过后没几天，2008 年的 6 月 28 日，他又组织了一场"拆除晚会"，使得这一事件达到了高潮。代表巴黎名流的 1000 名嘉宾受邀参加了这场非常时尚的晚会，在大会组织者提供的大铁锤的帮助下，他们砸毁晚会上所有的东西，从而"以他们的方式体验了一把未来的酒店"。疯狂而荒诞的夜晚没有令人引以为豪，从未有人声称参加了这一令人难忘的晚会，而且这次晚会的人员名单也下落不明。

  对这一活动的追述令人愤愤不平，因为还是这一位亚历山大·阿拉尔，竟然惊人地得到某一文化部长的支持。他不仅想作为协和广场上的海军府（l'hôtel de la Marine）——从前的皇家家具存放馆——的买家，还提议在里面开设艺术长廊和豪华酒店。海军府的捍卫者反对把它转让给一家私人企业，他们组织了激烈而喧哗的抗议活动。抗议人士中，最为引人注目的是来自法国最显赫的家族之一的奥利维·德·罗昂（Olivier de Rohan）。他以捍卫文化遗产的斗志和发动艺术赞助的能力而著称。在长达 20 多年的时间里，作为凡尔赛宫友好协会的主席，他领导了惊心动魄的抗议活动，以反对凡尔赛宫管理委员会出售其名下的土地。此外，他还强有力地促成了许多家什物件回归凡尔赛宫。如今，成为法国艺术保护协会（la Sauvegarde de l'art

---

① 见 2008 年月 6 月 13 日《特鲁奥拍卖行公报》（*La Gazette de l'Hôtel Drouot*）中有关亚历山大·阿拉尔的访谈报道，第 64 页。

français)主席的他,还主动和刚成立不久的卢浮宫学院开展一项合作活动。而这项活动旨在落实一项政策:修复散落在法国55000多座教堂里的艺术品。

当然,在保护和捍卫文化遗产的斗争中,贵族的身影依然很活跃。然而,尽管有史以来他们一直处于社会顶端,而现在已不再是供他人借鉴、模仿的标识或典范了。他们的这一典范身份曾经一直持续到1914年,从不是很严格的意义上而言,甚至延续到了20世纪60年代。如今,衡量名声及制造偶像的影视行业和《人物》杂志热衷的已不是名门贵胄,而是其他领域的人物:娱乐业(歌唱、电影和时装业)、体坛、电视广播业、政界等的明星。尽管活跃在这些领域的人物往往昙花一现,然而他们能展示出在时尚和品位方面的影响力。比起那些家族姓氏出现在法国历史教科书上的名门后裔,他们的影响力更强大。为了引起注意力和确保成功——以他们作为"印钞机"的能力来衡量——追求名气的人必须上镜,要懂得展示自我,而且最好要做出失控的、不合时宜的、挑衅的个人行为,也就是说要做出有悖于传统的贵族教养或规矩的举动。

标准的模糊

贵族阶层是否还能声称他们体现了对于美的信仰和对于庸俗的拒绝?在过去的几十年间,在那些传统家教严明的家庭里,随着他们无论是对于男孩还是对于女孩都不断放宽规矩、取消禁令,许多变化应运而生。原因很多:对于某种封闭而可能导致闭门造车的教育的担忧;自由意志进步论的影响——菲里希黛·赫尔佐格(Félicité Herzog)通过她母亲的形象,幽默地阐述过这一状态:"(她)陷入了双重矛盾之中,表面上犹似西蒙娜·德·波伏娃一般新派、自由,然而深信她受到所从属阶层的保护"①；年轻人独立性的上升；20 世纪 70 年代以后的主流教育理论主张教育中最重要的是充分发挥儿童的活力、唤醒他们的批判思维，强调自我表达并拒绝对于权威的服从。现在，即便是在学校里，所谓的"传承"教学，即"一代人应该把构成某一整体文化的知识、技艺和价值准则传授给下一代的过程"，也只被认为是一种陪衬物，因为根据当前主流原则，"独立思考的权利据说比前人的传承更重要"②。

此外，我们也许还可以补充一下弗朗索瓦兹·多尔多（Françoise Dolto）带来的冲击。她把心理分析和天主教理论联系在一起，成功地改变了那些守旧的家庭的观念，不仅使它们接受了宽松、自由的教育，还向它们灌输了弗洛伊德的理念。她揭露了超我的抑制性，因为超我综合了社会禁忌和父母的理想。同时，她又把一切强制描绘成对于孩子的危害，以至于在她造成的规模巨大的破坏面前，一些人认为她"在社会主义的天主教思想之下，变成了一把根除传统精英的吉列双面剃须刀"……

> 在天主教思想的掩盖下，她的观念有了一种令人放心的严肃性。她带着为孩子们准备就绪的奶油汁走入了家家户户：孩子们一出生就被视为天才，不应该一巴掌把他们打坏了。（女，1930 年）

---

① 菲里希黛·赫尔佐格（Félicité Herzog）：《英雄》（*Un héros*），巴黎：格拉塞出版社，2012 年，第 24 页。
② 玛丽-克莱尔·布莱、米歇尔·高歇、多米尼克·奥塔维，见前引书，第 51 页。在这部出色的作品里，对于在小学和中学里已经大获全胜的教育理论，几位作者给出了最精彩的表述："发生的一切就像我们在集体层面，重复笛卡尔的决裂举动——他决定抛弃从他的老师身上学来的知识……不再有师长、不再有榜样。只剩下一本书，那本关于世界的'大书'。要达到某一必然的认识，唯一可指望的是个人理性思维的力量。现在，这一先驱的教学法已经成为标准；每个人都被号召'构筑自己的知识'，并通过他的理性思维发现真理。"

年轻人出入大学或者进入著名学府学习、在国际大型企业里从事职业工作，必然带来社会融合，而社会融合在消除教育差距的同时，又推动了一种人人都会采纳的灵活模式。总之，消费社会的胜利、美学标准的全球化、不拘礼节平等主义的兴起①，不仅弱化了人们的忍耐克制和纪律，还铲除了礼仪符号，摧毁人们对于礼节的兴趣和传统的阶级品位。名门世家也不能幸免于此。如今，众多的贵族家庭把学校教育放在首位。父母们显得漫不经心，他们要么忙于职业工作，要么在下达规训时迟疑不决；然而没有了束缚，父母的权威也就变成了一纸废弃的文书。昔日的那些准则、必不可少的"良好教养"，无论是守时、无懈可击的餐桌礼仪，还是杜绝放肆或散漫的言行，如今都被视为拘泥于细节或吹毛求疵。祖父母们对放肆、散漫的言行感到很痛心，他们有时会重提规矩，而这又会造成冲突。

有一天吃饭的时候，我很生气。我的一个孙子表现得很糟糕，他把双肘支在饭桌上。尽管桌上有盛面包的碟子，他还是把面包弄碎，并弄得到处都是。我对他说："坐好了。"我的儿子对我大声说道："妈妈，我的孩子不用您教。"我向他说道："那就在别人不得

---

① 多米尼克·施纳佩尔起草了一份详细的大众礼仪新规则。所有的规则都服从于平等的动力学原理，并且趋向于抛弃人际关系中的一切形式主义。比如说："和陌生人初次见面就行贴面礼的习惯"；"'广义上的您好'，既不称呼对方的名字，也不使用对方的尊称""文雅的书信用语的终结，尽管这些精微的语言既表达了礼节，又呈现了贵族阶层传承下来的形式不一、微妙的亲密度"；"发展缓慢、却势不可当"的以"你"相称；"夫人"和"小姐"两个不同称号的破除，因为这一区别传达了双重的歧视：女性之间的歧视，她们应该有权享有统一称呼而无论是否已婚；男人和女人之间的歧视，在对前者的称呼中，并没有这种标志着婚姻状态的区别；"昔日法国上层社会称呼已婚女性的惯例的'必然消亡'，这种以已婚女性的丈夫的姓氏和名字来称呼她们的习俗，"对于如今的年轻人而言不可思议"。

蓬巴杜夫人，路易十五的情妇。她左右了18世纪前期的服饰风格。这一时期的服饰颜色柔美细腻，在设计和造型上也越来越烦琐复杂，越来越膨大。并且直到1789年法国大革命前达到登峰造极的顶点

不代替你教育孩子之前，赶快行动吧。"我的儿媳妇很不高兴，因为我的回答不仅针对我的儿子，顺便也带上了她。（女，1942年）

迟到既可以理解，又不可原谅。在巴黎，赚钱不容易，工作有时持续到晚上8点。在这个时间点上，巴黎都在堵车。所以，年轻人失去了争取准时的习惯。（女，1943年）

从更广泛的角度看，让许多祖父母惋惜的是，孩子们或孙子们已然顺从了周围环境的压力。由于祖父母们依然是"在一个结构严密、生硬严格、且又局限于同一阶层的社会环境下长大的"（女，1943年），他们成了家族中接受传统教育的最后一代人。他们遵循上层社会的惯例，身负保护法式的生活艺术的使命，讲究礼节，即在一切场合下举止优雅，没有任何瑕疵。他们不仅表现出了保护某一道德、文化和社会秩序的决心，而且也显示出了他们强烈的精英归属感，以及他们想和其他社会阶层保持距离的明确愿望，因为对于日常生活中大量的准则，其他社会阶层并不熟悉。相反，年轻的豪门贵胄由于深怕看上去带着"沉闷刻板的印记"（男，1934年），所以比起任何人，他们更担心被认为不新派，并被当成那些"亲爱的普鲁斯特"（女，1942年）。他们"思想开放、渴望自由"（男，1932年），最关心的是和时代保持一致、并根据时代标准调整自我。因此，他们倾向于摆脱习俗，装出抛弃社会阶层的样子。他们抹掉表面上的差别。他们的语言习惯和举止行为和大多数人一样，尤其是符合公认的至高无上的标准：潇洒、酷炫。为了不被人疑心为严肃刻板，也为了不引人注意地、谨慎地对待他人的疑心，而表现出相当的豪放和散漫。

结果是，在年青一代的贵族中，品位优雅的偶像越来越罕见。父辈们从来没有不打领带就出门的，而男孩们在日常生活中，却天天

"穿着不需打领带的、另类可笑的皮夹克和运动鞋"(男,1932年)。"女孩们已经不再为了学习优雅的步态而去上礼仪课了,她们现在走起路来就像投弹手:这可能是间接地向第一帝国表达敬意"(男,1931年)。女士们也越来越少地为了参加晚宴和鸡尾酒会而精心穿衣打扮:"这是疲惫的生活造成的。在白天的工作和晚餐之间,她们并没有一段可以休息的时间。"(女,1942年)

考虑到当前巴黎的生活节奏,为了参加晚宴而穿着打扮一番变得越来越困难。如果有司机开车,并把您送到赴宴的门前,那么守时要容易得多……如今,人们不得不减少某些礼仪上的细枝末节:在加快的节奏和简化的生活中,肯定有缺失。(男,1974年)

优雅的格调不得不和工作的义务相妥协,而工作不仅改变了思维状态,也使社交生活力求简化。许多妇女乘坐公共交通工具去上班。她们已经习惯了裤子和衬衣,而不是礼裙或短裙。当然,她们会根据场合而逐步提高身上的衣裤的品位。

对于众多女性而言,裤子很便利。如果是一条黑裤子,那么它可以搭配一切上衣。而且,如果这条裤子的质量很好,那么晚上的时候它依然适于穿着:只要换一下上衣,就可以参加晚宴了。这令人伤心,但是职业女性几乎没有时间在晚宴前更衣打扮。她们也没有其他办法。另外,她们会想,是否值得为了置备服装而花费可以用在其他事上,尤其是旅游上的钱。(女,1943年)

很多贵族女士都会优先考虑黑色。她们往往用一条围巾或一件别致的首饰凸显出这一色彩,但不会是一件贵重的首饰,因为她们已经不再敢于佩戴类似"水晶玻璃瓶塞"（女，1942年）般耀眼的首饰在街上漫步了。至于常常没有时间更换衣服就去参加晚宴的贵族男士，他们则开心地摘掉象征着一整天紧张而严格的工作的领带。

因此，识别社会地位的传统形式逐渐隐退。然而，如果说礼帽、手杖或者手套等有贵族特色的元素消失了，那么某些更为微妙的、可以区分等级的细节，譬如在服饰方面，对于某一品牌或者某一饰物的选择——这样的品牌或饰物曾经让那些附庸风雅的人士趋之若鹜——依然延续了下来。

同样留下来的还有对于苗条的身材的执着。现在，这一顽念也延伸到了男士身上。鸡尾酒会上，如果酒会的规格越高雅，那么人们碰触的自助食品或酒品就越少：名门贵胄给人的印象是，他们的下颚服从于古时候禁止骄奢的法令。他们给自己立下的节食规矩也许说明了他们想和常人保持距离的愿望。一般的普通人总是冲向小点心，而且不知羞耻地狼吞虎咽。与此同时，贵族在饮食上的节制也显示了他们对于营养学规定的饮食有所保留："给嘴巴带来十秒乐趣的东西将附在臀部上，而且达数年之久。"苗条的身姿大概是他们的最后一块领地。在一个形象占上风和年轻至上的社会里，贵族们成为一切社会地位优越的群体的模仿对象，因为这些人不仅十分关注外形，也十分注意控制体重，尤其是那些总害怕发胖的女性管理人员。

在那些不再传给年轻人的礼节规范中，最富有代表性的例子便是孩子们放弃了以"您"来称呼他们的父母。在大多数的贵族家庭中，祖父母是孩子或孙子们以"您"来称呼的最后一代人。[①]如果说从前，

---

① 见帕特里克·克拉克·德·特罗曼坦的文章《以"您"相称在父母子女关系中的赞歌》（"Éloge du vouvoiement dans les relations parents-enfants"），《法国贵族协会期刊》，第224期，1995年7月，第59—62页。

以"您"相称的习俗能够在社会各个阶层中存在,其中包括农民阶层,那么这一习惯长期以来都有助于让贵族脱颖而出。1681 年,曼特农夫人(Madame de Maintenon)①在给她的表兄菲利普·德·维耶特(Philippe de Villette)写信时,就他的孩子们写道:"我希望能去除他们这种以'你'相称的说话方式,我明白这一习惯在您的家里根深蒂固,但是这一点都不庄重。"②她是为了教育和培养孩子才把他们召进宫内的。如今,放弃以"您"相称的征候是一种双倍的损失。首先,是礼节的伦理基础的丧失:必不可少的辈分有别和对于赋予您生命的人的尊重,这样的尊重避免了放肆无礼和过于随便。

直到我这一代,以"您"相称还是标准。我的父亲甚至会以"您"来招呼狗儿。我的孩子们以"你"来称呼我……这一变化很可惜,因为举止中少了谦让,我更喜欢"谦让"这个词,而不是沉重的、让人嗅到罗马法令的"尊重"一词。

与此同时,还有礼节的社会基础的丧失。这一基础促使人们把礼貌、谦恭的传统视为一种社会地位的表现,也就是说一种适于保持和传承的象征身份的遗产。

即使是在我这一代的朋友当中,我也注意到一些让我震惊的失礼。每年元旦,在乡下的时候,我都会邀请 16 位或 18 位客人吃饭,其中包括我所有的邻居。在今年的新年午宴上,当一个精美的香橙

---

① 曼特农夫人(1635—1719):法国国王路易十四的第二任妻子。——译注
② 《泰奥菲尔·拉瓦雷第一版的曼特农夫人书信全集》(*Correspondance générale de Madame Maintenon publiée pour la première fois par Théophile Lavallée*),巴黎:木匠图书出版社,1885—1886 年,第二部,第 162 页。

巧克力木桩蛋糕端上来的时候，我把装着整个蛋糕的盘子呈给一位有着非常悦耳的传统姓氏的夫人：她朝蛋糕的中间部位开动，点缀在蛋糕上的橙脯花饰顿时坍落，我相信我要杀了她……她心不在焉，并不在意，然而正应该要当心的时候啊！另外的例子是，我们现在说的法语已经不是我们的父母使用的语言了。我们的语言散漫、粗俗。当我听到出身上层社会的女士们说"我可不这么做，这让我觉得好讨厌"时，我惊呆了，这就是扮酷，这可让人无法接受。在打桥牌的时候，您会听到"她这么做了"：然而，我们的教养是当提及的人也在场的时候，不应该说"他"或"她"。如果我们忘了他们的名字，我们可以婉转地说"我的朋友"或者"我的搭档"。

我们也许还可以指出书信写作中书信格式的丧失，而更不用说传统的书信尤其是新年的贺信，在贵族圈里，正如其他社会群体一样，已逐渐让位于电子邮件。历史学家很喜欢阅读保存在城堡里的信札文献，因为其中经常出现的礼貌用语优雅、微妙、层次感十分强烈，然而这样的表达在当今的书信里往往越来越少了，只能偶尔在一些上了年纪的人士书写的信件中还能感受得到。书信中的礼节性表达，能让人一睹某种如今已经消亡的人际关系的理念。这一理念反对放肆无礼、不拘礼节，譬如向长者表达热烈的情感，或者用一些从英语搬用过来的简短用语代替法语中更丰富、也更文雅的礼貌术语。现在，人们已经不再费心使用谦恭的表达方式了，而这显然可以从电子邮件中常用的、一视同仁的抬头"您好"和结束语"致礼"中看出来。

礼节在"所有领域的这种节节败退"（女，1942年），和贵族长期以来一直严格奉行的卓越逻辑背道而驰，而他们对这一逻辑的坚守是为了凸显他们在经历了大革命的挫折之后的胜利，并强调他们对于上升的资产阶级无动于衷。实际上，为了捍卫他们的身份传承，他们必须拥护划分地位的惯例，因为这不仅能防止他们跌落到普通人的水平，也能阻止他们融入默默无闻的大众之中。然而，出于担心不能展示他们的特点，现在年轻的豪门贵胄不仅自觉地抹去社会地位的差异，而且把不同的标准都混合在一起。那些"风头强劲"的贵族甚至义无反顾地和巴黎"三教九流"的头面人物玩起了称兄道弟的游戏。来自影视、金融、新闻、时尚等行业的巴黎各界名流融为一体：弗朗兹－奥利维把这一场面比喻成"一个巨大的家禽饲养场，里面有各种各样的家禽，但只有一个公用的鸡窝，无论是左派的，还是右派的，都可以享用，只要它来自上流社会（精英阶层、小宇宙、'机关'）"①。这也就是为什么某些头顶着显赫姓氏的贵族和"富豪"或者"艺人"共同出现在《人物》杂志的照片里，甚至还摆出大胆豪放的仪态。这些名门贵族忘记了以前的"良好教养"的规矩：禁止交往诸色人等，并且避开撰写社会新闻的记者。事实是，大众传媒表现出来的热情很可怕。这样的情绪不仅促成了一些有关贵族的灾难性的电视节目的制作，并且鼓励了新闻媒体的无孔不入。它们对那些被金钱争端撕裂的家族的丑闻垂涎欲滴。而一些针对奥尔良家族的报道便是其中最引人注目的例子。

依然在位的皇室家庭似乎明白，和亿万富翁的交往、失去控制的《人物》杂志，两者都包含着也许让他们在形象上付出沉重代价的风险。前者让人认为皇权和财富勾结在一起；后者则把皇室、"富豪"和娱乐明星混同在一起。然而，和名门贵胄一样，王室成员也难以抵制和三教九流的接触以及媒体的炒作。每一个在媒体中暴露它的丑闻、争端、财务困难的名门世家都有损于它的形象。为了保持它的光

---

① 弗朗兹－奥利维·吉斯贝尔（Franz-Olivier Giesbert）：《总统先生：2005—2011 年的政治生活和舞台》（*M. le Président. Scènes de la vie politique 2005-2011*），巴黎：弗拉马里翁出版社，2011 年，第 83 页。

环，它需要保持距离、低调和一丝神秘感。出身盖尔芒特家族的盖尔芒特公爵夫人（la duchesse de Guermantes）不赶时髦，因为她没有这个需要：她只和与她同一阶层的人士交往，不只是巴黎的王公贵族，也包括欧洲的王侯。然而，在《追忆似水年华》的末尾，她同意出席她的堂嫂组织的午后演出。这位刚刚通过联姻而成为她的堂嫂——这是作品的第七卷《重现的时光》中的高潮——的女士，正是维尔杜兰夫人（Madame Verdurin）：她在第一任丈夫去世后，先是嫁给了破产的鳏夫杜拉斯公爵（le duc de Duras），后来又嫁给了另外一位同样在第一次世界大战中失去了财富的鳏夫盖尔芒特亲王（le prince de Guermantes）。没有人能够预料到维尔杜兰夫人有一天会取代巴伐利亚王妃（Princesse de Bavière），而她本人，即使她十分富有，大概也不敢有这样的念想。在战争的背景下，时代的不幸加速了社会地位的颠覆。和维尔杜兰夫人的发展轨迹相反，盖尔芒特公爵夫人失去了她在上层社会中独一无二的境遇。她的府上最终也接纳了"任何人"，无论来者是一位演员，还是一位作家："从前，一整套的贵族偏见或势利，会自动把盖尔芒特的姓氏和其他一切与它不相协调的事物隔绝开来。如今，这一套偏见已经不起作用了。拒人于门外的机器发条要么松散了，要么断裂了，成百上千的陌生人鱼贯而入，夺去了它的和谐、它的格调、它的色彩。"①原先门禁森严的沙龙在不知不觉中成为一个三教九流都可以出入的地方，而她也只不过是一位失去了权势地位的盖尔芒特。

---

① 马赛尔·普鲁斯特：《重现的时光》，巴黎：伽利马出版社，"七星丛书"，1954 年，第三部，第 957 页。

第十章

文化品位是否仍然有意义？

La culture de la distinction a-t-elle encore un sens?

在贵族家庭内部，就像在其他家庭里一样，权威的下降已经变得司空见惯。这不仅使得对于"良好教养"的规矩的遵守变得越来越不严谨，而且也使得一目了然的、清晰的社会地位或身份的日趋模糊。不过，即使名门贵族声称，他们对于一切虚礼在某种程度上已经不感兴趣了；但是，他们依然明白，一个人的优雅仪态和他对于行为准则的熟稔还是一如既往地揭示出了他的社会地位。

无形的能力

如今的社会，一个显而易见的事实是：要想在选拔和职业上获得成功，文凭和技能必不可少。然而，研究公共关系的专家不约而同地强调，注重仪表形象也许有助于获得一份工作或一次晋升。实际上，生活中的一切并非都像一笔商业买卖。一位积极上进、敢作敢为、毕业于巴黎高等商学院或者巴黎政治学院的年轻管理人员，如果他懂得打招呼、懂得致谢、懂得守时、懂得保持优雅的餐桌礼仪、懂得回请、懂得在任何场合都能灵活交谈并落落大方，那么他将拥有一项额外的优势。这些越来越罕见的"良好修养"变得很珍贵；昔日只是一种点缀的礼节，如今在一次评估或者招聘面试中则可以显示出差别，并且有助于职业上的晋升。

  当我的孩子们抗议的时候——这对于他们的成长必不可少，这也同时说明了比起我们的父母一代，我们和他们的距离要近得多（以前，在父母和孩子之间还有家佣，他们起到缓冲器的作用，见到父母时，我们是那么高兴，以至于我们不会说令他们难以忍受的话）——或者当他们在日常的关系中令人讨厌的时候，我就对他们说："你们的出身还是很好的，你们并没有什么真正的困难，如果你们唯一的问题是你们的父母和他们天天向你们灌输的教育，你们将来有一天会明白这可是一个优势。你们去干活、去推销你们自己、去接受考验啊！你们会受到当头一棒的，而且你们也会明白你们的教养对你们有帮助。"在国际场合，良好的修养大有助益。它是信仰不同、语言不同的人们之间的共同点。它也是一种很好的处世之道，让人懂得如何处理公共关系和尊重他人。和你们对话的人会赏识你们超凡的修养，尤其是这一修养又和无懈可击的英语相结合的时候。他们会想：噢，他和我们在国际场合见到的 90% 的人不一样……（男，1955 年）

  礼节有着双重含义。首先，它证明了求职者接受的教育不仅仅是被反复灌输的繁文缛节，同时还让他深信社交规范远非空洞、无意义，而是可以促进人际关系的和谐。实际上，一个文质彬彬的人坚持某一建立在尊重他人的基础之上的精神准则这让人感觉到某种分寸感、某种委婉的艺术、某种审慎细致的表达，而这些品质也许有助于提出一个请求或者降低某一粗暴的拒绝。此外，掌握表现在生活的方方面面的社交礼节，就像精通一切准则一样，意味着时间的节省，因为这是学习的成果。对于那些由于父母不懂得社交礼节而没有从父母身上学到相关知识的人而言，不仅他们对于礼节的领会会显得困难重重，而且他们对于礼节的吸收和把握相对来说尤其不可靠，因为这既不是从幼年就开始的一种缓慢的融会贯通，亦非来自模范的家人的潜移默化，而这样的家人又受到了"修养良好"的几代人的熏陶或调教。托克维尔写过："人们称之为仪态风度的肤浅品行的平等化，没有比这更为缓慢的事情了。"① 这也就解释了为什么新贵们几乎不能避免在品位上的笨拙或失误。或许他们能够很快就买下一件漂亮的银器，但要学会使用这件银器，就必须花上一段时日。如同家具由于年久而生成的色泽一般，"良好的举止"，譬如在消费上的分寸感，是一项长期教育的成果。

  这也就是为什么向上层社会过渡从来都不容易，而且也许还是一个痛苦的过程。而这又体现了传统的社会精英的最后一项优势，尽管他们处于衰落之中。年轻的名门贵族对此深有体会。即使比起长辈，当今的贵族也不太关心社会地位，不热心于遵守习俗；然而他们依然清楚地意识到家庭是一个"重要的地方，社会心理学上的蜕变就是在其中完成的"②，所以家庭肩负着社会崇拜和本性教育的使命。那些

---

① 阿历西斯·德·托克维尔：《旧制度和大革命》，巴黎：伽利马出版社，1992年，第158页。
② 文森特·德·戈尔雅克（Vincent de Gaulejac）：《传承的历史：家族故事和社会轨迹》（*L'Histoire en héritage. Roman familial et trajectoire social*），巴黎：帕约出版社，2012年，第116页。

让盖尔芒特家族和维尔杜兰家族形成鲜明对比的细节,他们还保持着敏锐的感受力。与此同时,对于把他们和那些刚刚发家致富的人士区分开来的一切差别,他们也一样可以一针见血地指出来。而且,他们尤其强调,唯有他们懂得如何以礼相待那些既由他们负责、又服侍他们的"下人"。对于这些人,他们高贵但不傲慢,自然但不粗俗,并且温文尔雅,犹似如日中天时的路易十四彬彬有礼地对待最不起眼的女侍一般。

我和法国最富有的人士深交。他出身贫穷,父亲是一个意大利移民,但他后来成为被他以8.8亿欧元卖掉的××企业的老板。他坐拥千亿欧元的资产。由于一个十分棘手的家族问题,他深陷泥潭,作为律师,我的夫人和我帮助他摆脱了这一困境。他邀请我们和孩子一起去他位于科西嘉的豪华府邸做客。他很友好,也很开朗乐观,所以我们去了好几次。但是,我们从来不会开口要求,而且总是很低调,因为我们不会退步到像他身边的那些人一样:来自破裂的或重组家庭的人、好吃懒做之徒、粗俗至极的人,他们觉得必须对府上的工作人员恶语相向,而且也忘了包括说谢谢和微笑在内的最基本的礼貌……我的孩子们可以叫出每个工作人员的名字,但不会以"你"来称呼他们;当他们早上去吃早餐的时候,他们会向已经在座的各位打招呼,然后又会去向工作人员问好;他们不会把他们的杯子留在游泳池旁边,而是拿回厨房。离开的时候,我们送给每一个工作人员一份小礼物。这就是所说的尊重:"你很幸运地处在享受服务的这一方,但你要懂得尊敬另外一方的那些人"……由于我们是唯一这么做的人,您可以想象得到我们很受欢迎……我的夫人有时会去厨房帮忙,她便听到了一些有关某些客人的秘闻:员工的观点,一般而言比较可靠，而且很有杀伤力。最后，回家之后，我们给主人写了一封"来自城堡的致谢信"。所以，即使他有钱，但我们拥有他没有的东西：和历史的联结、永恒的情感、家族的根基，而他也知道。我们的历史由来已久，而且它还会长久地延续下去。（男，1950年）

"良好的修养"在识人辨物之上总是很有用，怎样才能清楚地解释这一点呢？人际关系中，规矩的简化、礼节重要性的降低、虚礼的破除，都没有破坏修养的首要功能：强调彼此间的赏识，并有助于找到意气相投的人。即使贵族对于他们的身份越来越低调，而且似乎在真实的日常生活中也变得大众化，然而他们清楚地知道举止仪态一直是最强大的社会标签。

当我的弟弟和一位各方面条件都很棒的女孩——尤其是她就来自布列塔尼附近的村庄，这让事情变得简单——结婚的时候，婚礼很盛大、很热闹。我们差不多有500人，婚礼非常华丽、非常棒，但没有过于浮夸。至于我妹妹，她则嫁给了一个出身背景差异很大的男孩，在她的婚礼上一切都一分为二：婚礼上有250个来宾，他们肤色各异，有第一次在布列塔尼才见到的叔伯和三姑六婆，有非洲人、亚洲人、阿拉伯人……我的妹妹是助产士，她也邀请了她那些助产士朋友的同居伴侣：每个人都叫塞伯（Seb）、弗洛（Flo）、弗雷（Fred）、约翰（John）……他们的穿着还算得体，但是有些人没有打领带。我们用心安排了所有的细节：支起了吃酒席的帐篷、准备了弥撒，以及一场名副其实的鸡尾酒会、一场晚宴、舞会等。两边的亲朋好友都其乐融融，但是有些细节让我很不高兴。当朋友间开始了拍照留影的时候,由于太阳很晒,所有的男人都戴上了墨镜。我从角落里走出来,对摄影师说道"停",转头对那些男士说:"很抱歉,先生们,你们得摘掉墨镜,否则停止拍照。""噢,是吗,可是有阳光啊。""我可不在乎,我们在拍婚礼照片,我们不是马赛的黑手党教父,你们得把你们的墨镜摘下来。"他们说道:"新娘的哥哥真奇怪",但是他们还是摘掉了墨镜。鸡尾酒会一切正常,然而到了婚礼晚宴的时候,尽管席上的人没那么多了,我们还有差不多160个人,可是一半的帐篷空无一人,那是因为人们都去暗夜之中抽烟了。我起身走出发现所有在暗夜中的都是对方的人。①我非常生气,并努力让他们回到酒宴上,尽管很困难。然而,在婚礼晚宴的大部分时间里,还是总有一半人待在外面。我妹妹对我说:"你停下来吧。"我对她答道:"不,酒宴是在里头进行。所有这些人对我们都太粗鲁无礼了,我们邀请他们,为了款待他们而花了一大笔钱。抽烟至少可以等到两道菜之间的空隙……"晚宴快结束的时候,有几个人已经喝得醉醺醺,开始左旋右转了。其中的一个拿起一瓶香槟酒,摇了摇,就像在法兰西体育场一样,然后把酒洒到我们身上。我猛然抓住他,并对他说:"听着,小伙子,你人不错,你放下这一满瓶你并没有付钱的香槟酒,我向你明确一下,这可是我们花钱买的。另外,我们并没有剩下很多。所以,你把手里的酒还给我。还有,如果你愿意的话,你去洗个澡,但你不要用这瓶不是你买的香槟酒喷洒大家。"第二天早上,在吃早午餐的时候,他有点窘迫……此外,婚礼致辞也是一个问题。这样的

---

① 在贵族中,这一表达常常用来指定男方的家人,虽然没有任何的贬义,但还是强调了婚约就像一切合同一样,具有法律和经济内涵。

演讲关键是要简短、精悍，并且和大家都有关，而不是那些差劲的"私下的玩笑"。我通过一部令人愉快的电影短片发表了一篇短小的致辞，因为现在很流行影片。然而，对方那边，则是配以幻灯片的长篇大论。我妹夫的哥哥的发言还算得体。至于他那些朋友和结婚证人的发言，我父亲和我不得不要求他们中止。他最好的朋友的婚礼致辞以一些照片开始。所有的这些照片都展示了我妹夫喝得酩酊大醉的形象，那是他两个月前在结束他的单身汉狂欢派对上拍下的照片：如果他的生活总结就是这样的……幻灯片打出的最后一张照片是圣婴喷泉中全身赤裸的他：他穿衣服的时候，形象还是很好的，但是他并不是阿波罗……尽管如今流行的是没完没了的致辞以及一些大胆出奇的照片，但是如果我妹妹嫁给××侯爵，那么这一切都不会发生。（男，1971年）

我们知道，大众一直对贵族有着优雅、拥有处世之道和简单大方等方面的固有看法。"良好的修养"，是年深日久的有钱人最奢华的财富，既一目了然，却又唯有通过潜移默化才能传给后人。如今，在社会学家形容为"隐性的传承"中，"良好的涵养"排在首位，因为美好的品行"已不再被视为某种正式的处世之道，而且作为一种曾经受到认可的社会机制也消失了"，但是它一如既往地产生"重大影响"[①]，尽管没有受到认可。教养或规矩，虽说重要性已经有所降低，并且有待探讨，但是在塑造贵族人格中的"超我"[②]时，依然十分有效。这一超我强调了他们对于低俗和尊贵之间的辩证关系的极度重视。因

---

① 玛丽-克莱尔·布莱、米歇尔·高歇、多米尼克·奥塔维，见前引书，第28、57和67页。
② 超我：弗洛伊德人格结构中的一部分，指的是良知、道德理想，由社会规范、伦理道德、价值观念等内化而来。——译注

此,贵族的超我不仅对社交生活的一切规范和惯例品头论足,也是证明他们从属于同一群体的口令。

法国人对于贵族的兴趣和贵族文化遗产的光辉

为了划定那些象征民族记忆的处所、物品和活动,皮埃尔·诺拉概括总结了"记忆的场所"。尽管贵族群体并没有出现在其中,然而在皮埃尔于1984年至1992年主编的那套大部头概论的众多文章中,他们反复现身,强调他们以自身的光辉,为法国成为一个与众不同的国家,做出了重大贡献。事实是,我们众多的民族独特性似乎就植根于贵族的文化遗产和传承之中。例如,在20世纪70年代以后法国社会对于家族史的全民热情当中,安德烈·比尔基埃(André Burguière)看到的是"我们国家的文化标签"。"贵族热衷于追溯其古老的家族史,并炫耀他们的家谱",这一嗜好虽然已经失去了它昔日的一切重要意义——地位身份的证明——但是成了"一切文化精英喜欢模仿的娱乐,而且从长远看来,也成了全民喜欢模仿的娱乐"。因此,贵族"重建家族过往"的模式一直延续了下来,而他们的家族史则"早在300年前的等级社会,和多个贵族家族的争斗中就已经形成了"。他们的这一模式不仅在君主制度废除之后依然存在,而且"在当今民主社会下的时人眼里,已经成为最重要的也最寻常的家族记忆"[①]。

在前面的章节中,在提到贵族向公众开放城堡、展示法式的生活艺术的同时,我们也论述了他们在建立和传扬这一生活艺术上所扮演的角色。而作家和历史学家则指出贵族沙龙作为"一个消失的世界

---

① 安德烈·比尔基埃,见前引书,第20—22页。

的标志",一如既往地"激起钦佩的情感"和"增强怀旧之情"①。此外,沙龙在某种会话艺术的兴起上也发挥了至关重要的作用,而这种某一群体社交时的交流惯例,如今已成为一种民族品位,马克·弗马洛利(Marc Fumaroli)②则把它树立成为独特的法兰西文化的丰碑。

现在,贵族仍然代表着某种精致而低调的优雅。那些著名的奢侈品牌,尽管它们不得不适应国际上喜欢炫耀卖弄的新客户,还是会参考贵族的优雅。在它们的公共传媒部门和营销部门里,不仅有大量真正的贵族,还有顶着贵族姓氏的女性的身姿。这些结过几次婚的女性,往往保留了其中带有贵族符号的夫姓。他们的存在强调了贵族在拉罗什富科所称的"生活交际"方面,依然有着公认的尖锐意识,也就是说有着编织社交关系的能力。此外,奢侈品牌也通过使用贵族姓氏或者贵族符号,打造它们的产品的"高端"特征,例如一直是水晶制品行业翘楚的巴卡拉(Baccarat)1841年推出的"哈考特水晶杯"(verre de Harcourt)、安娜·德·索莱娜品牌(Anne de Solène)的日用织物③,以及埃布达(Epeda)的床上用品。后者的宣传广告把它的产品放在一个城堡的前面,以促使"现代、传统和法国技术相结合"的产品理念深入人心。

此外,还需要强调的是,无论共和国的总统是左派还是右派的,共和制都无法摆脱君主政体的光芒。爱丽舍宫是一座被誉为"城堡"的官邸,共和国的总统不仅是它的主人,还享有另外一些奢华的度假之地,譬如位于凡尔赛宫园林内的灯笼阁(le pavillon de la Lanterne)或者位于瓦尔省(le Var)的布列冈松古堡(le fort de Brégançon)。共和国的总理则生活在坐落于瓦雷纳(la rue de Varenne)街的马提翁宫

---

① 莫娜·奥祖夫,见前引书《女性词汇》,第293页。
② 马克·弗马洛利(1932—):法国历史学家,法兰西院士。——译注
③ 见《法国贵族协会简报》,第226期,1996年1月。

内（l'hôtel de Matignon）：这一官邸拥有法国最大的私家花园。此外，他还可以去朗布依埃城堡（château de Rambouillet）度周末。至于共和国的部长，他们只要一进入权力中心，就会脱离法国人的日常生活。他们不仅共同享有巴黎最豪华的私人府邸，还享有分派的轿车、司机、开道警车、贴身警卫、特许权、特别通行证等诸多好处。所以，一旦他们必须恢复常人生活并失去这些好处的时候，他们就觉得痛苦。他们的生活排场和他们的欧洲同行的简朴生活完全无关。每当共和国的某位总统过世——尽管他是世俗的总统——都会在巴黎圣母院举行基督教和皇室传统的国葬。总之，在法国这个热衷于摧毁一切特权，并声称平等的社会里，依然存在着某种对于社会地位的重视①和"迷恋权势、迷恋贵族、注重等级的社会观念"②，以及阶层意识和无处不在而令外国人倍感困惑的精英文化。③权威的高等专科学院是法国最引人注目的特色之一，文化精英论在其中取得了巨大的胜利：如果说综合大学的普及体现在它们在财政上的短缺和教育水平的下降之

---

① "作为建立在荣誉感之上的宫廷社会的后人，法国人也许对于社会地位的感觉特别强烈。和荷兰或意大利的失业者相比，法国失业者的羞辱心理更强烈。我们忧心忡忡地探讨学业上的失败，这在其他欧洲国家并不存在。在这些国家，学生的定向发展要比我们的晚，而且人们也不像我们一样，急于从幼童开始选拔未来的精英分子。因此，在法国很难认为探讨学业上的失败过早，而且学业上的失败似乎是决定性的。"详见多米尼克·施纳佩尔前引书，第266页。
② 菲利普·迪利巴恩（Philippe d'Iribarne）：《独树一帜的法国》（*L'Étrangeté française*），巴黎：瑟伊出版社，2006年，第269页。
③ "法国社会已经不像从前那样对权威表示敬意了。面对城堡主、律师或医生，人们不再鞠躬。犹如在其他任何一个西欧国家一样，个人主义和个人权利在法国变得非常强大。然而，法国大革命爆发两个世纪之后，法国人依然迷恋等级关系及相关头衔、迷恋权力、迷恋地位、迷恋一般意义上的外在荣誉符号，这让人震惊。法国认为它已经以'唯才是举'的体系取代了贵族体系，然而实际上，它所做的是，创立了一个模模糊糊的（唯才是举）的制度，然而这一制度深受被猛烈推翻的旧制度的影响。总而言之，法国成了一个我们也许可以称之为'唯文凭为上品'的精英社会，即一个建立在文凭之上的精英体系。"详见埃兹拉·苏雷曼（Ezra Suleiman）：《法国人的精神分裂症》（*Schizophrénies françaises*），巴黎：格拉塞出版社，2008年，第147页。

巴卡拉水晶烛台

上,那么精英人士在他们的孩子的教育上还拥有这样一个一个竞争激烈的、高质量的体系。此外,这一体系的另一好处是免费,至少对于那些大学预备班是这样的。最后,法国人对于贵族及其习俗的兴趣还体现在:忠诚、永不服输或士气高昂的精神在社会和职业生活中的持久存在。这证明了在法兰西民主共和国,人们对于平等的热爱并没有很好地掩盖住他们精心打造多种不平等的念想。

骑师俱乐部[1],既是高贵的出身占上风的地方,也是贵族的最后

---

[1] 1856年,骑师俱乐部和位于皇家街上的"新人俱乐部"(le "Nouvequ Cercle")合并。后者是1847年骑师俱乐部里权高位重的成员为那些年纪太小而不能加入俱乐部的年轻人创立的。

一个堡垒,这个堡垒体现了他们对于淹没在平民百姓中的抗拒,以及他们避免与有钱人混为一谈的愿望。骑师俱乐部是法国所有社团中最尊贵的圈子,它把它的两个竞争对手行际盟友俱乐部(l'Interallié)和汽车协会(l'Automobile Club)远远地抛在后面,因为后两者的大门总是以向富豪开放而告终。

> 骑师俱乐部并不是一个任何人都可以入选的地方。它的入会有章可循。任何人都可以加入行际盟友俱乐部,只要他有两名推荐人,并有钱支付会费。这样的入会条件很开放,但是在骑师俱乐部,入会标准并非如此,申请人甚至在得到两位推荐人的举荐之前,必须先征得俱乐部的认同。(女,1943年)

成立于1834年的骑师俱乐部,是巴黎精英亲英的表现,因为它不同于法国的沙龙传统,它只招收男性会员,而这是从英国舶来的条款。不过,它的起源则来自复辟时代末期法国社会对于赛马的迷恋。[①]在它创立的前一年,旨在改良法国赛马品种的促进协会(la Société d'encouragement)就已经成立了。该协会从1834年的5月起,便在尚蒂伊赛马场(Chantilly)组织了法国最初的赛马比赛。1836年,则第一次颁发了骑师俱乐部大奖赛的奖杯。不久以后,骑师俱乐部就给它的成员颁发某种"礼仪"证书,尤其是某种"专属"证书。[②]1864

---

① 1836年至1857年,骑师俱乐部坐落于巴黎15区的船舱街(rue de la Grange-Batelière)。之后,它搬到了巴黎2区的格拉蒙街(rue de Gramont),直到1863年。从1863年至1924年,它又迁到了9区的斯克里布街(rue Scribe),就在卡普辛大街(Boulevard des Capucines)的拐角上,即如今的斯克里布酒店(l'hôtel Scribe)所在位置。1924年以后,它则落户于杰拉尔男爵(le baron Gérard)在8区的拉伯雷街(rue Rabelais)买下的一栋公馆里。
② 详见让·艾尔塞(J. Hercé)的译作《一个英国人在巴黎:1835—1848年回忆录》(*Un anglais à Paris. Notes et souvenirs 1835-1848*),巴黎:普隆出版社,第49页。

年，俱乐部的第一个历史学家写下了："显赫的姓氏、辉煌的人生、热衷于马术和消费，才能确保加入骑师俱乐部。"① 社交新闻栏目密切报道该俱乐部当选的会员，其中既有法国贵族阶层所有显赫姓氏的后人，又有国外的贵族佼佼者。第一次世界大战爆发前夕，一些大家族在里面占据主导地位，令人震惊的是，在当中的 15 个大家族里，就有 101 名会员。②

如今，"俱乐部的生活"与当代的生活方式已经不相协调：贵族的休闲娱乐已经成为历史，贵族们也不像以往一样热衷于赛马。男人们更喜欢可以全家出行的户外活动。然而，骑师俱乐部一如既往地令人着迷。1924 年位于斯克里布街时的装潢后来都照搬到了拉伯雷街的场所里：按照原来的灰色、豌豆泥的青色、珊瑚红等色调不断翻修，色彩的混合虽然过时，但由于保留了旧时英国的甜美和舒适而美妙动人。正如装潢一样，俱乐部悠久的历史同样令人惊奇。当然，在这一团体里，活跃着源自于 1789 年大革命理念的民主精神。没有人能不经过投票表决就加入骑师俱乐部。全体成员参加投票：新会员由普选产生。如今依然一样，俱乐部的绝大多数成员来自贵族家庭或者数代以来名声相当好的有钱人家："这是一个纯粹的、自我隔离的群体，在这个群体里贵族终于不再是少数派"（男，1971 年）。无论是商人，还是学者，如果他们只有这么一个身份，那么在骑师俱乐部里就没有他们的位置。两次世界大战期间，保罗·布尔热（Paul

---

① 夏尔·伊利亚尔特（Charles Yriarte）：《1828—1864 年巴黎的俱乐部》(*Les cercles de Paris 1828-1864*)，巴黎：杜普雷·德·拉玛艾利出版社（Dupray de la Mahérie），1864 年，第 64 页。

② 约瑟夫 – 安托万·罗伊（Joseph-Antoine Roy）：《巴黎骑师俱乐部的发展史》(*Histoire du Jockey Club de Paris*)，巴黎：马塞尔·里维埃出版公司（Marcel Rivière et Cie），1958 年，第 101 页。

Bourget)① 曾经是一个潜在的入会人选，有关他的介绍是"一位享誉国际的法兰西院士，他的名声提升了法国文学的威望""他的入选将给俱乐部带来荣誉"。对此，俱乐部主席淡淡地答道："我们这儿还有一些人，感谢上帝，这些东西对于他们而言一点都不重要"。② 即使是在今天，俱乐部的成员依然有着一致的生活方式。对于财富的低调态度是一种准则。而生活在一座城堡里则属于家庭传统的范畴，正如维持"乡绅"的一面表明了对于土地的了解和热爱一样。供会员查阅的《告示书》（Livre des suggestions et réclamation），强调了俱乐部持之以恒地秉持贵族头衔的精确严格、人事上的端庄稳重以及餐桌礼仪上的无懈可击。这也就是为什么1985年的时候，还有人提议在招待客人的宴会厅里恢复使用洗手盅。这一习惯曾经由于该器皿在商店里难觅踪影而取消，现在不得不以半透明的小碗来取代。③

19世纪的时候，在剧院、森林和跑马场上，人们还能从优雅的服饰上辨认出骑师俱乐部的成员。对于他们的穿戴，有这样的描述："洁白的领子几乎盖住了领结，露出光洁的脖子；礼服的衬圈平贴着肩膀的末端；三个纽扣扣住的深V字形背心上露出衬衣的胸饰。首饰非常淡雅，礼帽则轻微倾斜大约45度。在温文儒雅之下，是难以察觉的飞扬神采。"④ 如今，即便他们在仪表上要更低调、更不为人注目，然而优雅一直是规矩。偏离常规而恶俗的仪容从来都是不允许的，即便是受邀的客人也不允许。这可以从某位目击者2001年所做的不无幽默的描述中看出：

---

① 保罗·布尔热（1852—1935）：法国小说家和评论家。——译注
② 吉尔·德·绍德内（Gilles de Chaudenay）：《骑师俱乐部的机理》（Physiologie du Jockey Club），巴黎：世界出版社（éditions Mondiales），1958年，第29页。
③ 1978年开启至今的最新一卷《告示书》，第62和67页。
④ 吉尔·德·绍德内，见前引书，第104页。

我们俱乐部的酒吧要变成快餐吧了吗？某些同僚让人觉得像是亚当的苹果卡在了喉咙之上。那天晚上受邀的夏娃，用一条从她的箱子（蟒蛇皮筒子）里爬出来的粗厚的蛇带子来凸显她胸部的曲线。一个女人，一条蛇。当下，没有什么能阻止蛇出现在俱乐部里，唯有狗不得入内。俱乐部条例的第三条规定，每一个会员都可以邀请来自上层社会的女士参加晚宴。不过，即使俱乐部旁边就是马戏团街（la rue du Cirque），但这也不能成为街头艺人出席晚宴的借口。给发出邀请的能人的备注。①

在宴会厅，就像在隆尚（Longchamp）赛马场的看台上一样，无论是对于俱乐部的成员还是对于受邀人士，衬衣配领带是必需的。"只接受和支持女士穿袒胸低领的服装"。② 此外，就像英国的俱乐部一样，骑师俱乐部有它自己的领结。1996 年，领结供应商的变换引起了辛辣的评论，同样，这一评语也收入了《告示书》内：

> 从前，如果某个路人穿着带有金色斜体字"骑师俱乐部"的衣服，那么他就被打上"低俗"的标志。让我大吃一惊的是路人的标签如今变成了"巴黎爱马仕"。如果我们向某一生产商订购领结，那么是以俱乐部的名义为它的会员订购的。这一款领结既不会在爱马仕的柜台上出售，也不会受到那些石油大亨或亚洲富豪的摆弄。然而，在领结上看到这一商标，我几乎都要这么认为了……任何人都可以光临这家企业的柜台，我不明白佩戴一款带有它的商标的服饰有什么可以炫耀的。此外，即使是最心不在焉的人都看得出爱马

---

① 《告示书》，第 145 页。
② 同上，第 1、77、92 和 93 页。

仕先生的这一款蓝色很普通。我们以前的"骑师俱乐部的蓝色"更高雅。是否可以重新找一家不知名的、低调的领结制造商呢?[①]

这些属于小逸事的细枝末节,说明了骑师俱乐部对于精英准则和品位的坚持。它是一个民主的地方,但是它的民主只限于同一圈子里的成员:会员当选的理由总是因为存在亲朋好友的关系,这样的关系意味着共同的教养、文化和趣味。实际上,俱乐部传统的惯例要求会员谙熟各种细微的、支配社交生活的准则。19世纪以来,贵族群体力图通过退守他们自身耕耘的文化,坚持显示他们与众不同的准则,来弥补他们日益远离的权力。不过,正如这些准则很少以文字的形式确定下来一样,骑师俱乐部也从未用"圆规"画出过它的圆周。[②]也许就在于这上面,它发现了它的生命力和活力:在觉得保持大门紧闭而又大有裨益的同时,它满足了贵族对于某些专属习俗的迷恋和坚持;然而,在保留微微开启大门的权利的同时,它又乐于让那些渴望得到上层社会认可的富豪产生幻想。

[①] 《告示书》,第135—136页。
[②] 吉尔·德·绍德内,见前引书,第27页。

结　语

地位的失落？

Le grand déclassement?

很明显，过去的两个世纪，第二等级的后裔表现出了惊人的应变能力。20世纪，在适应全球化发展的同时，他们离开一直活跃的传统领域：军队和农业，投入新兴行业之中。其中的翘楚，经过在著名学府的深造和在世界各地的游历之后，如今在经济、政治、传媒等领域的权力机构内站稳了脚跟。尽管贵族的人数只有十万人（占法国人口总数的0.2%，分布在大约三千个家族里），但是他们在《名人录》（Who's Who）和四十大上市公司的领导人中却占有非常高的比例。[1] 在参议院里，四名权高望重的议员若瑟兰·德·罗昂－夏博（Josselin de Rohan-Chabot）、埃梅

---

[1] 媒体倾向于夸大这一比例。它们长期以来把贵族和带有表示贵族的前置词的姓氏混为一谈。拥有此类姓氏的法国人占总人口的0.4%，差不多是真正的名门贵族的两倍。

里·德·孟德斯鸠·弗藏萨克、亨利·德·兰古尔（Henri de Raincourt）、罗兰·杜·吕瓦尔（Roland du Luart），把古老世家的象征符号和行使民主选举下的任职协调在一起。另外两名贵族吉尔·德·罗宾（Gilles de Robien）和埃尔维·德·夏雷特（Hervé de Charette）在过去的十年间，曾出任共和国的部长。2013 年 4 月 18 日，《观点》(Point) 杂志上一篇名为《菲永和银行家的晚宴》("Fillon dîne au pays des banquiers") 的文章，讲述了由这位前总理多年的老友阿尔诺·德·蒙洛尔（Arnaud de Montlaur）组织的一次晚宴。这篇文章提到了四位围绕在菲永身边的金融界强人，其中的三位就出身名门：克里斯蒂昂·德·拉布利夫（Christian de Labriffe）、斯塔尼斯拉斯·布盖·德·高蒙（Stanislas Busquet de Caumont）和塞德里克·德·拉雪兹（Crédric de La Chaise）。

从金融业到外交界，包括房地产和奢侈品行业，众多积极进取的企业家和才华横溢的金融精英都是贵族出身：譬如法国雇主联合会主席和曾任温德尔商业帝国总裁长达三十多年的赛耶尔男爵（le barron Seillière），实力雄厚的金融集团的缔造者马克·拉德雷·德·拉沙里耶尔（Marc Ladreit de Lacharrière）——2007 年，他进入法国亿万富翁排行榜——安盛集团总裁亨利·德·卡斯特里（Henri de Castries），家乐福监理会主席埃默里·德·塞兹（Amaury de Sèze），巴恩斯地产集团总裁蒂博·德·圣-文森特（Thibault de Saint-Vincent），电视六台的大老板尼古拉·德·塔维尔诺斯特（Nicolas de Tavernost），前欧盟委员、万喜（Vinci）建筑集团的现任总裁伊夫-蒂博·德·希尔居伊（Yves-Thibault de Silguy），法航总裁亚历山大·德·朱尼亚克（Alexandre de Juniac），波帮（Bourbon）船运集团主席及法国最大海外资产持有人雅克·德·夏多维奥（Jacques de Chateauvieux），圣戈班集团（Saint-Gobain）主席皮埃尔-安德烈·德·夏朗达尔（Pierre-André de Chalendar），法国海外传媒集团总裁阿兰·德·普齐亚克（Alain de Pouzilhac），米其林一把手让-多米尼克·塞纳尔（Jean-Dominique Senard）[①]，向经济和媒体等公共决策机构开展陈情活动的企业主团体、高成长协会（Croissance Plus）的主席斯塔尼斯拉斯·德·邦兹曼（Stanislas de Bentzmann）——同时，他和他的兄弟一起，又是德沃（Devoteam）技术咨询集团的缔造人——创立了新锐休闲运动时装品牌亚瑟尔子爵（Vicomte Arthur）的亚瑟尔·德·苏尔特雷（Arthur de Soutrait），化妆品牌希思黎（Sisley）的创办者于贝尔·多纳诺（Hubert d'Ornano），"园艺王子"（Prince Jardinier）企业的创立人路易-艾伯特·德布罗意（Louis-Albert de Broglie）……

同时，名门贵胄也活跃在葡萄酒领域：贝尔纳·德·诺南库尔（Bernard de Nonancourt）在长达50年的时间里掌管罗兰-百悦酒庄（la maison Laurent-Perrier），吉尔·德·拉巴斯蒂耶尔（Gilles de La Bassetière）是维诺日香槟（champagne de Venoge）的总裁（法国贵族协会的成员买该品牌的葡萄酒可享受20%的折扣），弗雷德里克·德·吕兹（Frédéric de Luze）则打理梅多克地区的中级酒庄。此外，在众多领域，一些贵族不仅证明了他们的能力，还担任一些重要的职务，这有时让他们成为时事的热点人物。譬如，成功地指控了贝尔纳·塔皮（Bernard Tapie）[②]的检察官埃里克·德·蒙戈尔弗里耶（Éric de Montgolfier）；奥特克洛克元帅[③]的侄子埃默里·德·奥特克

[①] 让-多米尼克·塞纳尔（Jean-Dominique Senard），海伦娜·德·哈考特的丈夫，也来自名门世家。他的家族1891年由教皇授以伯爵爵号。
[②] 贝尔纳·塔皮：法国著名的商业大亨。——译注
[③] 奥特克洛克元帅，即菲利普·勒克莱尔（1902—1945），法国"二战"时著名将领。——译注

结语 地位的失落？

洛克（Amaury de Hauteclocque）从2007年至2013年一直担任法国特别行动队（RAID）①的队长；皮埃尔·勒若利·德·维里耶·德·圣蒂农（Pierre Le Jolis de Villiers de Saintignon），最年轻的五星上将，2014年被任命为陆军参谋长；而圣谷尔医院的神经外科专家弗朗索瓦·德·苏尔特雷（François de Soultrait），圣安托万医院的肿瘤专家莱斯帕尔公爵（duc de Lesparre）埃梅里·德·格拉蒙（Aimery de Gramont），以及精神治疗专家玛丽·高缇耶·德·拉菲利埃尔（Marie Gaultier de La Ferrière），即众所周知的致力于推动和发展姑息疗法的玛丽·德·翁泽（Marie de Hennezel），都是享誉国际的专家。

其他的贵族人士则活跃在艺术领域和体坛。克里斯蒂昂·德·波特赞姆巴克（Christian de Portzamparc）是获得普利兹克建筑大奖的第一个法国建筑师，也是第一个正式获得法兰西学院"艺术创作"教席②的人士。于贝尔·德·纪梵希（Hubert de Givenchy）不仅创立了一个高级时装品牌，还和他的哥哥纪梵希侯爵一起推出了一个香水品牌。继伊夫·圣罗兰的灵感缪斯露露·德·拉法蕾斯（Loulou de la Falaise）之后，伊娜·德·拉弗雷桑奇（Inès de la Fressange）继续演绎出法式优雅的精髓：精明圆融的商界女人，既懂得扮演深受大众欢迎的贵族，又懂得扮演巴黎左岸布波一族③的公主。1989年，也就是大革命两百周年，她的脸部轮廓还被借用到塑造共和国的玛丽安娜

---

① 这支由一百多人组成的队伍，全体蒙面，执行绝密任务。由于要做到随时应对各种恐怖行动等危险情况，他们擅长在海陆空各个领域作战，1994年法航马赛劫机的成功化解，使他们名声大振。——译注
② 成立于2004年，目的在于每年任命一名教授通过形式各异的方式展示当代的艺术创作。——译注
③ 布波一族：指的是拥有高学历和高收入、追求生活享受、崇尚自由独立、积极进取的一类人。——译注

电影《触不可及》的海报

(Marianne)① 半身塑像之上，这对于第二等级的后人而言是一种最高的加冕。此外，她一如既往地证明她本身就是推动销售的商标之一。伯瑞香槟酒庄的前任老板菲利普·波佐·迪·博尔戈（Philippe Pozzo di Borgo），在一次山崖跳伞事故之后，成为一名四肢瘫痪者。电影《触不可及》（Intocable）的创作就取自他的人生故事。该部电影成了一场名副其实的社会奇观，在法国和国外的观影人数分别达到了两千万人次和三千万人次。至于菲利普·德·肖伏隆（Philippe de Chauveron），则以影片《岳父岳母真难当》（Qu'est-ce qu'on a fait au Bon Dieu?）的成功，继续推进其辉煌的导演生涯。这部讲述了社会融合的喜剧片于2014年春上映一个月后，观影总人数就差不多达到了六百万人次。一些历史悠久的姓氏，在家族的某一成员在银幕或舞台上获得好评之后，如今也广为人知。譬如轰动一时的电影导演菲利普·德·普劳加（Philippe de Broca）和让-多米尼克·德·拉罗什富科（Jean-Dominique de La Rochefoucauld），演员夏洛特·德·特汉姆（Charlotte de Turckheim），以及身兼作家、作曲家和歌唱家多重身份的伊莎贝尔·德·特吕什·德·瓦雷纳（Isabelle de Truchis de Varennes）——她以莎姬（Zazie）的名字广为人知。在体坛，同样还有其他深受欢迎的姓氏，譬如首位单人划艇横越大洋的杰拉尔·达波维尔（Gérard d'Aboville），或者三十年来频繁参加广播电视节目的航海家奥利维·德·凯尔索松（Olivier de Kersauson）。在艺术界，乔伊·德·罗昂-夏博（Joy de Rohan-Chabot）和维克托瓦·德·卡斯泰兰（Victoire de Castellane）则是享誉国际的艺术家，一个以玻璃艺术品和瓷器图案出名，另一位则以饰品出名。与此同时，尼基·德·圣法尔（Niki de

---

① 玛丽安娜：法兰西共和国的国家象征，是自由与理性的拟人表现。她的塑像遍布法国各地，常常被放置在市政厅或者法院的显著位置。——译注

尼基·德·圣法尔的一个"娜娜"。位于德国的卡尔斯鲁厄城

Saint Phalle）的"娜娜们"（nanas）^①则大量出现在世界各地的博物馆的藏品中。劳伦斯·代·卡尔（Laurence des Cars）是著名博物馆馆长这一小群体中一颗冉冉升起的明星。在负责了从卢浮宫到阿布扎比酋长国（Abou Dhabi）的博物馆项目之后，他如今主持橘园美术馆（le musée de l'Orangerie）的工作。而法国基金会中心总代表贝阿特丽丝·德·杜尔佛（Béatrice de Durfort）则活跃于艺术赞助领域（自从一些税务条款允许对日益增多的领域进行资助以来，赞助文化艺术的活动获得飞跃性的发展）。最后，名门贵胄也活跃在新闻媒体和图书界。伊夫·德·凯尔德雷尔（Yves de Kerdrel）是《现实价值》（*Valeurs actuelles*）杂志社的社长。安托万·德·圣埃克苏佩里则以《小王子》一书——被译成最多文字和国际上发行量最大的一本法语书——为他妹妹的孙子们留下了一笔意外的礼物。在当前最受读者欢迎的十大畅销小说家里，有两名贵族人士：塔蒂亚娜·德·罗奈（Tatiana de Rosnay）和戴尔菲娜·德·维冈（Delphine de Vigan）。^②而文坛的常青树让·多尔梅松（Jean d'Ormesson），不仅受到了共和国所有总统的接见，还优雅地展示出某种漫不经心的魅力，使人相信他的生活一直美满如意。作为法国精神至高无上的代表，他的作品在其生前就被编入了"七星丛书"，新闻媒体也因而把他尊称为"最受法国人喜爱的作家"。

21世纪的法国贵族，尽管他们的人数在全体人口中占比非常少，然而他们在威望、影响力和创造力上，前所未有地显示了他们对于卓越的追求。他们当中的许多人士十分积极进取、也十分富有和强大，

---

① "娜娜"是尼基·德·圣法尔创作的一系列雕塑艺术品，这一组为她赢得国际声誉的作品都是一些体态丰满的女子，色彩鲜艳明亮，以丝网、聚脂纤维和纸浆创作而成。——译注

② 《费加罗文学周刊》，2012年1月19日。

笼罩在耀眼的名声之下，以至于这一群体作为一个整体完全没有理由哀伤悲叹。因此，把贵族和落败的挽歌——这样的挽歌既是失败者的告白，又是某种屈从——联系在一起的陈词滥调，并没有现实性。相反，名门贵胄证明了他们不仅懂得行动起来，也懂得随机应变。此外，由于他们最根本的教育目标在于社会地位的复制，所以可以预见的是他们将越来越频繁地鼓励他们的孩子在学业上继续深造。这些学业能通往大有前途的职业，也能促进具有企业精神的领袖人物的出现。而这样的领导人又能在各行各业，即政治、金融、贸易、高级管理、文化、甚至宗教——因为如今越来越多的名门贵胄有志于这一神圣的职业——等众多领域，勇于开拓。

对于当代贵族的观察和探讨，也确立了他们的第二个显著特点。他们一直是一个"牢固持久的群体"。这是他们当中的成员喜欢自我标榜的表述，因为他们的集体归属感非常强烈，而这又不无优越感。他们的集体意识建立在某种世界观、行为准则和共享的生活方式之上：这表明了某种有助于人格构成的、内化的文化模式，某种群体潜意识，或者根据皮埃尔·布迪厄的说法，某种类似于教导出来的第二天性或"习性"。当然，众多分裂因素使得贵族群体的凝聚力只存在于理论当中。20世纪下半叶，他们的团结一致遭到严重破坏：圣日耳曼街区不再是贵族的同义词，婚姻范畴越来越开放，当代社会中个体化的确立使得昔日通用的文化基石日益向主体意识偏斜，并逐渐渐成为一个任何人都可以自由背离的行动指南。此外，20世纪90年代末期，法国贵族协会经历的严重冲突表明：第二等级的后裔，尽管拥有相同的地位和传统的根基，在选择上也趣味相投，但是在面对社会生活的发展演变时，他们还远远不能形成一个分享统一见解的团体。不过，即使他们由于憎恶使用"阶级"一词——在这个词汇之下，马克思阶级斗争理论的幽灵会显现——而更喜欢"出身"的表述，他们依然组成了一个能够保持自身严密结构的群体。然而，从19世纪开始确立的资产阶级、工人阶级和农民阶级三大阶级的界限逐渐模糊。至于中产阶级，他们的社会起源、文化、政治敏感度千差万别，这不仅使得他们很难相互理解，也抑制了某种特殊的群体意识。

相反，贵族群体则一如既往地承认，他们的言行举止听命于他们的归属感，即归属于某一社会群体的情感。他们从厚实的谱系、承袭的文化遗产以及某种教养中汲取力量：谱系能帮助他们在前人和今人之中自我定位，而文化传承中的城堡是最富有社会学意义的元素，教养则传授给他们一些以尊重历史为框架的行为规范。世系的延续当然会带来某些强制性的束缚，却又能赋予人一种平和的力量，因为它能激发出团结与共的本能反应，而这样的反应在当前由于个人主义的胜利而受到摧残的社会中，是一种珍贵的优势。此外，世系的延续还标出了某种社会身份的轮廓：这种身份十分明显，足以促使外人——从记者到社会学家，包括平民百姓（原文为拉丁语：*vulgum pecus*）在内——感知到差异，并意识到贵族群体就像某个拥有它自己的规章惯例的保留部落。

最后，第三个明确无疑的事实是：贵族群体长期以来拥有的吸引力远远没有消失。诚然，拥有一个古老的姓氏在相当长的时间里已经不再是身份和地位的象征。而且，历史文化在整个社会中，尤其是在学校教育中的跌落，削弱了载入法国史册的显赫姓氏的光芒。然而，名门贵胄依然激起人们的兴趣，因为他们象征着永恒和卓越；他们依然是幻想的素材，因为他们体现了权威和传统。时间、历史、文化、家族对于他们而言，不仅仍然是一些有分量的概念，还赋予了他们沉稳平和的形象。与此同时，他们还象征着优美、雅致和审慎低调。他们以传统的继承人现身。那些依然在位的皇室家庭，即使为了更好地保障他们的合法地位而改变形象、适应当代社会的期求，他们还是以职位上或者仪式中的永恒形象，演绎着传统。这大概就是为什么总有上百万的观众观看皇室婚礼的电视直播，为什么记录皇家私生活的电影——譬如从讲述国王乔治六世的结巴到女王伊丽莎白二世在她前儿媳离世时的冷漠的电影——在广大民众中大受欢迎。同样，这或许也解释了为什么在艺术品市场上，来自皇室或名门世家的物件总享有一定的附加值，以及拍卖估价师对在位的古老王室的后人和王公大侯殷勤有加的原因，前者希望能以拍卖槌敲定他们散落的珍宝。

诚然，对于表示贵族称号的前置词的谋求，并不是向富豪精英或英才俊杰的子女灌输的教育大纲中的一部分。那些对社会地位的升降机感到满意的企业大老板和政府高官，喜欢扬扬自得地否认力图和一切贵族竞争或结盟。对于贵族至高无上的地位和昔日的奢华的幻灭，他们摆出一副假惺惺的惋惜之态。不过，这并没有妨碍他们兴致勃勃地向名门世家输送一位女婿或一位媳妇。事实是，那些成功地跨过了历史风雨的大家族，在受益于常人的幻想惯性的同时，远远没有让后者保持无动于衷。他们一如既往地拥有平民百姓一直都缺乏的某种优势：悠久的历史、穿越世世代代的时空感，亦即无法买得到的历史积淀。① 名门贵胄，历史浓厚的古堡和古董的所有者，在保持他们可以

---

① 在皮埃尔·罗桑瓦隆（Pierre Rosavallon）新近创立的丛书《讲述生活》（"Raconter la vie"）第一批出版的文集中，有一册追述了两位工人家庭出身的男孩在社会地位上的惊人上升：他们都成为了著名的企业老板。其中的一位把他社会地位的改变描述成一场"家庭内部的地震"。在讲述关于他和一位出身富裕贵族世家的女子的婚姻时，他声称："当我知道为什么我的妻子佩戴一枚刻有家族纹章的戒指和了解了她的家族起源后，迎面而来的是两千年的历史。我于是在她和我之间筑起了一堵墙——不是一道隔绝情感关系的墙，而是一道关于社交关系的墙。从那以后，我的时间都用在朝那堵墙发动进攻之上。"撰写此书的社会学家向他的妻子询问，为什么她继续佩戴刻有家族纹章的戒指。"尽管她强调的事实是她已经从她的阶层里'解放'出来，并且远离她的家族内部通行的一切社交惯例"，但是她答道"有点尴尬，因为她佩戴的戒指给人的印象是她扎根于某一门第里"，是她"依然留恋她的家族，即便她对这个家族有诸多不满"。吉尔·诺代（Jules Naudet）：《知名企业家：工人的儿子》（*Grand patron, fils d'ouvrier*），巴黎：瑟伊出版社，2014年，第41—45页。

上溯到久远的祖先的记忆上训练有素；所以，他们憧憬的是一种扎根于过往的未来。他们体现了祖祖辈辈的积淀和永恒，而这种永恒既不是他们的能力的成果，也不是他们赢取的财富果实。实际上，要成为贵族，唯有指望继承权：这一权利是决定加入法国贵族协会的唯一标准。这也就是为什么贵族有别于其他一切精英，因为无论是对于金融圈、政界、文化界，还是社交界，杰出人士都是以个人的身份入选的。他们的入选无论如何都不会存在严格的世袭制：那是建立在能力之上的，而不是建立在属于某一门第世家之上的。如果他们的事业很成功，那么他们可以成为新贵，但是新贵人士永远也不能成为贵族，至少在法国是这样的，因为法国已经没有为他们加爵晋勋的君王了。贵族面对时光时的平和沉静，从他们的一些礼节或行为准则中表现出来，尽管这些礼节或准则被视为落后守旧，却往往令人觉得很舒心。这也就解释了为什么那些古老的精英一如既往地散发出惊人的魅力。波斯湾和新兴地区的巨商富贾也因而总是很在意英国的贵族头衔带来的殊荣。在德国，保守党冉冉升起的明星卡尔-西奥多·楚·古登伯格（Karl-Theodor zu Guttenberg）和乌尔苏拉·冯·德·莱恩（Ursula von der Leyen），则以有益于他们的方式为德国显赫的名门世家赢得了国民的迷恋。前者在 2009 年以 37 岁的年纪成为德国最年轻的经济部长。直到 2011 年，拜罗伊特大学（l'université de Bayreuth）由于抄袭之故取消了他的法学博士学位，以及他因而被迫从国防部长的职位上辞职之前，他一直是最受德国人欢迎的政治家。至于志向高远，且又喜欢镁光灯的乌尔苏拉·冯·德·莱恩，2013 年则成为德国第一位履行国防部长职务的女性。她渴望有朝一日接任安吉拉·默克尔的总理职务。

然而，20 世纪下半叶出现了某一根本性的变化：贵族的文化模式不仅失去了它的规范性，而且也不再那么吸引人，对于财富上发迹起家的暴发户在文化上的同化愿望也就失去了它的强制力。由贵族传授的行为准则在社会上的普及，历史学家阿诺·迈尔把它描述成19世纪资产阶级贵族化的真正的一场景观，但是随着英雄光芒的减弱和"儒雅的绅士"文化的弱化，这一普及也逐渐烟消云散。1968年的五月风暴和它反对资产阶级的主题，在把旧式精英当成陪衬物和把对一切准则的服从都诋毁成自由的对立物的同时，最终使得贵族失去了他们在高雅品位上的主导作用。他们不再是"上流社会"的文化导师；他们已经没有能力把他们的行为举止树立成典范；他们也几乎不再是文学创作的灵感之泉。附庸风雅之辈也不再觉得有效仿他们或者怀疑他们的需要。这些变化从20世纪70年代开始变得明显起来，并在接下来的20年里不断深化，最终无可争议地成为贵族群体落败的符号。两个因素造成了他们的落败。

第一个因素是，从19世纪初以来，贵族阶层在创新、引领时尚、制造典范上的才干逐渐弱化。然而，18世纪时，他们能为新生事物的产生和时尚的开创慷慨激昂。君主时代末期，法国显赫家族的子弟参加了美国的独立战争，并且高歌美国的共和模式而凯旋。他们促进了1789年大革命的爆发。然而，大革命的严峻考验削弱了他们对于政治和文化上的自由、质疑和抗议的热情。19世纪，他们在一切领域都拥护保守的价值准则，即使他们在一些专业上勇于创新，尤其是在运动领域：拉绪斯男爵（baron de Lassus）和亨利·德·塞戈内（Henri de Ségongne）、迪翁侯爵（marquis de Dion）、庄谢子爵（le vicomte de Janzé）分别促进了登山运动、赛车运动和网球运动的飞跃发展。从他们聚居的圣日耳曼区流传出来的回忆录则不约而同地把他们描述成为一个迷恋人文传统的群体，尤其是一个专注于缅怀过往的群体。这个群体感兴趣的是历史，而不是科学，虽说其中也出现了一些非常著名的学者。此外，从社交活动的角度而言，他们很活跃，但对于革新逡巡不前，因为唯恐给整个群体的基本准则造成破坏。总之，他们倾向于墨守成规或者厌新守旧。

贵族们也许希望通过固守传统来逃避发展变化。很少有贵族能像科克多的朋友艾蒂安·德·博蒙（Étienne de Beaumont）一样——他那个时代前卫音乐和绘画艺术的保护人——懂得以折中的哲学在他们的世界和最具创新精神的艺术家之间建立起关联。果敢无畏的贵族则引来怀疑的目光，譬如博尼·德·卡斯泰兰（Boni de Castellane）、夏尔和玛丽-劳尔·德·诺阿耶夫妇（Charles et Marie-Laure de Noailles）。虽然博尼·德·卡斯泰兰被当成"美好年代夸张之笑"，但他还是更喜欢维护君主制度下的标准和规范，而不是拥抱或者预测艺术发展的新方向。他的回忆录，风格传统刻板，令人失望；他举办的舞会也只是徒劳地唤起了帝国时代的虚华；他作品中最了不起的玫瑰宫，也是一件抄袭前人的作品。此外，正如整个贵族群体一样——除了罗伯特·德·孟德斯鸠之外——他对新艺术运动（l'Art nouveau）①也兴趣寡然。1931年当选为法兰西院士的格拉蒙公爵曾经说道："人们只用20世纪初的艺术风格来装饰地铁的出口。"显然，在艺术上，公爵并不像他在科学领域那般勇猛无畏，所以对于1910年他请人建造的府邸——现在位于的乔治-曼戴尔街（Georges Mandel）——他青睐仿路易十六的风格。至于夏尔和玛丽-劳尔·德·诺阿耶夫妇，他们两个人则更具有冒险精神。首先，当他们着手请人在耶尔②建造一座立体主义建筑风格的别墅时，引起了众人的惊诧。这座别墅在"疯狂年代"（les Années folles）③成为放荡不羁

---

① 新艺术运动：19世纪末起源于法国的一场艺术装饰运动。这场运动在20世纪初发展壮大，波及整个欧洲和北美。——译注
② 耶尔（Hyères）：法国南部的一座始建于中古时期的小镇。——译注
③ 疯狂年代：指的是20世纪20年代。第一次世界大战结束之后，人们欢欣雀跃。法国迎来了思想自由解放的时期。在这一时期，文化、艺术创作，尤其是现代艺术蓬勃发展。——译注

的艺术家们的避风港。其次，当他们在 1930 年投资拍摄路易斯·布努埃尔①的《黄金时代》(L'Âge d'or) 的时候，则造成了轩然大波，因为这是一部公然和社会行为准则和常识理性分道扬镳的电影。他们的后人禁止人们查阅他们的资料，并且极力遮掩关于他们的历史。

　　第二个加快贵族行为标准落败的因素是：在离心力和向心力的双重作用下，他们的身份特征逐渐隐没了。离心力的存在，是因为他们的文化如今被贬低成某一系列的大型文化中的组成部分，这一系列的文化涵盖了从《人物》杂志中的众多精英到富裕的中产阶级的文化，而富裕的中产阶级既层次各异，又杂陈不分。现在，自称为新贵的人士只是在一定情况下才互相见面。他们不仅没有共同的标准，也不再渴望通过效仿贵族的模式来相互接近。至于同时存在的向心力，那是因为一切社会精英，尽管他们在不同的星系里溅出耀眼的光芒，都深陷在生活方式和表达方式整齐划一的现象之中。当前，法国在欧洲、在国际上优势不再，它的文化也不断弱化。这表现在对于国际杰出人士的接受以及国际鸿商巨贾中欧洲富豪比例的减少之上。包括贵族在内的法国精英人士，似乎放弃了证明自己的身份的努力：他们不再维护法语的地位；他们觉得法国或者欧洲，已经不能带来任何创新了；他们还越来越坚信美国、波斯湾、奥地利和中国组成了革新的实验工厂，而他们只有从中汲取灵感的份儿。

　　现在，尊重传统，正如尊重出身的特权一般，被认定是落后陈腐的。那么，法国的贵族群体如何才能把他们特殊的文化遗产和他们世代承袭的特殊身份长久地延续下去呢？诚然，他们保持高水准的财富收入的能力至关重要，而这一能力又有赖于他们的革新能力。就像过

---

① 路易斯·布努埃尔（1900—1983）：20 世纪最伟大的电影导演之一，被誉为"超现实主义电影之父"。他的电影大多数以反教会和讽刺生活中的虚伪为主题。——译注

去一样，一个贵族如今若被排除在财富的大门之外，那么他要保持他尊贵的社会地位就举步维艰。他的道德传承和精神传承需要一个稳定的经济基础。贵族没有了财富，很快就会出现不能保持地位——或者根据旧制度时的表述"维持他的等级"——的危险，从而沦为默默无闻的平民百姓。然而，这并不是关键所在。贵族身份的诉求，不是在金钱的重量之上或者物质财富的富足之上，而是在别处。金钱不仅模糊了贵族和财富上的新贵之间的界限，它甚至可以像贫穷一样，表现出破坏性。实际上，保持贵族身份首先是，努力通过拥护一长串前后一致的价值准则来体现出贵族的理念。而在这一长串的准则里，牢记骑士精神和宗教信仰居于首位。20世纪末，东欧国家贵族群体的复兴，证明了即使他们失去了一切财富，他们依旧可以延续下去，条件是要忠于他们的道德体系，因为这一体系是经过祖祖辈辈才建立起来的，它鼓励规范性的举止行为和职责义务，而这样的行为和义务又能像许多备受赏识的符号一样运作。

贵族这种以一定的物质遗产——把一块土地和一个姓氏联系在一起的同名城堡是其中最有象征意义的组成部分——为基础的身份传承，由记忆、传统和信仰构成。维持和延续这一传承非常沉重。实际上，它一直缅怀和保持某种本体论上的优越感，而这种优越感源自于历史上最小众的精英群体，无论这群精英是出自诏令而加爵晋勋的第三等级，还是拥有更高贵的起源，即出自远古的、"尚未有加爵授勋制度"时代的名门望族（他们是地地道道的贵族，他们本身和古老的家系就足以维系他们的地位）。贵族的身份传承也离不开某一种教育的传授，而这种教育专门培养区分、排序和辨别的能力。既不是知识精英，亦不是权势精英或财富精英，贵族群体诉求的是他们对于细节的识别力和他们对于社会的等级观念。在如今这个颂扬个人自由和主张一切文化形式平等一致的社会中，我们还能设想其他政治上更不正确的群体吗？对于很多人来说，这种与时代的脱节也许就在第二等级的后裔所引起的既惊讶又好奇、既迷惑又有趣的眼光之中。

在我最早的一批论著里，我探讨了一些出生于"一战"前或两次世界大战之间的贵族。如今，他们不是已经离世，就是已经是岁入耄耋之年。他们目睹的变化或者他们贴切地感受到的变化——犹如迈进了一个新的文明的征兆——都迫使他们调整自身的准则，以适应和他们的出生环境截然不同的物质、社会和文化环境。然而，因为他们在年少时感受到了古老节奏的几个颤抖的尾音，也因为他们受到的教育是成为某种价值体系和传统遗产的守护人，所以他们仍然体现出了历史悠久的贵族身份。同时，他们也努力把这一身份传给他们的子孙。那么，轮到他们的接班人，后者是否能胜任这一身份的传承？当然，任何传承，无论是物质的、精神的或者符号的，都不能未经重新配置就可以实现。传承意味着吸收，也意味着根据当前的迫切需要做出调整。为了避免传统沦为某种战战兢兢的敬仰，或者沦为拙劣重复的信仰，人们必须以一种既宽容又有距离、既亲和又批判、既热烈又大胆无畏的眼光，让它释放出应该延续下去的内容，而这又必须让位于陌生的气息：在吸收、重建、创新中，实现传承。正是在这种务实的妥协和自我调整的能力之上，体现了贵族群体持续发展、承受历史冲击（或者借用当代心理学的词汇"展开反弹"[①]）的决心和秘密。不过，如果说他们的传承直到今天依然可以实现，那是因为名门世家在不遮掩、不贬低，也不去除他们的文化遗产特色的同时，懂得随机应变。

[①] "当'反弹'一词出现在物理学上的时候，它指的是一个物体抵抗冲击的力度……当它被应用到社会科学上的时候，它指的是'尽管意味着严重危机和反面结果的压力和困境的存在，但是以社会可以接受的方式获取成功、生存下去，或者积极地自我发展完善的能力'"。〔鲍里斯·西吕尔尼克（Boris Cyrulnik），《不可思议的不幸》（*Un Merveilleux Malheur*），巴黎：奥迪尔·雅克布出版社（Odile Jacob），1999年，第10页。〕

今天，比起长久稳定的因素，落败的可能性是不是占上风？贵族的永续长存取决于新生代贵族自认为是传承的守护人的决心，以及继承和发扬他们的与众不同的决心。因此，他们必须抵御对一切传统遗产的贬低、强调其自身身世的自豪，并维护他们从属于某个族群的关系（这个族群不仅由家族间的姻亲关系联系在一起，也由于相似的历史、共同的命运和共享的品位框架而紧密团结）。他们还需要证明见解的独立和内心的自由，而这要求他们有时必须处在"体制外"，也就是说，逆潮流而行，甘于显得落后保守，并保持"得罪人的尊贵的乐趣"[①]，从而与资产阶级的民主和媒体迎合人的期望背道而驰。事实是，贵族的身份传承要想卓有成效，就有一项基本的要求：接受家族门第，不仅把个人纳入谱系之中，还必须重视过往的文化标准。如果贵族放弃了他们的血统和历史确立的行为准则，那么他们唯有"放弃特殊身份"，也就是说自我溶解、消散，并入三教九流的头面人物所组成的人群之中。而他们的后代，如果还有识别力，那就必须在某个不同于贵族、脱离社会的传统信仰模式的基础上，自我构筑某种独特的[②]超群拔萃。

---

① 夏尔·波德莱尔（Charles Baudelaire）：《随笔集》（*Fusées*），见《波德莱尔全集》（*Œuvres complètes*），巴黎：伽利玛出版社，"七星丛书"，1975年，第一卷，第661页。
② 原文为拉丁语 *sui generis*。

参考文献

Ouvrages sur la noblesse et la bourgeoisie

Ouvrage généraux

Charondas, *À quel titre ?*, Les Cahiers nobles n° 36 et n° 37, 1970.

Clinchamps Patrice de, *Dictionnaire et Armorial de la noblesse*, Paris, Patrice du Puy, 2005, 5 vol.

Dioudonnat Pierre-Marie, *Encyclopédie de la fausse noblesse et de la noblesse d'apparence*, Flavy-le-Martel, Sedopols, 1982.

—, *Le Simili-nobiliaire français*, Flavy-le-Martel, Sedopols, 2012.

Du Puy de Clinchamps Philippe, *La Noblesse*, Paris, PUF, Que sais-je?, 1959, rééd. L'intermédiaire des chercheurs et curieux, 1996.

Du Puy Philippe, *L'Ancienne noblesse française à la fin du XXe siècle*, Paris, Patrice du Puy, 2007.

Galimard Flavigny Bertrand, *Noblesse mode d'emploi. Dictionnaire à l'usage des nobles et des autres*, Paris, Éditions Christian, 1999.

Grell Chantal, Ramière de Fortanier Arnaud (dir.), *Le Second Ordre : l'idéal nobiliaire*, Paris, Presses de l'université de Paris-Sorbonne, 1999.

Guerre Nicolas, *Noblesse 2001*, Versailles, Intermédiaires des chercheurs et curieux, 2001.

Jérôme, *Dictionnaire des changements de nom de 1803 à 1956*, Paris, Éditions Henry Coston, 1995.

La Barre de Raillicourt Dominique de, *Les Titres authentiques de la noblesse en France, dictionnaire raisonné*, Paris, Perrin, 2004.

Luther Viret Jérôme, *Le Sol et le Sang. La famille et la reproduction sociale en France du Moyen Âge au XIXe siècle*, Paris, CNRS éditions, 2014.

Marsay vicomte de, *De l'âge des privilèges au temps des vanités. Essai sur l'origine et la valeur des prétentions nobiliaires*, Paris, Honoré Champion, 1932.

—, *De l'âge des privilèges au temps de vanités. Supplément à quelques critiques*, Paris, Honoré Champion, 1933.

Montclos Xavier de, *L'Ancienne bourgeoisie en France*, Paris, Picard, 2013.

Ogerau-Solacroup Bertrand, *Sire, de grâce une particule…, Essai de répertoire des familles françaises particulées, Ancien Régime, Empires et Républiques*, Paris, Cercle des Pyramides, 10 vol. parus entre 2000 et 2013.

Pastoureau Michel, *Figures de l'héraldique*, Paris, Gallimard Découvertes, 1996.

—, *Traité d'héraldique*, Paris, Picard, 1979, rééd. 1997.

Pontet Josette, Figeac Michel, Boisson Marie (dir.), *La Noblesse de la fin du XVIe siècle au début du XXe siècle, un modèle social?*, Anget, Atlantica, 2002, 2 vol.

Schalk Ellery, *L'Épée et le Sang. Une histoire du concept de noblesse (vers 1500-vers 1650)*, Seyssel, Champ Vallon, 1996.

Texier Alain, *Qu'est-ce que la noblesse?*, Paris, Tallandier, 1988.

Valette Régis, *Catalogue de la noblesse française au XXIe siècle et catalogue provincial sous Louis XVI et au XIXe siècle*, Paris, R. Laffont, 2007.

Valynseele Joseph, *Carnet des familles nobles ou d'apparence* en 1957, Versailles, L'intermédiaire des chercheurs et des curieux, 1958.

Werner Karl Ferdinand, *Naissance de la noblesse*, Paris, Fayard, 1998.

Dictionnaire de la vraie noblesse, dictionnaire de la fausse noblesse, Paris, Tallandier, 2008.

Ouvrages sur la noblesse au Moyen Âge et à l'époque moderne

AURELL Martin, *La Noblesse en Occident (V^e-XVe siècle)*, Paris, Armand Colin, 1996.

BARTHÉLÉMY Dominique, *La Chevalerie. De la Germanie antique à la France du XIIe siècle*, Paris, Fayard, 2007.

BOISNARD Luc, *La Noblesse dans la tourmente 1774-1802*, Paris, Tallandier, 1992.

BOURQUIN Laurent, *La Noblesse dans la France moderne (XVIe-XVIIIe siècles)*, Paris, Belin, 2002.

CHAUSSINAND-NOGARET Guy, *La Noblesse au XVIIIe siècle*, Bruxelles, Complexe, 2000.

CHAUSSINAND-NOGARET Guy, CONSTANT Jean-Marie, DURANDIN Catherine, JOUANNA Arlette, *Histoire des élites en France du XVIe au XXe siècle*, Paris, Tallandier, 1991.

CLARKE DE DROMANTIN Patrick, *Les Oies Sauvages. Mémoires d'une famille irlandaise réfugiée en France (1691-1914)*, Bordeaux, Presses universitaires de Bordeaux, 1995.

—, *Les Réfugiés jacobites dans la France du XVIIIe siècle. L'exode de toute une noblesse « pour cause de religion »*, Bordeaux, Presses universitaires de Bordeaux, 2005.

CONSTANT Jean-Marie, *La Noblesse française aux XVIe et XVIIe siècles*, Paris, Hachette, 1994.

—, *La Noblesse en liberté XVIe-XVIIe siècles*, Rennes, Presses universitaires de Rennes, 2004.

CONTAMINE Philippe, *La Noblesse au royaume de France de Philippe Le Bel à Louis XII*, Paris, PUF, 1997.

—, « Mourir pour la patrie », *in* NORA Pierre (dir.), *Les lieux de mémoire*, t. II, Paris, Quarto Gallimard, 1997, p. 1673-1698.

DUBY Georges, « Le lignage », *in* NORA Pierre (dir.), *Les lieux de mémoire*, t. I, Paris, Quarto Gallimard, 1997, p. 607-624.

FIGEAC Michel, *Châteaux et vie quotidienne de la noblesse. De la Renaissance à la douceur des Lumières*, Paris, Armand Colin, 2006.

—, *Les Noblesses en France du XVIe siècle au milieu du XIXe siècle*, Paris, Armand Colin, 2013.

FLORI Jean, *Chevaliers et Chevalerie au Moyen Âge*, Paris, Pluriel,

Hachette, 2008.

JOUANNA Arlette, *Ordre social, mythes et hiérarchies dans la France du XVIe siècle*, Paris, Fayard, 1977.

—, *Le Devoir de révolte. La noblesse française et la gestation de l'État moderne, 1559-1661*, Paris, Fayard, 1989.

—, « Noblesse, noblesses », *in* BÉLY Lucien (dir.), *Dictionnaire de l'Ancien Régime*, Paris, PUF, 1996, p. 887-893.

LABATUT Jean-Pierre, *Les Noblesses européennes de la fin du XVe à la fin du XVIIIe siècle*, Paris, PUF, 1978.

LEVANTAL Christophe, *Ducs et Pairs et duchés-pairies laïques à l'époque moderne (1519-1790)*, Paris, Maisonneuve & Larose, 1996.

LILTI Antoine, *Le Monde des salons. Sociabilité et mondanité à Paris au XVIIIe siècle*, Paris, Fayard, 2005.

MARRAUD Mathieu, *La Noblesse de Paris au XVIIIe siècle*, Paris, Seuil, 2000.

MEYER Jean, *Noblesses et Pouvoirs dans l'Europe d'Ancien Régime*, Paris, Hachette, 1973.

RICHARD Guy, *La Noblesse d'affaires au XVIIIe siècle*, Paris, Armand Colin, 1974, rééd. 1997.

—, *Le Monde des affaires en Europe de 1815 à 1917*, Paris, Armand Colin, 2000.

SOLNON Jean-François, *La Cour de France*, Paris, Fayard, 1987.

Ouvrages sur la noblesse et les élites aux XIXe-XXe siècles

BARTILLAT Christian de, *Histoire de la noblesse française de 1789 à nos jours*, Paris, Albin Michel,

—, t. I, *Les Aristocrates de la Révolution au Second Empire*, 1988.

—, t. II, *Les Nobles du Second Empire à la fin du XXe siècle*, 1991.

BÉCARUD Jean, « La noblesse dans les Chambres (1815-1848) », *Revue internationale d'histoire politique et constitutionnelle*, juillet 1953, p. 189-205.

—, « Noblesse et représentation parlementaire : les députés nobles de 1871 à 1968 », *Revue française de science politique*, 123e année, n° 5, 1973, p. 972-993.

BERTHOLET Denis, *Le Bourgeois dans tous ses états*, Paris, Orban, 1987.

BOURDIEU Pierre, *La Distinction, critique sociale du jugement*,

Paris, Minuit, 1979.

—, *Langage et pouvoir symbolique*, Paris, Seuil, 2001.

BRAVARD Alice, « Le grand monde parisien à l'épreuve de la guerre », *Vingtième siècle*, n° 99, juillet-septembre 2008, p. 13-32.

—, *Le Grand Monde parisien 1900-1939. La persistance du modèle aristocratique*, Rennes, Presses universitaires de Rennes, 2013.

BRELOT Claude-Isabelle, *La Noblesse réinventée. Nobles de Franche-Comté de 1814 à 1870*, Besançon, Annales littéraires de l'université de Besançon, 1992, 2 vol.

—, « Entre nationalisme et cosmopolitisme : les engagements multiples de la noblesse », *in* P. Birnbaum (dir.), *La France de l'Affaire Dreyfus*, Paris, Gallimard, 1994, p. 339-361.

—, « Nobles français en résistance », in *La Résistance et les Européens du nord*, actes du colloque tenu à Bruxelles les 23-25 novembre 1994, Bruxelles, Centre d'études et de recherches historiques de la Seconde Guerre mondiale, 1996, p. 111-131.

—, « Savoir-vivre, savoir être : attitudes et pratiques de la noblesse française au XIXe siècle », *Romantisme*, n° 96, 1997, p. 31-40.

CARRÉ DE MALBERG Nathalie, *Le Grand État-major financier : les inspecteurs des Finances 1918-1946. Les hommes, le métier, les carrières*, Paris, Comité pour l'histoire économique et financière de la France, 2011.

CHAGNOLLAUD Dominique, *Le Premier des ordres. Les hauts fonctionnaires XVIIIe-XIXe siècle*, Paris, Fayard, 1991.

CHALINE Jean-Pierre, *Les Bourgeois de Rouen. Une élite urbaine au XIXe siècle*, Paris, Presses de la Fondation nationale des sciences politiques, 1982.

CHARLE Christophe, *Histoire sociale de la France au XIXe siècle*, Paris, Seuil, 1991.

—, *Les Élites de la République 1880-1900*, Paris, Fayard, 1987, nouvelle édition 2006.

COSTE Laurent, *Les Bourgeoisies en France du XVIe siècle au milieu du XIXe siècle*, Paris, Armand Colin, 2013.

DAUMARD Adeline, *Les Bourgeois et la bourgeoisie en France*, Paris, Aubier, 1987.

— (dir.), *Les Fortunes françaises au XIXe siècle*, Paris, Mouton, 1973.

DENIS Michel, *Les Royalistes de la Mayenne et le monde moderne*

(XIX*e*-XX*e* siècles), Paris, Klincksieck, 1977.

DEUMIÉ Louis, «Particule et psychose», *Psychanalyse à l'université*, VI, n° 21, décembre 1980, p. 89-96.

DIESBACH Ghislain de, *Histoire de l'émigration 1789-1814*, Paris, Perrin, 1998, rééd. Tempus, 2007.

FIETTE Suzanne, *La Noblesse française des Lumières à la Belle Époque*, Paris, Perrin, 1997.

—, *De mémoire de femmes. L'histoire racontée par les femmes de Louis XVI à 1914*, Paris, Perrin, 2002.

GOUJON Bertrand, «Insertion et distinction nobiliaires parmi les combattants français de la Grande Guerre», *in* BOULOC François, CAZALS Rémy, LOEZ André (dir.), *Identités troublées 1914-1918. Les appartenances sociales et nationales à l'épreuve de la guerre*, Toulouse, Privat, p. 47-59.

GRANGE Cyril, *Les Gens du Bottin Mondain 1903-1987. Y être, c'est en être*, Paris, Fayard, 1996.

HALÉVY Daniel, *La Fin des notables*, Paris, Grasset, 1930.

—, *La République des ducs*, Paris, Grasset, 1937.

HIGGS David, *Nobles, titrés, aristocrates en France après la Révolution 1800-1870*, Paris, Liana Levi, 1990.

LALLIARD François, *La Fortune des Wagram de Napoléon à Proust*, Paris, Perrin, 2002.

LAUVAUX Philippe, «Monarchies, royautés et démocraties couronnées», *Le Débat*, n° 73, janvier-février 1993, p. 103-120.

MANSEL Philip, *La Cour sous la Révolution. L'exil et la Restauration 1789-1830*, Paris, Tallandier, 1989.

MARTIN-FUGIER Anne, *La Vie élégante ou la formation du Tout-Paris, 1815-1848*, Paris, Fayard, 1990.

—, *Les Salons de la III*e *République. Arts, littérature, politique*, Paris, Perrin, 2003.

MAYER Arno, *La Persistance de l'Ancien Régime : l'Europe de 1848 à la Grande Guerre*, Paris, Flammarion, 1981, rééd. 2010.

MONNE Louise-Marie, *Gustave de Monttessuy (1809-1881), itinéraire d'une agrégation à la noblesse*, mémoire de master 2 soutenu à l'université Paris IV sous la direction du professeur Éric Mension-Rigau, 2013.

NAGLE Jean, *Luxe et Charité. Le faubourg Saint-Germain et l'argent*,

Paris, Perrin, 1994.

O'Neill Gwenaël, *L'A.N.F. entre passé et présent : la noblesse face à ses idéaux. Soixante-dix ans de certitudes, d'ambiguïtés et d'espoirs*, mémoire de maîtrise d'histoire contemporaine sous la direction de Jean-Pierre Chaline, université Paris IV-Sorbonne, 2002.

Petiteau Natalie, *Élites et mobilités : la noblesse d'Empire au XIXe siècle (1808-1914)*, Poitiers, La Boutique de l'Histoire, 1997.

Pinçon Michel, Pinçon-Charlot Monique, *Les Ghettos du Gotha. Au cœur de la grande bourgeoisie*, Paris, Seuil, 2007.

—, *Châteaux et châtelains. Les siècles passent, le symbole demeure*, Paris, Anne Carrière, 2005.

—, *L'argent sans foi ni loi*, Paris, Textuel, 2012.

Saint Martin Monique de, *L'Espace de la noblesse*, Paris, Métailié, 1993.

Sède Gérard de, *Aujourd'hui les nobles...*, Paris, éditions Alain Moreau, 1975.

Tudesq A.-J., *Les Grands Notables en France (1840-1849). Étude historique d'une psychologie sociale*, Paris, PUF, 1964, 2 vol.

Tulard Jean, *Napoléon et la noblesse d'Empire*, nouvelle édition revue et augmentée, Paris, Tallandier, 2003.

Waresquiel Emmanuel de, *Un groupe d'hommes considérables. Les pairs de France et la Chambre des pairs héréditaires de la Restauration 1814-1831*, Paris, Fayard, 2006.

Wiscart Jean-Marie, *La Noblesse de la Somme au XIXe siècle*, Amiens, Encrage, 1994.

Zieseniss Jérôme-François, « Napoléon et l'ancienne noblesse », *Revue du souvenir napoléonien*, n° 312, juillet-septembre 1980, p. 3-24.

Hof, Kultur und Politik im 19. Jahrhundert, Akten des 18. Deutsch-französischen Historikerkolloquiums Darmstadt 27-30 September 1982, herausgegeben von Karl Ferdinand Werner, Bonn, Ludwig Röhrscheid Verlag, 1985.

Oisiveté et loisirs dans les sociétés occidentales au XIXe siècle, colloque pluridisciplinaire, Amiens 19-20 novembre 1982, présenté par Adeline Daumard, Centre de recherche d'histoire sociale de l'université de Picardie, imprimerie F. Paillart, 1983.

Les Noblesses européennes au XIXe siècle, Actes du colloque de Rome tenu les 21-23 novembres 1985, École française de Rome/université de Milan, 1988.

Biographies ou monographies sur une famille

Bellamy David, *Geoffroy de Montalembert (1898-1993). Un aristocrate en politique*, Rennes, Presses universitaires de Rennes, 2006.

Caumont Robert de, *Les Busquet de Caumont. Histoire culturelle, sociologique et patrimoniale d'une ancienne famille normande*, Paris, Publibook, 2012.

Dreux-Brézé Michel de, *Les Dreux-Brézé*, Paris, Éditions Christian, 1994.

Giroux Isabelle, Coste Jean-Louis, *Le Général de Miribel, un grand serviteur de l'État*, Lyon, à compte d'auteur, 2013.

Goyet Bruno, *Henri d'Orléans, Comte de Paris (1908-1999). Le prince impossible*, Paris, Odile Jacob, 2001.

Guitaut-Vienne Alix de, *Joachim Carvallo et l'œuvre de la Demeure Historique*, Paris, Le Cercle du Patrimoine, 2004.

Maistre Serge de, *Esquisse sur les Maistre*, Paris, Patrice du Puy, 2011.

Meaux Antoine de, Montalembert Eugène de (dir.), *Charles de Montalembert. L'Église, la politique, la liberté*, Paris, CNRS éditions, 2012.

Schneider Dominique, Mathieu Caroline, Clément Bernard (dir.), *Les Schneider. Le Creusot. Une famille, une entreprise, une ville (1836-1960)*, Paris, Fayard/RMN, 1995.

Ouvrages sur les châteaux

Babelon Jean-Pierre, (dir.), *Le Château en France*, Paris, Berger-Levrault, 1986.

—, « Les châteaux de la Loire », in Nora Pierre (dir.), *Les Lieux de mémoire* III, *Les France*, t. III, *De l'archive à l'emblème*, Gallimard, 1992, p. 403-449.

Benucci Florian, Martin Maryline, *La Construction d'un château fort : Guédelon*, Rennes, Ouest-France, 2011.

Bercé Françoise, *Des monuments historiques au patrimoine du XVIIIe siècle à nos jours ou « Les égarements du cœur »*, Paris, Flamma-

siècle à nos jours ou « Les égarements du cœur », Paris, Flammarion, 2000.

Boussion Samuel, Gardet Mathias (dir.), Les Châteaux du social, Paris, Beauchesne, 2010.

Girouard Mark, La Vie dans les châteaux français, Paris, Scala, 2001.

Gondras Annie, La Valorisation touristique des châteaux et demeures historiques, Paris, L'Harmattan, 2012.

Grandcoing Philippe, Les Demeures de la distinction. Châteaux et châtelains au XIXe siècle en Haute-Vienne, Limoges, PULIM, 1999.

—, Le Siècle d'or des châteaux. Haute-Vienne 1800-1914, Limoges, Culture & Patrimoine en Limousin, 2002.

Greffe Xavier, Le Rayonnement économique des monuments historiques privés. Dimensions, enjeux, stratégies, Paris, Étude pour la Demeure historique, mars 2011.

Guyot Michel, J'ai rêvé d'un château. De Saint-Fargeau à Guédelon, un fabuleux défi, Paris, JC Lattès, 2007.

Kert Christian, Le Redoutable Privilège d'être riche (de son patrimoine), rapport d'information n° 3530 sur la conservation et l'entretien du patrimoine monumental, Assemblée nationale, Commission des affaires culturelles, décembre 2006.

Massin Le Goff Guy, Les Châteaux néogothiques en Anjou, Paris, Éditions Nicolas Chaudun, 2007.

Montgolfier Albéric de, Rapport au Président de la République sur la valorisation du patrimoine de la France, septembre 2010.

Toulier Bernard, Châteaux en Sologne, Cahier de l'Inventaire n° 26, Paris, Imprimerie nationale, 1992.

Catalogue de l'exposition Monuments, stars du 7e art, Paris, Éditions du Patrimoine/Centre des monuments nationaux, 2010.

Ouvrages divers

Albouy Valérie et Wanecq Thomas, « Les inégalités sociales d'accès aux grandes écoles », Économie et Statistique, n° 361, 2003, p. 27-52.

Apostolidès Jean-Marie, Héroïsme et victimisation. Une histoire de *la sensibilité*, Paris, Le Cerf, 2011.

ARMAND-DELILLE Hugues, *Madoff et moi*, Paris, Flammarion, 2010.

ATTIAS-DONFUT Claudine, LAPIERRE Nicole, SEGALEN Martine, *Le Nouvel Esprit de famille*, Paris, Odile Jacob, 2002.

AUDOIN-ROUZEAU Stéphane, BECKER Annette, *14-18, retrouver la Guerre*, Paris, Gallimard, 2000.

BANTIGNY Ludivine, BAUBÉROT Arnaud (dir.), *Hériter en politique. Filiations, générations et transmissions politiques (Allemagne, France et Italie, XIXe-XXIe siècle)*, Paris, PUF, 2011.

BARRERA Caroline, *Les Sociétés savantes de Toulouse au XIXe siècle (1797-1865)*, Paris, Éditions du Comité des travaux historiques et scientifiques, 2003.

BARTHÉLÉMY Tiphaine, PINGAUD Marie-Claude (dir.), *La Généalogie entre science et passion*, Paris, éditions du Comité des travaux historiques et scientifiques, 1997.

BAUDRILLER Marc, *Les Réseaux cathos. Leur pouvoir, leurs valeurs, leur nouvelle influence*, Paris, R. Laffont, 2011.

BÉRAUD Céline, *Le Métier de prêtre. Approche sociologique*, Paris, Éditions de l'Atelier/Éditions Ouvrières, 2006.

—, *Prêtres, diacres, laïcs. Révolution silencieuse dans le catholicisme française*, Paris, PUF, 2007.

BERCÉ Françoise, «Arcisse de Caumont et les sociétés savantes», *in* NORA Pierre (dir.), *Les Lieux de mémoire, II, La Nation*, Paris, Gallimard Quarto, 1997, t. I, p. 1545-1573.

BESNARD Philippe, GRANGE Cyril, «La fin de la diffusion verticale des goûts? (Prénoms de l'élite et du vulgum)», *L'Année sociologique*, 1993, n° 43, p. 269-294.

BIDOU-ZACHARIASEN Catherine, *Proust sociologue. De la maison aristocratique au salon bourgeois*, Paris, Descartes, 1997.

BLAIS Marie-Claude, GAUCHET Marcel, OTTAVI Dominique, *Transmettre, apprendre*, Paris, Stock, 2014.

BOUTET Gérard, *La France en héritage. Dictionnaire encyclopédique. Métiers, coutumes, vie quotidienne 1850-1960*, Paris, Perrin, 2008.

BRAGUE Rémi, *Modérément moderne*, Paris, Flammarion, 2014.

BRÉCHON Pierre, GONTHIER Frédéric (dir.), *Atlas des Européens. Valeurs communes et différences nationales*, Paris, Armand Colin, 2013.

Brejon de Lavergnée Matthieu, *La Société de Saint-Vincent de Paul, un fleuron du catholicisme social*, Paris, Le Cerf, 2008.

—, « Ville et charité. Une sociologie des hommes d'œuvres au XIXe siècle (Paris, 1840-1870) », *Revue d'histoire de l'Église de France*, t. 94, n° 232, janvier-juin 2008, p. 63-104.

Bruley Yves, *Le Quai d'Orsay impérial*, Paris, A. Pedone, 2012.

Burguière André, « La Généalogie », *in* Nora Pierre (dir.), *Les Lieux de mémoire III, Les France*, t. III, *De l'archive à l'emblème*, Paris, Gallimard, 1992, p. 19-51.

Chaline Jean-Pierre, *Sociabilité et érudition. Les sociétés savantes en France*, Paris, Éditions du Comité des travaux historiques et scientifiques, 1995.

Charette Laure de, Simmat Benoist, *Gotha City. Enquête sur le pouvoir discret des aristos*, Paris, éditions du Moment, 2009.

Chimènes Myriam, *Mécènes et musiciens. Du salon au concert à Paris sous la la IIIe République*, Paris, Fayard, 2004.

Clair Jean, *L'Hiver de la culture*, Paris, Flammarion, 2011.

Corbin Alain, « Paris-province », *in* Nora Pierre (dir.), *Les Lieux de mémoire, Les France*, Paris, Quarto Gallimard, t. II, 1997, p. 2851-2888.

Coudert Thierry, *Café Society*, Paris, Flammarion, 2010.

Coulmont Baptiste, *Sociologie des prénoms*, Paris, La Découverte, 2011.

Craveri Benedetta, *L'Âge de la conversation*, Paris, Gallimard, 2012.

Cusenier Jean, *L'Héritage de nos pères. Un patrimoine pour demain*, Paris, La Martinière, 2006.

Cyrulnik Boris, *Un Merveilleux Malheur*, Paris, Odile Jacob, 1999.

Darmon Muriel, *Classes préparatoires. La fabrique d'une jeunesse dominante*, Paris, La Découverte, 2013.

Dasque Isabelle, « La Diplomatie française au lendemain de la Grande Guerre », *Vingtième siècle*, n° 99, juillet-septembre 2008, p. 33-49.

Daverne Carole, Dutercq Yves, *Les Bons élèves. Expériences et cadres de formation*, Paris, PUF, 2013.

Dayez-Burgeon Pascal, *La Fortune des rois*, Paris, Nouveau

monde éditions, 2011.

DELALANDE Nicolas, *Les Batailles de l'impôt. Consentement et résistances de 1789 à nos jours*, Paris, Seuil, 2011.

DELEUZE Gilles, *Proust et les signes*, Paris, PUF, 1979.

DESSERT Daniel, *Argent, Pouvoir et Société au Grand Siècle*, Paris, Fayard, 1984.

DIESBACH Ghislain de, *Proust*, Paris, Perrin, 1991.

—, *Nouveau savoir-vivre. Éloge de la bonne éducation*, Paris, Perrin, 2014.

DONNAT Olivier, *Les Pratiques culturelles des Français à l'ère numérique. Enquête 2008*, Paris, La Découverte, 2009.

ÉLIAS Norbert, *La Société de Cour*, Paris, Flammarion, 1985.

GAULEJAC Vincent de, *L'Histoire en héritage. Roman familial et trajectoire sociale*, Paris, Payot, 2012.

GIRARD L., PROST A., GOSSEZ R., *Les Conseillers généraux en 1870. Étude statistique d'un personnel politique*, Paris, PUF, 1967.

GIRARDET Raoul, *La Société militaire de 1815 à nos jours*, Paris, Perrin, 1998.

GIRAUD Jean-Baptiste, CHARETTE Laure de, OZANNE Flore, LACAILLE Inès, *Le Guide des Bécébranchés*, Paris, l'Archipel, 2009.

GOTMAN Anne, *Hériter*, Paris, PUF, 1988.

GRANET Danièle, LAMOUR Catherine, *Grands et petits secrets du monde de l'Art*, Paris, Fayard, 2010.

GUIBERT Philippe, MERGIER Alain, *Le Descenseur social. Enquête sur les milieux populaires*, Paris, Fondation Jean-Jaurès/Plon, 2006.

GUICHARD Marie-Thérèse, *Les Égéries de la République*, Paris, Payot, 1991.

GUMPEL Peter, *Élite academy. Enquête sur la France malade de ses grandes écoles*, Paris, Denoël, 2013.

HABIB Claude, *Galanterie française*, Paris, Gallimard, 2006.

HAMON Maurice, *Madame Geoffrin. Femme d'influence, femme d'affaires au temps des Lumières*, Paris, Fayard, 2010.

IRIBARNE Philippe d', *La Logique de l'honneur. Gestion des entreprises et traditions nationales*, Paris, Seuil, 1989.

—, *L'Étrangeté française*, Paris, Seuil, 2006.

JULIA Dominique, «Sélection des élites et égalité des citoyens. Les procédures d'examen et de concours de l'Ancien Régime à l'Empire», *Mélanges de l'École française de Rome*, t. 101, n° 1,

1989, p. 339-381.

JULLIARD Jacques, *Que sont les grands hommes devenus ? Essai sur la démocratie charismatique*, Paris, Perrin, 2010.

—, (dir.), *La Mort du roi. Essai d'ethnographie politique comparée*, Paris, Gallimard, 1999.

LANDAIS Camille, PIKETTY Thomas, SAEZ Emmanuel, *Pour une révolution fiscale. Un impôt sur le revenu pour le XXIe siècle*, Paris, Seuil, 2011.

LE BRAS Hervé, TODD Emmanuel, *Le Mystère français*, Paris, Seuil, 2013.

MANTOUX Aymeric, *Voyage au pays des ultra-riches*, Paris, Flammarion, 2010.

MASSEAU Didier, *Une histoire du bon goût*, Paris, Perrin, 2014.

MAURIN Éric, *Le Ghetto français. Enquête sur le séparatisme social*, Paris, Seuil, 2004.

—, *La Peur du déclassement, Une sociologie des récessions*, Paris, Seuil/La République des Idées, 2009.

MENDRAS Henri, *La Seconde Révolution française : 1965-1984*, Paris, Gallimard, 1988, nouvelle édition 1994.

MENDRAS Henri, DUBOYS FRESNEY Laurence, *Français comme vous avez changé. Histoire des Français depuis 1945*, Paris, Tallandier, 2004.

MICHAUD Yves, *Le Nouveau Luxe. Expériences, arrogance, authenticité*, Paris, Stock, 2013.

MONGIN Olivier, VIGARELLO Georges, *Sarkozy. Corps et âme d'un président*, Paris, Perrin, 2008.

MONTANDON Alain, *Dictionnaire raisonné de la politesse et du savoir-vivre*, Paris, Seuil, 1995.

MUXEL Anne, *Individu et mémoire familiale*, Paris, Nathan, 1996.

NAUDET Jules, *Entrer dans l'élite. Parcours de réussite en France, aux États-Unis et en Inde*, Paris, PUF, 2012.

—, *Grand patron, fils d'ouvrier*, Paris, Seuil, 2014.

NORA Pierre, «Les mémoires d'État de Commynes à de Gaulle», in *Les Lieux de mémoire*, t. I, Paris, Quarto Gallimard, 1997, p. 1383-1427.

—, « La génération », in *Les Lieux de mémoire*, t. II, Paris, Quarto Gallimard, 1997, p. 2975-3015.

—, *Présent, nation, mémoire*, Paris, Gallimard, 2011.

—, *Recherches de la France*, Paris, Gallimard, 2013.

Ozouf Mona, *Composition française. Retour sur une enfance bretonne*, Paris, Gallimard, 2009.

—, *Récits d'une patrie littéraire : Les mots des femmes ; Les aveux du roman ; La muse démocratique; La république des romanciers*, Paris, Fayard, 2006.

Pech Thierry, *Le Temps des riches. Anatomie d'une sécession*, Paris, Seuil, 2011.

Peugny Camille, *Le Déclassement*, Paris, Grasset, 2009.

—, *Le Destin au berceau. Inégalités et reproduction sociale*, Paris, Seuil, 2013.

Picard Dominique, *Les Rituels du savoir-vivre*, Paris, Seuil, 1995.

Piketty Thomas, *Les Hauts Revenus en France au XXe siècle. Inégalités et redistributions 1901-1998*, Paris, Grasset, 2001.

—, *Le Capital au XXIe siècle*, Paris, Seuil, 2013.

Piketty Thomas, Postel-Vinay Gilles, Rosenthal Jean-Laurent, « Wealth concentration in a developing economy : Paris and France, 1807-1994 », *American Economic Review*, n° 96-1, 2006, p. 236-256.

Pinson Guillaume, *Fiction du monde. De la presse mondaine à Marcel Proust*, Montréal, Presses de l'université de Montréal, 2008.

Réau Bertrand, *Les Français et les vacances*, Paris, CNRS éditions, 2011.

Reiss-Schimmel Ilana, *La Psychanalyse et l'Argent*, Paris, Odile Jacob, 1993.

Rémond René, *Les Droites en France*, Paris, Aubier, 1982.

Rioux Jean-Pierre, *La France perd la mémoire. Comment un pays démissionne de son histoire*, Paris, Perrin, 2006.

Romanet Augustin de, *Non aux 30 douloureuses*, Paris, Plon, 2012.

Rosanvallon Pierre, *La Société des égaux*, Paris, Seuil, 2011.

Rossi Henri, *Mémoires aristocratiques féminins 1789-1848*, Paris, Honoré Champion, 1998.

Rouvillois Frédéric, *Histoire de la politesse de 1789 à nos jours*, Paris, Flammarion, 2006.

—, *Histoire du snobisme*, Paris, Flammarion, 2008.

Rozier Sabine, Laurens Odile de, *La Philanthropie à la française. L'engagement au service du progrès social*, Paris, Centre français des Fonds et Fondations/Observatoire de la Fondation de

France, 2012.

SAINT VICTOR Jacques de, *Il faut sauver le petit-bourgeois*, Paris, PUF, 2009.

SANSOT Pierre, *Ce qu'il reste*, Paris, Payot, 2006.

SCHNAPPER Dominique, *L'Esprit démocratique des lois*, Paris, Gallimard, 2014.

SERMAN William, *Les Officiers français dans la nation (1848-1914)*, Paris, Aubier, 1982.

SERMAN William, BERTAUD Jean-Paul, *Nouvelle Histoire militaire de la France*, Paris, Fayard, 1998.

SINGLY François de, *Les uns avec les autres. Quand l'individualisme crée du lien*, Paris, Fayard/Pluriel, 2010.

SIRINELLI Jean-François (dir.), *Histoire des droites en France*, Paris, Gallimard, 1992, 3 vol.

SULEIMAN Ezra, *Schizophrénies françaises*, Paris, Grasset, 2008.

TENRET Élise, *Les Étudiants et le mérite. À quoi bon être diplômé?*, Paris, La Documentation française, 2011.

VIGUERIE Jean de, *Histoire et dictionnaire du temps des Lumières 1715-1789*, Paris, R. Laffont, 1995.

VULPILLIÈRES Jean-François de, *Le Printemps bourgeois*, Paris, La Table Ronde, 1990.

WINOCK Michel, *Parlez-moi de la France. Histoire, idées, passions*, Paris, Perrin, 2010.

ZANONE Damien, *Écrire son temps. Les mémoires en France de 1815 à 1848*, Lyon, Presses universitaires de Lyon, 2005.

Arcisse de Caumont (1801-1873), érudit normand et fondateur de l'archéologie française, actes du colloque international organisé à Caen du 14 au 16 juin 2001, Société des antiquaires de Normandie, 2004.

Le Grand Bal Dior, catalogue de l'exposition au musée Christian Dior de Granville, 13 mai-26 septembres 2010, Paris, éditions Artlys, 2010.

新知文库

01 《证据：历史上最具争议的法医学案例》[美]科林·埃文斯 著　毕小青 译
02 《香料传奇：一部由诱惑衍生的历史》[澳]杰克·特纳 著　周子平 译
03 《查理曼大帝的桌布：一部开胃的宴会史》[英]尼科拉·弗莱彻 著　李响 译
04 《改变西方世界的26个字母》[英]约翰·曼 著　江正文 译
05 《破解古埃及：一场激烈的智力竞争》[英]莱斯利·罗伊·亚京斯 著　黄中宪 译
06 《狗智慧：它们在想什么》[加]斯坦利·科伦 著　江天帆、马云霏 译
07 《狗故事：人类历史上狗的爪印》[加]斯坦利·科伦 著　江天帆 译
08 《血液的故事》[美]比尔·海斯 著　郎可华 译　张铁梅 校
09 《君主制的历史》[美]布伦达·拉尔夫·刘易斯 著　荣予、方力维 译
10 《人类基因的历史地图》[美]史蒂夫·奥尔森 著　霍达文 译
11 《隐疾：名人与人格障碍》[德]博尔温·班德洛 著　麦湛雄 译
12 《逼近的瘟疫》[美]劳里·加勒特 著　杨岐鸣、杨宁 译
13 《颜色的故事》[英]维多利亚·芬利 著　姚芸竹 译
14 《我不是杀人犯》[法]弗雷德里克·肖索依 著　孟晖 译
15 《说谎：揭穿商业、政治与婚姻中的骗局》[美]保罗·埃克曼 著　邓伯宸 译　徐国强 校
16 《蛛丝马迹：犯罪现场专家讲述的故事》[美]康妮·弗莱彻 著　毕小青 译
17 《战争的果实：军事冲突如何加速科技创新》[美]迈克尔·怀特 著　卢欣渝 译
18 《口述：最早发现北美洲的中国移民》[加]保罗·夏亚松 著　暴永宁 译
19 《私密的神话：梦之解析》[英]安东尼·史蒂文斯 著　薛绚 译
20 《生物武器：从国家赞助的研制计划到当代生物恐怖活动》[美]珍妮·吉耶曼 著　周子平 译
21 《疯狂实验史》[瑞士]雷托·U.施奈德 著　许阳 译
22 《智商测试：一段闪光的历史，一个失色的点子》[美]斯蒂芬·默多克 著　卢欣渝 译
23 《第三帝国的艺术博物馆：希特勒与"林茨特别任务"》[德]哈恩斯-克里斯蒂安·罗尔 著　孙书柱、刘英兰 译
24 《茶：嗜好、开拓与帝国》[英]罗伊·莫克塞姆 著　毕小青 译
25 《路西法效应：好人是如何变成恶魔的》[美]菲利普·津巴多 著　孙佩妏、陈雅馨 译
26 《阿司匹林传奇》[英]迪尔米德·杰弗里斯 著　暴永宁、王惠 译
27 《美味欺诈：食品造假与打假的历史》[英]比·威尔逊 著　周继岚 译
28 《英国人的言行潜规则》[英]凯特·福克斯 著　姚芸竹 译
29 《战争的文化》[以]马丁·范克勒韦尔德 著　李阳 译
30 《大背叛：科学中的欺诈》[美]霍勒斯·弗里兰·贾德森 著　张铁梅、徐国强 译

31	《多重宇宙：一个世界太少了？》[德]托比阿斯·胡阿特、马克斯·劳讷 著 车云 译	
32	《现代医学的偶然发现》[美]默顿·迈耶斯 著 周子平 译	
33	《咖啡机中的间谍：个人隐私的终结》[英]吉隆·奥哈拉、奈杰尔·沙德博尔特 著 毕小青 译	
34	《洞穴奇案》[美]彼得·萨伯 著 陈福勇、张世泰 译	
35	《权力的餐桌：从古希腊宴会到爱丽舍宫》[法]让－马克·阿尔贝 著 刘可有、刘惠杰 译	
36	《致命元素：毒药的历史》[英]约翰·埃姆斯利 著 毕小青 译	
37	《神祇、陵墓与学者：考古学传奇》[德]C.W.策拉姆 著 张芸、孟薇 译	
38	《谋杀手段：用刑侦科学破解致命罪案》[德]马克·贝内克 著 李响 译	
39	《为什么不杀光？种族大屠杀的反思》[美]丹尼尔·希罗、克拉克·麦考利 著 薛绚 译	
40	《伊索尔德的魔汤：春药的文化史》[德]克劳迪娅·米勒-埃贝林、克里斯蒂安·拉奇 著 王泰智、沈惠珠 译	
41	《错引耶稣：〈圣经〉传抄、更改的内幕》[美]巴特·埃尔曼 著 黄恩邻 译	
42	《百变小红帽：一则童话中的性、道德及演变》[美]凯瑟琳·奥兰丝汀 著 杨淑智 译	
43	《穆斯林发现欧洲：天下大国的视野转换》[英]伯纳德·刘易斯 著 李中文 译	
44	《烟火撩人：香烟的历史》[法]迪迪埃·努里松 著 陈睿、李欣 译	
45	《菜单中的秘密：爱丽舍宫的飨宴》[日]西川惠 著 尤可欣 译	
46	《气候创造历史》[瑞士]许靖华 著 甘锡安 译	
47	《特权：哈佛与统治阶层的教育》[美]罗斯·格雷戈里·多塞特 著 珍栎 译	
48	《死亡晚餐派对：真实医学探案故事集》[美]乔纳森·埃德罗 著 江孟蓉 译	
49	《重返人类演化现场》[美]奇普·沃尔特 著 蔡承志 译	
50	《破窗效应：失序世界的关键影响力》[美]乔治·凯林、凯瑟琳·科尔斯 著 陈智文 译	
51	《违童之愿：冷战时期美国儿童医学实验秘史》[美]艾伦·M.霍恩布鲁姆、朱迪斯·L.纽曼、格雷戈里·J.多贝尔 著 丁立松 译	
52	《活着有多久：关于死亡的科学和哲学》[加]理查德·贝利沃、丹尼斯·金格拉斯 著 白紫阳 译	
53	《疯狂实验史Ⅱ》[瑞士]雷托·U.施奈德 著 郭鑫、姚敏多 译	
54	《猿形毕露：从猩猩看人类的权力、暴力、爱与性》[美]弗朗斯·德瓦尔 著 陈信宏 译	
55	《正常的另一面：美貌、信任与养育的生物学》[美]乔丹·斯莫勒 著 郑嬿 译	
56	《奇妙的尘埃》[美]汉娜·霍姆斯 著 陈芝仪 译	
57	《卡路里与束身衣：跨越两千年的节食史》[英]路易丝·福克斯克罗夫特 著 王以勤 译	
58	《哈希的故事：世界上最具暴利的毒品业内幕》[英]温斯利·克拉克森 著 珍栎 译	
59	《黑色盛宴：嗜血动物的奇异生活》[美]比尔·舒特 著 帕特里曼·J.温 绘图 赵越 译	
60	《城市的故事》[美]约翰·里德 著 郝笑丛 译	
61	《树荫的温柔：亘古人类激情之源》[法]阿兰·科尔班 著 苣蓓 译	
62	《水果猎人：关于自然、冒险、商业与痴迷的故事》[加]亚当·李斯·格尔纳 著 于是 译	

63	《囚徒、情人与间谍：古今隐形墨水的故事》[美]克里斯蒂·马克拉奇斯 著　张哲、师小涵 译
64	《欧洲王室另类史》[美]迈克尔·法夸尔 著　康怡 译
65	《致命药瘾：让人沉迷的食品和药物》[美]辛西娅·库恩等 著　林慧珍、关莹 译
66	《拉丁文帝国》[法]弗朗索瓦·瓦克 著　陈绮文 译
67	《欲望之石：权力、谎言与爱情交织的钻石梦》[美]汤姆·佐尔纳 著　麦慧芬 译
68	《女人的起源》[英]伊莲·摩根 著　刘筠 译
69	《蒙娜丽莎传奇：新发现破解终极谜团》[美]让-皮埃尔·伊斯鲍茨、克里斯托弗·希斯·布朗 著　陈薇薇 译
70	《无人读过的书：哥白尼〈天体运行论〉追寻记》[美]欧文·金格里奇 著　王今、徐国强 译
71	《人类时代：被我们改变的世界》[美]黛安娜·阿克曼 著　伍秋玉、澄影、王丹 译
72	《大气：万物的起源》[英]加布里埃尔·沃克 著　蔡承志 译
73	《碳时代：文明与毁灭》[美]埃里克·罗斯顿 著　吴妍仪 译
74	《一念之差：关于风险的故事与数字》[英]迈克尔·布拉斯兰德、戴维·施皮格哈尔特 著　威治 译
75	《脂肪：文化与物质性》[美]克里斯托弗·E.福思、艾莉森·利奇 编著　李黎、丁立松 译
76	《笑的科学：解开笑与幽默感背后的大脑谜团》[美]斯科特·威姆斯 著　刘书维 译
77	《黑丝路：从里海到伦敦的石油溯源之旅》[英]詹姆斯·马里奥特、米卡·米尼奥-帕卢埃洛 著　黄煜文 译
78	《通向世界尽头：跨西伯利亚大铁路的故事》[英]克里斯蒂安·沃尔玛 著　李阳 译
79	《生命的关键决定：从医生做主到患者赋权》[美]彼得·于贝尔 著　张琼懿 译
80	《艺术侦探：找寻失踪艺术瑰宝的故事》[英]菲利普·莫尔德 著　李欣 译
81	《共病时代：动物疾病与人类健康的惊人联系》[美]芭芭拉·纳特森-霍洛威茨、凯瑟琳·鲍尔斯 著　陈筱婉 译
82	《巴黎浪漫吗？——关于法国人的传闻与真相》[英]皮乌·玛丽·伊特韦尔 著　李阳 译
83	《时尚与恋物主义：紧身褡、束腰术及其他体形塑造法》[美]戴维·孔兹 著　珍栎 译
84	《上穷碧落：热气球的故事》[英]理查德·霍姆斯 著　暴永宁 译
85	《贵族：历史与传承》[法]埃里克·芒雄-里高 著　彭禄娴 译